西南财经大学法学院
光华法学文丛

高晋康　主编

民间金融协同规制论

A Research on the Synergistic Regulation of Informal Finance

林越坚 著

法律出版社
LAW PRESS·CHINA

序

近年来，民间金融的曲折发展给我国的金融监管和社会治理提出了新的挑战，同时也给经济学和法学等学科带来新的研究领域。民间金融刑民交叉和规制模式的选择就是其中的实践性难题，其理论牵涉面广，抽象整合和创新的要求较高。林越坚所著的《民间金融协同规制论》一书对上述难题作出了有益的尝试和探索。该书以温州民间金融实践为例，从司法规制遭遇的刑民交叉困境入手，运用系统法学的视角和方法，提出刑民交叉的实质为跨位阶的"系统际冲突"并证成"结构化"的解决路径。同时，基于对民间金融"去中心化"实质的认知，在理论上深入论述了以地方政府为主导的多元协同规制的目标模式，为这一领域的金融监管和法律规制提供了参考范式。这些无疑都具有重大现实意义和理论意义。

中国社会正处于深刻转型时期,民间金融及其刑民交叉现象和规制困境其实正是转型期法律因应社会现实矛盾的产物。在此背景下的法律问题既不能单一地局限于它的规范性与自治性而无视急剧变迁的社会现实的冲击,又不能只着眼于外在环境将法律完全化约为社会的"镜像"。本书始终保持了对解答上述矛盾的浓厚意识,因而在结构、视角、认知和方法论方面特色鲜明。一是双主题交融。刑民交叉与协同规制两个主题表面上似无关联,在系统视阈中却得以交汇融贯。二是跨学科视角。本书在论证上的纵深洞穿了法学学科内部法学的壁垒,而分析方法又牵涉经济学、社会学等其他学科。三是多维度认知和方法论创新,如关于刑民交叉的界定。如果说"法律结构竟合说"是规范维度的认知深化,"系统际冲突"则给出了系统论维度的新认知。民间金融"民间性"和司法规制等概念在本书中也都得到了新的揭示,尤其是直面民间金融刑民交叉的冲突所作的结构化整合方式的综合提炼,给人以耳目一新的感觉。因此,可以说本书系统法学及其维度分析法的引入丰富了民间金融研究的新路径。

本书是在作者所写博士学位论文的基础上修改出版的。作者在读博前及至撰写本书期间,已经在《政法论坛》、《法学》等核心期刊公开发表多篇金融法论文,本书可谓其多年努力的结晶。作为作者的导师,我对本书的出版自然感到十分欣慰。我国民间金融的治理实践仍将不断深化,希望作者在后续研究中加强实证量化分析,同时对本书中一些未及深入探讨的问题展开进一步的研究。

是为序。

高晋康

2017 年 6 月 21 日于成都

摘 要

作为一种因反规制而生的融资系统，中国民间金融“野蛮生长”而制度供给严重不足。2011年，温州、鄂尔多斯等地发生区域性民间金融风波之后，四川汇通、云南泛亚、安徽钰诚等大规模民间融资集资的危机事件嗣后相继爆发且呈蔓延之势，提示了我国民间金融规制亟待寻求新的理论、方法与模式。迫于规制工具匮乏之现实，本来作为社会冲突终极解决途径的司法被推到一线介入规制，特别是刑事措施的强力介入和扩大化使用，在强化震慑的同时也遭遇了“刑民交叉”之困，而规制果效亦陷入“一放就乱，一收就死”的“怪圈循环”。在监管体制层面，尽管中央与地方金融监管职责和风险处置责任已得到初步界定，但地方监管从理念取向到具体模式依然未臻成形。

协同规制是一种有着深厚区域规制实践基础的"去中心化"取向的规制进路。它并非建构的产物而是要从当前司法规制的实践中成长起来,因而必须首先求解司法规制遭遇的刑民交叉困局。法益构造的分析表明,刑民交叉系因不同位阶法益之间生成的一种"系统际冲突",无法以传统的规范法学或衡平方法解决,须寻求新的理论进路。本书由此转向卢曼和图依布纳的系统论法学,在卢曼系统——环境二分思维以及子系统去中心化整合思想导引下,突破法律关系分析的个别化思维之局限,转而诉诸系统论上符码、结构和程式的三维度解析法,将刑民规范的适法冲突如何消弭的问题转化为系统如何达致协同的整合问题,藉此找到了破解刑民交叉的"结构化"路径。而贯彻同样的系统思维,民间金融规制模式的选择亦可归结为不同位阶的规制主体及资源要素之间的协同样态及结构化整合的生长路径问题。——司法规制在危机情势下整合政府资源发展了府院二元协同规制的实践样态,而治理现代化目标下地方政府治理责任的确立,或终将造就以地方政府为主导的多元协同规制模式,从而开辟金融自由主义与国家干预之间的"第三条道路"。

本书第一章以对民间金融"金融性"和"民间性"的认知作为全文的阐发点,并藉此铺陈问题意识、观念取向和理论进路。通过对"金融性"的剖析厘清民间金融、民间借贷和非法集资等基本的观念脉络;而基于"民间性"的探究则导出了"民间性"的真谛在于"去中心或无中心",从而也预示本书在规制范式上的基本取向。鉴于去中心化规制模式的生成通常是自发自生演化而非基于建构,故首先必须找到演化据以寄托的现实基础。这个现实基础就是司法规制。本章结合温州民间金融规制的历程和现状揭示了司法介入规制并发挥重要作用的现实背景。但是,司法规制的发挥和生长受到内外两个冲突的制约。一是司法的克制主义传统与承担规制所需的能动性之间的内源性冲突;二是司法规制在实践中遭遇的刑民交叉之困。通过对刑民交叉五个主要冲突面向的深度剖析,凸显了真正冲突点所在,也提示了破解方法上的系统论路径。

第二章提出全文的理论基础。鉴于以法的部门分割为基础的规范法学在应对刑民交叉问题上捉襟见肘,本章借助法理学上法律规范的扩张性认知为路径,诉诸卢曼－图依布纳的系统论法学作为本书的理论指引。首先,以系统论的三大基本视角(即自我指涉、系统—环境共变演化以及自创生视角)为基础,阐述卢曼关于子系统去中心化整合的思想。其次,借助博弈论原理及协调博弈模型,揭示了子系统整合的目标范式是"协同",并在辨析协调、合作等相关概念的基础上结合协同学对协同的概念作出界定。最后,提出不同位阶子系统整合达致协同的根本路径是"结构化",并进而将之归结为命令、激励、商谈、耦合和共享五大模式。而不论哪一模式的结构化整合,坚实的信息基础以及高阶意识(反思理性)的主导对于达致协同皆是不可或缺。

第三章主要是寻求刑民交叉的破解方法并导出协同规制的微观基础。鉴于法益是跨越部门法分际的通约性要素,本章首先通过法益分析揭示刑民交叉生成的法益构造乃是一个由私益、集体利益和社会公共利益交错勾连的多位阶复杂构造。以系统论观之,刑民交叉本质上乃是一种"系统际冲突",而其内在关系模式也不再是传统意义上简单的线状"法律关系",而是已升阶为多元多维立体式的"沟通构型",故需要适用系统论的三维度分析法。第一,在符码维度,依从系统论的结构化思维,一宗集资项下各借贷合同的效力不再援用"适法规范"作个别化的研判,而是将之置于集资的时序演化过程结合总体利率特性实现规模化的整体界分，从而导出刑民程序分流的初步基准——刑事保留期间。第二，在结构维度，由于法律结构的场域依存性，法律规范在刑民交叉场域趋于异化，目的理性支配的功利化衡平并不足取，应当在反思理性的主导下进行全面重构。第三，在程式维度，刑事保留期间的结构化划界可以带来程序优化效应，但民间金融刑民交叉的现代型纠纷特点客观上要求更加富于能动性和开放性的程序再造，而棚濑孝雄主张的“参加模式”可以作为程序转型的参考方向。综合三个维度，各种整合和再造的实现都需要强化作为基础的信息机制和作为主导的反思机制，“沟通构型”应当通过专门化和实体化构建统一的协同平台，而这一主导平台机制实际上崭露了协同规制的微观雏形。

第四章首先论证了“沟通构型”的核心反思机制应当从单一司法主导转向行政与司法二元协同主导进行构建。而在民间金融的实践中，局部区域的民间金融危机处置也确实促成了府院协同的现实构型。本章介绍和分析了温州地区乐清市民间金融府院协同处置模式以及相关实例，也阐明了它的现实成效。但是，实践中府院协同的构型还显得较为粗犷，应当进一步优化。故本章继而从内在张力、协同平台功能以及引导协同的结构化进路和引入检察监督机制四个方面探讨了府院协同模式的优化方向。鉴于府院协同模式系从危机处置中衍生且存在偏离市场化方式的明显倾向，要升阶为民间金融一种整体性的常态规制方式，还需要进一步从治理、监督机制及法治化的角度进行完善，最终走向多元协同。

第五章主要探讨从民间金融府院协同实践样态向以地方政府为主导的多元协同规制目标模式的演进问题。基于本书一以贯之的系统功能论立场，本章从民间金融功能分析切入，重点分析了现存的三种规制模式中协同规制模式的合宜性以及在治理目标下发展为多元协同模式的演进方向，同时融入治理理念解决了其与职权法定和司法克制主义等法治原则的抵牾。在此基础上，文章提出了以地方政府为主导的两个面向、四个维度的协同规制的基本样态，并分别在每个面向和维度上论述协同规制的重点与相应的路径，并结合《温州市民间融资管理条例》的相关建构提出“规则自治”的基本规范设置。最后，本章还就这个系统常态运作所需的作为支撑系统的信息信用机制和作为掣肘系统的金融消费者保护机制展开了分析，从而对多元协同规制这一目标模式形成自内而外的全面论证。

本书可能存在的创新之处体现在以下几个方面：第一，选题上同时切中刑民交叉和规制模式选择这两个民间金融领域的重大难题，形成的纵横交叉的两大论证主线并由系统论一脉贯通。第二，突破规范法学的藩篱，将卢曼和图依布纳系统论法学的视角与方法应用于刑民交叉问题的研究，并以系统论符码、结构和程式的维度分析法超越法律关系要素分析法实现方法论层面的创新。第三，提出刑民交叉的系统论实质为跨位阶的“系统际冲突”，并证成“结构化”的解决路径。第四，提出了“去中心化规制”这一金融监管的“后现代”新理念，导出了民间金融以地方政府为主导的多元协同规制的目标模式，纾解当前民间金融规制模式选择的困境。第五，提出司法规制新概念并以之导出协同规制，基于对职权法定及司法能动等问题理论上的新认知解决地方政府与司法机关在案件查处和财物处置上的职责关系。第六，在防止协同规制的行政化流变问题上，提出了引入检察监督的新主张。

关键词：民间金融　非法集资　刑民交叉　去中心化　协同规制

目　录

0 绪 论

0.1 问题的提出:选题背景及意义

党的十八届三中全会指出,从广度和深度上推进市场化改革,使市场在资源配置中起决定性作用。资金是最重要的社会资源之一。一方面,中小企业融资难、融资贵已成为制约中国经济金融转型发展的突出问题,正规金融供应不足,而民间金融的补充作用则日益凸显。新一轮改革强化市场化的取向必将为近年来迅速崛起的民间金融打开进一步发展的政策空间。另一方面,当前民间金融发展存在着制度供给的严重缺失,具体表现为建构中的地方性监管构架职能边界不清,法律规制的模式路向不明,司法规制陷入刑民交叉的困局等。如果我国民间金融不能脱离“野蛮生长”并尽快走向法治，势必带来巨大的社会风险——2011年，我国民间融资先行地区温州、鄂尔多斯等地相继爆发区域性民间金融风波且至今余波未平即为著例。而从近来频发的大规模非法集资事件来看，民间金融的区域危机化趋势已较显著。至2015年，涉嫌非法集资案件已涉及全国31个省份87%的市（地、州、盟）和港澳台地区，发案区域正从东部向中西部扩散。① 由此可见，必须加快推进民间金融领域的法制建设。2013年11月22日，温州率先出台《温州市民间融资管理条例》，它标志着地方性的法治化努力已然起步，但总体而言，民间金融的法治化道路依然漫长。

近年来，我国民间金融的相关研究已经在多个领域展开，经济学、管理学视角的民间金融研究成果整体质量较高，民间金融研究在经济学界、金融学界也是一个主流的研究课题。相比较而言，民间金融研究在法学界可能还不是一个主流的研究课题，其研究成果的数量和水平都有很大的提升空间。② 因此，本书拟聚焦于当前民间金融法治化进程中一个重要而又紧迫的基础性课题——中国民间金融的规制模式研究。就这个问题，一般比较容易顺理成章的想法就是仿效正规金融那样建构监管框架，甚至直接将之纳入正规监管。尽管地方金融办（局）之类的机构自2002年以来就已在全国各地陆续建立起来，但一直缺乏法律上的赋权，定位和职能不清。2014年8月，国务院下发《关于界定中央和地方金融监管职责和风险处置责任的意见》（国发〔2014〕30号）进行了初步界定，

① 王丽娜：《非法集资新困局》，载《财经》2016年第1期。

② 胡戎恩：《天使抑或魔鬼——民间金融实证研究与立法》，北京大学出版社2014年版，第19页。

但监管架构的建立与运作是一个复杂的系统工程，绝非仅设立机构就可以。应当说，地方监管体制仍处于探索中。而我国民间金融当前突出的现状是缺乏合适的、成熟的规制工具，司法不得不直接介入规制并担当主要“角色”。这是因为民间金融作为一种本身游离于监管之外的非正规金融样态，法律准备不足，制度供给缺失，导致一旦危机爆发，司法作为最一般的“社会装置”被直接推到了第一线作为应对手段并承载了相当大的政策和社会功能。如果说中国语境下的司法本来就长期带有显著的回应性和政策性取向，那么近年来在司法能动主义和服务中心大局观念的主导下，规制性就更加显著。而传统的司法理论一向认为，一旦司法遵循目标导向和政策功能，实际上也就开启了它的“异化”之旅——“它的目的已不是正义而是完成任务，不是公正而是治疗”。①

然而，在中国复杂的金融转型背景下，作为主要规制手段的司法规制在民间金融领域遭遇了最大的“拦路虎”——“刑民交叉”。通常认为，该场合的“刑民交叉”乃是“非法集资”司法处理的产物，但本书倾向于采用更为中性的“民间金融”（或“民间融资”）的提法，因为研究规制本身就会牵涉到合法与非法的界分问题。值得注意的是，与一般刑民交叉不同，这里的刑民交叉乃是依托于规模化社会融资的开放性结构而生成，兼具涉众性与时序演化性的二元特征，由此衍生出关联主体之间私人利益、集体利益以及社会利益交错勾连的复杂利益格局。这其实是一种特殊的公共经济关系。而经济法是调整公共经济关系之法②这种带有开放的公共特

① 沈宗灵：《塞尔兹尼克的法律社会学》，载《中外法学》1990年第3期。

② 单飞跃：《公共经济法：经济法的本质解释　兼与李曙光〈经济法词义解释与理论研究的重心〉一文商榷》，载《政法论坛》2006年第3期。

性又有互动特质的“刑民交叉”，应当说已从根本上有别于一般意义上封闭、单一、静态的刑民交叉，故本书将之专门定名为“民间金融刑民交叉”以示区别并作为展开研究的逻辑起点和现实起点。从这里切入，是要超越刑民交叉研究的传统刑民部门法的视野，以开辟新的认知进路，以便始终保持在问题意识的导引下追寻现实语境中民间金融规制可能的最优模式。

0.1.1　问题的提出

基于中国民间金融的现实发展态势与规制现状，结合中国民间金融相关法学研究情况，兹提出并确立本书的基本问题如下：一是寻求破解中国民间金融司法规制中遭遇的刑民交叉困境；二是寻求和建构中国现实语境下民间金融规制的优化模式。这两大中心点进而形成本书的逻辑主线，就是从求解民间金融刑民交叉困境出发，立足中国现实语境寻求中国民间金融规制的合宜模式与优化路径。

0.1.2　理论意义

1. 开辟刑民交叉问题新的研究进路

文献回顾表明，一般刑民交叉多为刑法学者研究的课题，且通常遵循规范法学的研究进路，但至今仍疑难重重。而民间金融刑民冲突因为兼具涉众性和时序演化的进程性则更为复杂，更难以仰赖传统的法学理论与法学方法解决，本书从系统法学角度另辟了新的理论视角和方法论进路，并就刑民交叉问题分别提出了“法律结构竞合说”及“系统际冲突”的新认知以及符码、结构与维度三维分析的新方法。

2. 提出并证成以地方政府为主导的民间金融多元协同规制模式

当前,民间金融存在三种可能的规制模式:一是正规监管,如2015年7月十部委发布的《关于促进互联网金融健康发展的指导意见》所确立的互联网金融由“一行三会”分别监管的正规化模式。二是纳入地方监管及地方监管纵向化。如同2014年中编办下发的《关于完善中央与地方金融管理体制的意见》拟定的体制。三是从温州等地区域性民间金融风波应对实践中发展起来的府院协同之类的协同规制模式。民间金融信息和决策分散,具有地方性特质,而追随正规金融的中心监管模式规制民间金融社会成本高昂。本书受卢曼-图依布纳系统论的子系统去中心化整合原理启发,发现了在规制系统中处于不同位阶的规制主体和资源要素可以在反思理性的主导下通过子系统整合的结构化进路实现协同,从而不仅能够化解不同位阶子系统之间的交叉冲突,而且也将造就去中心化意义上的“后现代”特色的规制模式。

0.1.3 现实意义

1. 有助于解决民间金融司法实践层面的重大难题——刑民交叉

随着区域性民间金融危机的蔓延态势和互联网金融非法集资案件进入高发案期,各地司法机关面临民间金融司法处置中刑民交叉问题将更加突出,提出解决刑民交叉的可行方案将具有直接而广泛的现实意义。

2. 有助于解决民间金融规制模式选择和建构的现实难题

民间金融规制介乎金融监管与一般性社会规制之间,目前在这一领域系统性的理论研究付诸阙如,国内外亦无现成模式可资借鉴。而不断陷入困境的民间融资亟待找到有效的规制模式。

3. 有助于治理非法集资这个社会“顽疾”

多年以来，我国一直对非法集资采取严厉的遏制态度，但总是走不出“一放就乱，一收就死”的怪圈循环。协同模式较之传统的命令—控制型模式，是一个更富灵活性和现实性的公权和私权共治的多元进路，符合当前我国治理现代化的改革目标。

0.2 文献的回顾与综述

根据本书的两大中心论题及所形成的逻辑主线，文献的回顾与综述围绕两大中心主题展开：一是刑民交叉问题；二是中国民间金融的规制问题。

0.2.1 刑民交叉问题的相关研究述评

刑民交叉是刑民两个不同部门法在关联问题上法律认定和处置上的冲突样态。近年来，民间金融刑民交叉问题异常突出，已成为司法处置中的一个焦点问题。但刑民交叉并非新问题，而是规范法学上由来已久的一个传统难题。因此，我们需要对一般刑民交叉与民间金融刑民交叉作分别的文献研究。为综合展示刑民交叉问题的主题结构和思维脉络，两类交叉均按照“研究概况综述—概念界定—程序关系—实体关系—理论观点—具体冲突样态”这六个方面对文献进行梳理并展开综述。

0.2.1.1 关于一般刑民交叉

1. 研究概况综述

(1) 国内研究多采取规范分析进路，大多基于最高人民法院法释〔1998〕7 号司法解释[1]在实务层面展开类型化研究。[2]

(2)日本的研究进路与中国的规范分析方法相近，但更侧重实体关系，研究者以刑法学者为主。日本学理主要关注的是违法性的内涵应当在所有的法领域作统一理解还是在各个不同法领域可以有不同解释。[3] 这是因为刑民交叉问题正是由于同一事实交叉到不同法域的规范而需要作出评判。日本学界对这一问题分歧很大，基本上可以分成严格的违法一元论(源于德国法的规范主义传统取向)、缓和的违法一元论(坚持一元论的基础上允许有所不同。支持者有宫本英脩和佐伯千仞等)、相对论(违法性的判断是相对的，不同法域允许作不同理解。支持者有前田雅英等)。[4] 佐伯仁志与道垣内弘人合著的《刑法与民法的对话》一书较为集中地反映了日本学者关于刑民交叉问题的学术观点。[5]

(3)欧美则多从程序角度着手展开研究，但可检索得到的文献相

---

① 鉴于本书涉及较多司法解释、司法政策文件、地方高院的指导意见和地方性规范，而这些规范的标题也较长，影响阅读和理解的流畅度。为方便起见，笔者在书后设置"相关法规及政策索引"，正文引用这些规范和政策时一般只使用这些法规及政策的文号，请注意对应参照。

② 参见王林清、刘高:《民刑交叉中合同效力的认定及诉讼程序的构建——以最高人民法院相关司法解释为视角》，载《法学家》2015 年第 2 期；江伟、范跃如:《刑民交叉案件处理机制研究》，载《法商研究》2005 年第 4 期；杨兴培:《刑民交叉案件法理分析的逻辑进路》，载《中国刑事法杂志》2012 年第 9 期；傅贤国:《对刑民交叉案件有关司法解释的理解——兼论刑民交叉案件的处理模式》，载《北京人民警察学院学报》2010 年第 2 期；魏东、钟凯:《论刑民交叉及其关涉问题》，载《四川警察学院学报》2009 年第 4 期；等等。

③ 童伟华:《日本刑法中违法性判断的一元论与相对论述评》，载《河北法学》2009 年第 11 期。

④ 参见[日]松宫孝明:《刑法总论讲义》，钱叶六译，中国人民大学出版社 2013 年版，第 81 页。

⑤ [日]佐伯仁志、道垣内弘人:《刑法与民法的对话》，于改之、张小宁译，北京大学出版社 2012 年版。

当少。原因或在于普通法体制下刑民程序是完全分离的，而德法等大陆法系国家又多以刑事附带民事诉讼的便利模式处理了刑民交叉，故相关文献的主题亦较集中于探讨刑事附带民事诉讼程序问题。① 一些晚近的文献虽非直接论及刑民程序，但结合机制设计等新角度研究其他司法管辖权的交叠，在方法论上对本书颇具启发意义。②

2. 概念界定

刑民交叉的具体定义至今尚存分歧，有“案件因素交叉说”、③“法律关系交叉说”、④“法律事实交叉说”、⑤“法律行为交叉说”、⑥“法律事实竞合说”⑦等多种界定。在实务上，一般都认同刑民交叉

① See Graf, K. *Die Auswirkungen des Opferhilfegesetzes auf die adhäsionsweise Geltendmachung von Zivilansprüchen im Strafverfahren*, 1999. Hasler, M. *Geltendmachung von Zivilansprüchen im Strafverfahren, insbe-sondere nach Schweizerischer Strafprozessordnung*, Masterarbeit, Hochschule Luzern, 2009.

② See Huq, Aziz Z. *Forum Choice for Terrorism Suspects*, Duke Law Journal, Vol. 61, Issue7, 2012. Miwa, Yoshiro, Ramseyer, J. Mark, *Toward a Theory of Jurisdictional Competition: The Case of the Japanese FTC*, Journal of Competition Law and Economics, Vol. 1, Issue2, 2005.

③ 此观点认为，刑民交叉是指刑民案件中特定因素关联出现交叉或并存，参见魏东、钟凯：《论刑民交叉及其关涉问题》，载《四川警察学院学报》2009 年第 4 期。

④ 此观点认为，刑民交叉是指刑民法律关系存在交叉牵连的案件或刑民法律关系性质一时不明的案件。参见何帆：《刑民交叉案件审理的基本思路》，中国法制出版社 2007 年版，第 25～26 页；罗欣：《刑民牵连案件处理宜审慎为之》，载《人民检察》2012 年第 18 期；刘建国：《刑事诉讼中的刑民交错现象及其法律规制》，载《华东刑事司法评论》2004 年第 2 期。

⑤ 此观点认为，刑民交叉是指刑民法律事实存在交叉。参见毛立新：《刑民交叉案件的概念、类型及处理原则》，载《北京人民警察学院学报》2010 年第 5 期。

⑥ 此观点认为，刑民交叉是指案件当事人的行为同时符合刑事犯罪构成要件和民事法律关系构成要素的情况。参见童可兴：《刑民交错案件的司法界定》，载《人民检察》2004 年第 6 期。

⑦ 此观点认为，真正的，也是值得研究的刑民交叉案件，只能是基于同一法律事实而产生刑事诉讼与民事诉讼竞合的案件。参见樊崇义：《刑民交叉是否必须“先刑后民”》，载《检察日报》2008 年 3 月 3 日。

包括“竞合型”和“牵连型”两大情形，但是，“真正的，也是值得研究的”确实应当是基于同一事实产生的“竞合型”交叉，“牵连型”在实践中一般都作刑民分别处置，争议并不大。因此，可以首先将研究范围限缩为同一事实产生的“竞合型”交叉。但问题在于基于同一事实产生的并非只是刑民诉讼程序意义上竞合，更重要的是还存在刑民实体评价的竞合。同一事实无所谓交叉不交叉，只是由于刑事和民事法律都可能对针对该同一事实作出评价，并按照各自对应的程序规范处置才导致冲突。因此，刑民交叉的冲突实质上发生在规范层面（包括实体和程序规范），而不是在事实层面。但在笔者看来，仅仅囿于规范层面过于单一，因为跨部门法边际的冲突通常还要深层牵扯到法价值和预期层面的抵牾，宜将冲突视角扩张到整个法律结构。① 鉴于此，笔者持“法律结构竞合说”，② 即认为刑民交叉是基于同一事实交叉到刑民不同的规范结构而产生的冲突，并以此作为本书研究的概念基点。

3. 程序上的刑民关系

刑民程序关系是指刑事诉讼与民事诉讼在时间上与重要性上的关系问题。③ 显然，刑民程序关系会呈现“刑民合一”（即刑事附带民事诉讼）、“刑民并行”、“先刑后民”和“先民后刑”四种样态。在英美法系国家，刑民交叉的主要程序模式是民事诉讼与刑事诉讼的完全分离，两者无任何依附关系，但通过民事程序解决因犯罪

---

① 规范以及与之相涉的价值和预期，可以被归结为法律结构的基本要素。参见［英］帕特里克·贝尔特：《二十世纪的社会理论》，瞿铁鹏译，上海译文出版社2002年版，第75页。

② 注意：这里“竞合”一词系借用，重在表示同一事实基础交叉到不同法律结构产生冲突的情形，是在与“牵连型”区别意义上使用，与刑法理论上的法条竞合及民法理论上责任竞合、请求权竞合等在内容和法律后果上不尽相同。

③ 张明楷：《程序上的刑民关系》，载《人民法院报》2006年5月24日，第B01版。

行为的损害赔偿问题应当一般在刑事诉讼终结之后进行。[①] 欧陆国家则普遍在立法和司法实践中遵循"先刑后民"的原则，且该原则在内容上包括"位阶上的刑事优先"和"位序上的刑事优先"。[②] 至于"刑民合一"的刑事附带民事诉讼，在适用情形、赔偿范围上都存在诸多限制，且法国等国家也附设当事人单独提起民事诉讼的选择权。[③] 由此可见，刑民分诉应是制度的主流，而附带诉讼则是一种没落的边缘化的制度，濒临被淘汰的境地。[④]

对于刑民程序关系，我国学术界早期的主流观点也是先刑后民，但现今多数学者的观点并不主张将"先刑后民"绝对化为一项司法原则，而是有条件地适用或予以改善。[⑤] 1998 年最高人民法院

---

① 樊崇义等：《刑事诉讼法修改专题研究报告》，中国人民公安大学出版社 2004 年版，第 330 页。

② "先刑后民"原则的位阶优先体现主要在学理上刑事判决对在后民事判决的既判力约束方面，而民事判决则不然；位序优先则一是体现在民事程序涉及刑事先决问题必须中止等待刑事审结（如我国《民事诉讼法》第 150 条），二是刑事可以附带进行民事诉讼，反之则不然。参见万毅：《"先刑后民"原则的实践困境及其理论破解》，载《上海交通大学学报》（哲学社会科学版）2007 年第 2 期。

③ 参见[法]卡斯东·斯特法尼等：《法国刑事诉讼法精义》，罗结珍译，中国政法大学出版社 1999 年版；陈瑞华：《刑事附带民事诉讼的三种模式》，载《法学研究》2009 年第 1 期；刘少军：《论"先民后刑"刑事附带民事诉讼程序的构建》，载《政治与法律》2012 年第 11 期；刘沛谞：《刑事附带民事诉讼的价值评析与制度完善》，载《中国刑事法杂志》2006 年第 6 期；等等。

④ 谢佑平、江涌：《质疑与废止：刑事附带民事诉讼》，载《法学论坛》2006 年第 2 期。

⑤ 综合参见张明楷：《程序上的刑民关系》，载《人民法院报》2006 年 5 月 24 日，第 B01 版；江伟、范跃如：《刑民交叉案件处理机制研究》，载《法商研究》2005 年第 4 期；宋晓明、张雪楳：《民商事审判若干疑难问题——民刑交叉案件》，载《人民法院报》2006 年 8 月 23 日，第 5 版；杨兴培：《刑民交叉案件中"先刑观念"的反思和批评》，载《法治研究》2014 年第 9 期；游伟：《刑民关系与我国的刑事法实践》，载《华东刑事司法评论》2006 年年刊；刘建国：《刑事诉讼中的刑民交错现象及其法律规制》，载《华东刑事司法评论》2004 年第 2 期；等等。

司法解释以后，主张“刑民并行”的渐渐增多，①近年来更有学者主张建立以“刑民并行”为处理刑民程序冲突的基本原则，以先刑后民或先民后刑为例外。② 但是，主张“刑民并行”最大的“软肋”就在于可能与“一事不再理”和“禁止双重危险”等公允的法理原则相冲突。当然，也有学者基于私权保障或民事程序中心主义的视角主张“先民后刑”，③但实践中“先民后刑”还是主要集中于需要前置确权的知识产权、金融之类的专业案件，占总体的比例应是少数，而这些场合下的刑民交叉较好的解决办法一般认为是诉诸专门业务庭，刑事、民事、行政三审合一。近期还有一种新观点是专门构建预审机制，先就实体交叉进行定性后，再进入“先民后刑”或“先刑后民”的程序选择。④

结合最高人民法院1998年司法解释和省级法院的指导意见⑤并梳理各类文献，刑民交叉的程序处置基本上可归结为如下六种

---

① 综合参见奚玮：《刑民合一抑或刑民分审——刑事附带民事诉讼制度评析》，载《国家检察官学院学报》2002年第6期；印仕柏：《民刑交叉案件管辖问题研究》，载《中国刑事法杂志》2009年第6期；赵子强：《刑民交叉案件的诉讼模式研究》，载《法律适用》2009年第2期；刘森、张松：《试论刑民交叉案件的“先刑后民”审理模式》，载《人民司法·应用》2012年第5期；等等。

② 王林清、刘高：《民刑交叉中合同效力的认定及诉讼程序的构建》，载《法学家》2015年第2期。

③ 陈兴良：《关于“先刑后民”司法原则的反思》，载《北京市政法管理干部学院学报》2004年第2期；李兰英、陆而启：《从技术到情感：刑民交叉案件管辖》，载《法律科学》2008年第4期；朱铁军：《刑法与民法之间的交错》，载《北方法学》2011年第2期；张建、肖晚祥：《刑民交叉案件中的关系分析及处理原则》，载《法治论丛》2009年第2期；张旭：《市民社会背景下刑法与民法的冲突及其选择》，载《河北学刊》2012年第3期；等等。

④ 于改之：《刑民交错案件的类型判断与程序创新》，载《政法论坛》2016年第3期。

⑤ 比如，浙江省高级人民法院《关于审理民间借贷纠纷案件若干问题的指导意见》（浙高法〔2009〕297号）第37条规定的三种情形就分别对应了这里的第(1)种分别处理、第(3)种中止处理及第(4)种驳回处理情形。

路径：

(1)“关联交叉”：存在事实关联但非属同一法律关系的“牵连型”交叉，以“刑民并行”处理。

(2)“附带交叉”：属于同一法律关系，且符合《刑事诉讼法》第99条因犯罪行为致损的民事赔偿情形，以刑事附带民事诉讼“刑民合一”处理。

(3)“先决交叉”：属于同一法律关系，处于民事诉讼进程中，发现属于“一案必须以另一案的审理结果为依据”的情形，应当依照《民事诉讼法》第150条(原第136条)第5项中止民事诉讼移送刑事按“先刑后民”依次处理。①

(4)“事中交叉”：属于同一法律关系，处于民事诉讼进程中，发现存在刑事嫌疑(但不存在先决关系)，可按照1998年司法解释第11条规定驳回起诉移送刑事处理。②

(5)“既判交叉”：属于同一法律关系，且民事程序终结后发现刑事嫌疑，除涉及虚假诉讼、非法转移赃款等恶意情形外，在先民事判决对刑事诉讼不产生既判力拘束，可以不按照审判监督程序

---

① 参见浙江省高级人民法院《关于审理民间借贷纠纷案件若干问题的指导意见》(浙高法〔2009〕297号)第37条第3项；印仕柏：《民刑交叉案件管辖问题研究》，载《中国刑事法杂志》2009年第6期；傅贤国：《对刑民交叉案件有关司法解释的理解——兼论刑民交叉案件的处理模式》，载《北京人民警察学院学报》2010年第2期；等等。值得注意的是：刑事程序中并无此类以民事先决而中止的类似规定，不存在“民可止刑”的情形。

② 此情形在实践中亦存在争执。有认为即便涉嫌刑事，民事起诉只要符合《民事诉讼法》第119条受理条件(原第108条)就应当进行实体审理，即便请求不成立也应当是驳回诉讼请求而不是程序意义上的驳回起诉。参见宋晓明、张雪楳：《民商事审判若干疑难问题——民刑交叉案件》，载《人民法院报》2006年8月23日，第5版。但笔者认为，既然法释〔1998〕7号有明确规定，应当遵其规定。

撤销在先民事判决直接进行刑事程序。①

(6)“不明交叉”:一时难以判断或排除是否同一法律关系及法律关系的性质是民事还是刑事,一般认为应“先刑后民”。②

4. 实体上的刑民关系

刑民实体关系,是指刑法与广义的民事实体法(包括狭义的民法、商法等私法——当然,商法具有公法化倾向)在实体内容上的关系。③ 刑民实体交叉实际上无非是针对同一事实刑民评价的竞合冲突,关键在于判断一个行为的法律评价或预期后果是否受到与之交叉的另一法律评价或法律后果的影响。兹从各类文献对实体刑民关系简要总结如下:

(1)实体上刑民具有违法性上的层递关系。民事上的完全合法的行为,刑事上也不可能构罪;然而,民事上的不法行为如进一

---

① 关于刑民交叉的既判力冲突,学理上一般认为民事判决对刑事诉讼不产生既判力约束,可参见李哲:《刑民交叉案件中的既判力问题探析》,载《当代法学》2008 年第 4 期;江伟、范跃如:《刑民交叉案件处理机制研究》,载《法商研究》2005 年第 4 期等;但也有学者提出基于禁止双重危险原理不允许提起一个包含原民事系争事实的刑事诉讼。如果民事判决生效后发现新的证据证明有可能涉嫌刑事,则应当通过审判监督程序先撤销在先民事判决,再启动刑事诉讼。参见田小丰:《我国刑民交叉案件中的既判力问题研究——从一个案件引发的思考》,载《行政与法》2011 年第 3 期;王亚明:《一事不再理与刑民交叉问题研究》,载《法律适用》2011 年第 11 期。浙江省高级人民法院、浙江省人民检察院、浙江省公安厅《关于当前办理集资类刑事案件适用法律若干问题的会议纪要(三)》(浙高法〔2013〕241 号)第 8 条对这一问题也持在先民事判决不影响刑事诉讼的观点,除非存在涉及虚假诉讼、非法转移赃款等情形。笔者认为比较合理。

② 因为即便刑民程序可以分别进行,大陆法系一般遵循刑事优先,即便按照英美法惯例分别进行,民事赔偿一般还是在刑事程序之后;况且刑事的证明责任制度更加严格,对于民事诉讼又具有既判拘束力。参见陈光中、陈桂明:《是否“先刑后民”要酌情而定》,载《检察日报》2003 年 8 月 6 日;李哲:《刑民交叉案件中的既判力问题探析》,载《当代法学》2008 年第 4 期。

③ 张明楷:《实体上的刑民关系》,载《人民法院报》2006 年 5 月 17 日,第 B01 版。

步触动刑事要件就可能构罪。①

(2)刑民评价应各自独立作出。即对特定行为作出刑事评价之后,并不因而排斥对其再作出一定的民事评价。②

(3)违法行为"不当然无效"。法律制度上的效力性评价与违法性评价并行不悖。③ 易言之,涉及刑事违法性评价的合同在效力上"不当然无效"。比如,目前对于涉诈骗的合同多倾向于可撤销的观点。④ 近年来,最高人民法院的指导案例及相关司法解释亦认同效力性评价与刑事违法性评价相分离观点。⑤

此外,刑民实体关系的类型化研究也受到重视,有学者认为将

---

① 参见张明楷:《实体上的刑民关系》,载《人民法院报》2006 年 5 月 17 日,第 B01 版。

② 参见杨锦芳:《刑民分界探析》,载《昆明理工大学学报》(社会科学版)2009 年第 9 期;杨锦芳、李丽辉:《刑法谦抑性语境下的刑民分界》,载《云南科技管理》2009 年第 2 期。

③ 参见刘伟:《殊途同归:民、刑法律对欺诈行为评价的差异与融合》,载《江海学刊》2013 年第 2 期。

④ 杨宜中:《对私诈骗下民商事合同及担保合同依然有效》,载《人民司法》2015 年第 6 期;刘宪权、翟寅生:《刑民交叉案件中刑事案件对民事合同效力的影响研究——以非法集资案件中的合同效力为视角》,载《政治与法律》2013 年第 10 期;宋晓明、张雪楳:《民商事审判若干疑难问题——民刑交叉案件》,载《人民法院报》2006 年 8 月 23 日,第 5 版。

⑤ 参见最高人民法院〔2012〕民再申字第 212 号"岳阳友协置业有限公司与交通银行股份有限公司佛山南海支行及吴荣华、佛山市友协国际贸易有限公司、常谦进、徐可明借款合同纠纷申请再审民事裁定书"(裁定日期:2013 年 4 月 22 日,审判长陈宜芳,代理审判员刘小飞、潘杰);再如,〔2013〕民二终字第 136 号"某银行与某运输公司等借款合同纠纷案",参见《中国农业发展银行通辽市科尔沁区支行与大连利丰海运集团有限公司、通辽经济技术开发区万通粮油有限责任公司金融借款合同纠纷二审民事判决书》(审判长王宪森,审判员殷媛、杨征宇)。2015 年 8 月 6 日公布的最高人民法院《关于审理民间借贷案件适用法律若干问题的规定》第 13 条进一步明确了涉罪合同"不当然无效"的观点。

影响未来的研究方向。[①] 有学者提出“因侵权而犯罪”与“因犯罪而侵权”两大类，并主张前者具有民事责任倾向性，后者则具有刑事责任倾向性。[②] 另有学者则将表象上具有刑民交叉形式的案件分为三类，即实为单一民事法律关系、刑事包容民事的纵向关系和同位并列的横向关系。[③] 但本书因仅限于研究竞合情形，即按照刑民互嵌关系分为两类：刑中嵌民和民中嵌刑。具体可参见下文§3.1.4节的详述。

5. 刑民关系的理论观点

除前已述及的日本学界主流的法秩序统一理论外，国内法学界关于刑民关系尚缺乏系统的理论建构，更多的是从不同的角度对刑民关系作出具有理论意义的认知。

张明楷教授对刑民关系倾向于一种刑民位阶关系的认知。[④] 而朱铁军博士则认为，目前的刑民交叉研究的缺陷主要在于拘泥于部门法分界，在部门法之内而不是之间展开，以及过于关注程序关系层面。处置刑民关系要有刑法与民法关联思维，对其进行整体性、交互式思考，注重运用民法前置分析，要提倡目的解释。[⑤] 印仕柏先生则认为，刑民交叉案件中国家利益、社会利益和个人利益

---

① 参见李晓明、张鑫：《刑民交叉案件分类及其对未来研究的影响》，载《河北法学》2016年第2期。

② 参见李兰英、蒋凌申：《论“因侵权而犯罪”与“因犯罪而侵权”》，载《现代法学》2012年第5期。

③ 参见杨兴培：《刑民交叉案件的类型分析和破解方法》，载《东方法学》2014年第4期。

④ 张明楷教授认为刑民界限问题是一个假命题，其实是特别与普通的关系问题。笔者结合《实体上的刑民关系》一文阐述，应可理解为位阶不同。参见张明楷：《〈刑法〉分则解释原理》，中国人民大学出版社2011年版，第240～241页；张明楷：《实体上的刑民关系》，载《人民法院报》2006年5月17日，第B01版。

⑤ 参见朱铁军：《刑法与民法之间的交错》，载《北方法学》2011年第2期。

纠缠在一起，其理论支撑应当是司法制度合成理论，即权利与权力的互动理论，要充分重视当事人的选择权，反对公权力的主动介入和绝对控制。[①] 周刚志教授则认为，“刑民冲突”现象乃法律规范竞合之一种，唯在宪法的调适下方有合理解决之可能。[②]

6. 司法实践中刑民冲突的具体样态。

由于刑民法律制度存在标准和制度上的多种差异，司法实践中刑民冲突在司法管辖权、诉讼主体、诉讼程序、证据及证明标准、赔偿范围、既判力、涉案财物处置与执行以及时效等八个方面表现出来。[③] 限于篇幅，兹不一一详述。

0.2.1.2 关于民间金融刑民交叉

1. 研究概况综述

这个问题的研究近年来随区域性民间金融危机的蔓延以及相关司法实践开始受到关注并成为热点问题，但从发表的文献来看，多数是司法实务工作者的研究成果，且主要集中于讨论集资类案件中的合同效力争议及刑民程序关系问题。而这个问题属于典型的“中国问题”，国外由于与我国金融经济制度及司法状况的差异，一般不会形成此类刑民交叉，经查亦无相关主题的文献。与一般刑民交叉不同，民间金融刑民交叉乃是依托于规模融资的开放性

---

① 参见印仕柏：《民刑交叉案件管辖问题研究》，载《中国刑事法杂志》2009 年第 6 期。

② 参见周刚志：《论刑民冲突之宪法调适》，载《西南政法大学学报》2010 年第 2 期。

③ 此处限于篇幅，不一一列举。具体可参见江伟、林辛建、孙燕：《诈骗类案件中刑民交叉问题的调研报告》，载《法律适用》2009 年第 2 期；毛立新：《诈骗犯罪处理中的刑民交叉问题》，载《法治研究》2011 年第 12 期；李哲：《刑民交叉案件中的既判力问题探析》，载《当代法学》2008 年第 4 期；傅国方：《诈骗犯罪刑民交错的责任竞合与承担》，载《法治研究》2007 年第 9 期；林荫茂：《单位贷款案件刑民判决的共存问题》，载《法学》2003 年第 4 期；等等。

结构而生成，兼具涉众性与时序演化性的二元特征，显然更为复杂。

2. 关于刑民冲突的概念界定

本书将此类刑民交叉的名称专门界定为“民间金融刑民交叉”，有时也称“刑民冲突”，系特指涉众型民间债务违约事件中债务人涉嫌集资类犯罪时司法处理中的出现的刑民交叉现象。相关文献中对应的称谓大致有如下各种表述：民间借贷中的刑民交叉案件、[①]民间借贷案件中涉及“刑民交叉”、[②]民间借贷与非法集资交叉案件、[③]涉嫌刑事犯罪的民间借贷案件[④]和集资类案件刑民交叉[⑤]等。这类交叉常见有两种具体情形：一是民间借贷合同民事案件法院审理过程中，公安对债务人集资行为刑事立案发生民刑交叉；二是民间借贷合同民事案件法院审理过程中，法院发现有涉嫌集资犯罪可能。[⑥]

3. 程序上的刑民关系

(1)在民间金融危机处理的实践中，司法界在初期都基本上按照最高人民法院1998年司法解释进行程序处理，但是，由于债权人

---

① 姚辉：《关于民间借贷若干法律问题的思考》，载《政治与法律》2013年第12期。

② 李梅荣、张玉平：《民间借贷案件中涉及“刑民交叉”的处理方式》，载《中国审判》2013年第6期。

③ 陈正江：《民间借贷与非法集资交叉案件裁判研究》，载《金融教育研究》2013年第5期。

④ 李全锁、杜博：《刑民交叉案件法律规制路径之反思与重构——以涉嫌刑事犯罪的民间借贷案件为例》，载《法律适用》2013年第7期。

⑤ 叶永青：《集资类案件中刑民交叉问题的处理》，载《法制与社会》2013年第2期；蒋庄平、张新清：《集资类案件刑民交叉处理问题》，载《法制与社会》2013年第3期等。

⑥ 李梅荣、张玉平：《民间借贷案件中涉及“刑民交叉”的处理方式》，载《中国审判》2013年第6期。

与担保人对于刑民程序的态度截然对峙，导致司法机关在程序衔接问题上发生严重分歧。2011 年 11 月，《最高人民法院公报》(2011)第 11 期公布了浙江省德清人民法院"吴国军诉陈晓富、王克祥及德清县中建房地产开发有限公司民间借贷、担保合同纠纷案"。这个案件在程序上是按照"刑民并行"的模式进行处置的。此后，司法实务界的观点较倾向于"刑民并行"。① 2015 年最高人民法院王林清等主张就刑民交叉建立以"刑民并行"为基本原则，以"先刑后民"、"先民后刑"为例外的诉讼程序。②

(2)但法院系统公布的指导意见和司法解释在 2013 年以后几乎都是规定"先刑后民"的处置路径。诸如重庆市高级人民法院 2011 年 8 月发布的《关于审理民间借贷纠纷案件若干问题的指导意见》、浙江省高级人民法院 2013 年 10 月发布的《关于当前办理集资类刑事案件适用法律若干问题的会议纪要(三)》(浙高法〔2013〕241 号)等都是秉持"先刑后民"原则。而"两高一部"公通字〔2014〕16 号司法解释第 7 条和 2015 年最高人民法院关于民间借贷最新的法释〔2015〕18 号第 5 条也都是明确了非法集资案件程序处理上的先刑后民原则。

(3)宋英辉教授等认为，"两高一部"公通字〔2014〕16 号司法解释规定"先刑后民"的方式缺乏一定的灵活性，应当按照以原则

---

① 参见沈芳君:《构成非法吸收公众存款罪的民间借贷及其担保合同效力》，载《人民司法·案例》2010 年第 22 期;李全锁、杜博:《刑民交叉案件法律规制路径之反思与重构——以涉嫌刑事犯罪的民间借贷案件为例》，载《法律适用》2013 年第 7 期;李梅荣、张玉平:《民间借贷案件中涉及"刑民交叉"的处理方式》，载《中国审判》2013 年第 6 期。

② 王林清、刘高:《民刑交叉中合同效力的认定及诉讼程序的构建》，载《法学家》2015 年第 2 期。

加例外的立法方式,更好地协调权力(利)之间的冲突与平衡。[1]

(4)叶永青则认为,应按情形区别适用"先刑后民"和"刑民并行",即对同一法律事实按照"先刑后民",对不同法律事实按照"刑民并行"。[2]

(5)张东平先生认为,传统以"先刑后民"为主的方式已不适应非法集资案件的特点及司法实践的需要。从刑民关系重构的法理依据看,集资案件的刑民冲突处理应以"先民后刑"原则为主导,以"刑民并行"或"先刑后民"方式为补充。[3]

4. 实体上的刑民关系

此种场合的刑民冲突实体关系主要体现在涉罪合同效力问题的分歧上,这个问题对涉案的关联人实体利益和程序利益的影响都相当大,在实务界和理论界一度引发热烈讨论。但从目前各类文献的观点倾向来看,持涉罪合同"当然无效"的观点已是少数派。[4] 特别对于仅因违反市场准入监管类的涉罪合同更不被认为无效。[5] 多数学者都认同涉嫌集资刑事犯罪并不必然导致民间借

① 宋英辉、曹文智:《论刑民交叉案件程序冲突的协调》,载《河南社会科学》2015年第5期。

② 叶永青:《集资类案件中刑民交叉问题的处理》,载《法制与社会》2013年第2期。

③ 张东平:《集资案件刑民关系的交叉与协调》,载《北京社会科学》2014年第1期。

④ 尽管如此,浙江省高级人民法院2013年10月28日发布的《关于当前办理集资类刑事案件适用法律若干问题的会议纪要(三)》(浙高法〔2013〕241号)第10条则为避免刑民判决矛盾冲突,倾向于认定涉及非法集资犯罪的借贷合同以及担保合同无效;江苏省高级人民法院《关于审理民间借贷纠纷案件的会议纪要》(〔2013〕1号)第5条第3项也都认同了涉罪合同无效的观点。

⑤ 詹巍:《论商事审判中刑民交叉案件的犯罪构成与合同效力认定》,载《法治研究》2016年第6期。

贷合同无效及相关担保合同无效。① 2011 年最高人民法院公布浙江省德清人民法院的指导案例、2013 年安徽省高级人民法院《关于审理民间借贷纠纷案件若干问题的指导意见》也明确认同这种观点。2015 年最高人民法院关于民间借贷最新的法释〔2015〕18 号第 13 条亦更是明文确立涉罪合同"不当然无效"这一原则。但问题是即便有第 14 条列出了无效的部分具体情形,"不当然无效"也还是显得语焉不详,何种情形下为无效仍难准确把握。

5. 理论观点

国内对此问题尚缺乏系统的理论建构,相关文献只是阐述一定的理论取向。

(1)投资者利益保护取向论。在此类刑民交叉问题上,刑事优先与金融市场化趋势及民间金融自由化特质相抵牾。司法干预亦应体现保护广大投资者的资本权益的私益保护需求,以与遏制集资犯罪的公益目标的相对平衡。②

(2)多元价值均衡论。部分实务界人士主张以能动司法理念处理此类交叉问题,认为要充分考量我国当前转型期矛盾冲突多元化的特点,综合考虑法律规定和社会效果,着力化解各类矛盾,

① 参见王林清、刘高:《民刑交叉中合同效力的认定及诉讼程序的构建》,载《法学家》2015 年第 2 期;刘宪权、翟寅生:《刑民交叉案件中刑事案件对民事合同效力的影响研究——以非法集资案件中的合同效力为视角》,载《政治与法律》2013 年第 10 期;沈芳君:《构成非法吸收公众存款罪的民间借贷及其担保合同效力》,载《人民司法·案例》2010 年第 22 期;姚辉:《关于民间借贷若干法律问题的思考》,载《政治与法律》2013 年第 12 期;杜万华等:《建立和完善我国民间借贷法律规制的报告》,载《人民司法·应用》2012 年第 9 期;等等。

② 张东平:《集资案件刑民关系的交叉与协调》,载《北京社会科学》2014 年第 1 期。

均衡调和多元价值,原则性与灵活性结合予以解决。①

6. 司法实践中刑民冲突的具体表现

此类刑民交叉司法实践中主要表现在司法管辖权、既判力以及涉案财物处置与执行方面的冲突比较显著,冲突解决难度也很大,这与一般刑民交叉有较大差异。②

0.2.2 民间金融规制问题的相关研究述评

按照英国著名公法学家安东尼·奥格斯的观点,规制是一个含义广泛的词汇,可用来指称任何形式的行为控制,而狭义则可定义为公共机构针对社会共同体认为重要的活动施加持续且集中的控制。③ 奥格斯着意区分了"集中的"(centralised,即中心化的)和"分散的"(decentralised,即去中心化的)两大类规制体系。前者以包含了一个具有指导功能的(governing function)更高控制主体的理念以及公法工具作为主导的特征;而后者的运作则主要依从一套具有服务功能的(facilitative function)制度化安排所提供当事双方相互间的权利和义务以及私人合意主导的特征,尽管在必要的情况下也存在法院介入。④ 本书认同奥格斯的规制观念——兼采纵横两个向度,只要施加了限制。

---

① 参见周宏伟:《集资类犯罪案件刑民交叉处理之均衡》,载《湖南公安高等专科学校学报》2010年第6期;蒋庄平、张新清:《集资类案件刑民交叉处理问题》,载《法制与社会》2013年第3期。

② 参见叶永青:《集资类案件中刑民交叉问题的处理》,载《法制与社会》2013年第2期。

③ 参见[英]安东尼·奥格斯:《规制:法律形式与经济学理论》,骆梅英译,中国人民大学出版社2008年版,第1页。

④ 参见[英]安东尼·奥格斯:《规制:法律形式与经济学理论》,骆梅英译,中国人民大学出版社2008年版,第1~3页。

0.2.2.1　关于中国民间金融规制的现状与问题

1. 价值取向上的“重公轻私”

我国民间金融规制在价值取向上强调维稳、秩序之类的公益价值而忽视融资参与人的私权保护。1998 年取缔非法金融的国务院 247 号令规定，非法金融参与人自行承担损失，几乎完全否认参与人的获得补偿权，政府亦不负保护之责。①

2. 规制方式上的“重控制轻激励”

当前民间借贷的法律规制强制性凸显，缺乏制度设计上的信息机制考量和激励手段的运用，规制成本高而规避者反而容易获益，形成激励扭曲，规制成效低。② 政策上对民间借贷的压制不仅效率低，延宕金融体制改革；还加大了金融风险客观上抑制了宏观调控的绩效。③

3. 规制技术上的过于粗放

当前存在规制覆盖面过广，导致把一些社会普遍认同的融资也在被打击之列。有的则是规则的“涵摄”度过大，无法精准规制和监管导致规则被虚置的现象；“监管失灵”的一个重要表现还在于民间融资和非法集资的规制文件数量几乎随着非法集资行为同步增长。④

---

① 肖世杰：《从吴英案看我国民间金融的监管困局与改革路径》，载《法学论坛》2012 年第 11 期。

② 岳彩申：《民间借贷的激励性法律规制》，载《中国社会科学》2013 年第 10 期。

③ 张书清：《民间借贷的制度性压制及其解决途径》，载《法学》2008 年第 9 期。

④ 肖世杰：《从吴英案看我国民间金融的监管困局与改革路径》，载《法学论坛》2012 年第 11 期。

4. 刑事规制的门槛过低

对于非法集资犯罪,刑事法律设定的门槛过低,司法实践中难以完全执行到位,没有实效却反而客观上阻碍了监管。① 不仅门槛低,由于相关界限不明,还存在刑事认定的过于宽松,把公众认可的正常融资也可能作为犯罪打击,导致非法集资犯罪打击扩大化。②

5. 利率规制不符合市场经济规律

利率规制上的“四倍红线”③产生逆向选择效应,人为制造了规制与市场规律的脱节,从而导致规避行为的泛滥。④ 朱大旗等学者也认同上述观点。对此,2013 年《温州市民间融资管理条例》曾拟规定年利率 48% 的利率上限,但最终该固定上限未获通过。2015 年最高人民法院以司法解释规定了 36% 的利率上限替代原来的“四倍红线”。

6. 民间金融中介等商事主体立法缺位,规制严重滞后

我国当前的现状是:一方面法律禁止未经批准设立金融机构、经营金融业务;另一方面,民间金融中介等经营金融业务的商事主体大量事实存在,无法获得法律认可。⑤ 这种现象造成金融秩序紊乱和助长金融风险。

---

① 朱大旗、张牧君:《论民间金融活动的法律规制》,载《郑州大学学报》(哲学社会科学版)2014 年第 3 期。

② 张运书、潘淑娟:《市场失灵与政府失灵:民间金融监管的“马歇尔困局”》,载《海南大学学报》(人文社会科学版)2014 年第 6 期。

③ 指 1991 年 8 月 13 日最高人民法院发布的《关于人民法院审理借贷案件的若干意见》第 6 条中规定的民间借贷利率最高不得超过同类银行贷款利率的四倍。这个利率限制直至 2015 年因新的司法解释出台才废止。

④ 廖振中、高晋康:《我国民间借贷利率管制法治进路的检讨与选择》,载《现代法学》2012 年第 2 期。

⑤ 张运书、潘淑娟:《市场失灵与政府失灵:民间金融监管的“马歇尔困局”》,载《海南大学学报》(人文社会科学版)2014 年第 6 期。

0.2.2.2 关于我国民间金融规制的模式与路径

1. 法制化基础上的核心规制

高晋康教授认为,“民间金融合法化”的提法遮蔽了我国民间金融良莠不齐的客观现实,从法律兼具保护与惩罚双重功能的角度提出了“民间金融法制化”的主张并主张核心规制:(1)法律的调整应当局限于对社会具有较大影响的具有全国性组织形式的民间金融,影响小的不必纳入法律规制。(2)民间金融自由的法律取向一定程度上体现在制度层面。①

2. 重点规制

岳彩申教授提出,干预性专门立法要重点规制营利性的商事借贷,一般性民间借贷由常规民事规范调整即可。②

3. 分类规制

对于需要专门立法的借贷行为,要分门别类进行立法安排,区别对待,不宜单一化法律规制。③

4. 激励性规制

民间借贷的信息特征复杂,市场失灵与规制失灵并存,民间金融法律制度完善应着眼于建构多方合作博弈为核心的选择性的多样化激励性法律规制。可以选择激励性规制工具进行规制:(1)准入条件的设置;(2)区域竞争机制;(3)差异化税收减免;(4)多样

---

① 高晋康:《民间金融法制化的界限与路径选择》,载《中国法学》2008 年第 4 期。

② 岳彩申:《民间借贷规制的重点及立法建议》,载《中国法学》2011 年第 5 期。

③ 岳彩申:《民间借贷规制的重点及立法建议》,载《中国法学》2011 年第 5 期。

化利率限制;(5)大额借贷登记;(6)主体身份转换。①

5. 民法规制

不像正规金融,民间金融的属性适宜于民法规制,可参考德国、法国、美国及我国台湾地区模式通过民法典编设专章、民间金融组织法人资格化或建构监管体系等途径进行。②

6. 商事规制

具有营利目的,存有反复性和职业性特征的民间金融行为,已经商事化,具有外部性,应当进行干预性监管。③

7. 正规化银行化规制

王曙光教授等认为,应该通过组建民营银行将部分民间金融组织纳入正规金融体系规制。④ 姜旭朝教授等则不主张将民间金融"强制性地迅速"转化为正规金融,而应当通过立法放宽对民营金融准入等各种限制,打破现有金融垄断格局。⑤

8. 区域性规制

考虑到民间金融"熟人社会"的信息优势,对其地域性监管需要秉持审慎原则,既不能完全禁止跨区域经营,也不能完全放开。⑥

---

① 岳彩申:《民间借贷的激励性法律规制》,载《中国社会科学》2013 年第 10 期。

② 郑导、唐清利、高晋康:《民间金融的民法规制》,载《西南民族大学学报》(人文社会科学版)2013 年第 6 期。

③ 参见张运书、潘淑娟:《市场失灵与政府失灵:民间金融监管的"马歇尔困局"》,载《海南大学学报》(人文社会科学版)2014 年第 6 期;岳彩申:《民间借贷规制的重点及立法建议》,载《中国法学》2011 年第 5 期。

④ 王曙光、邓一婷:《民间金融扩张的内在机理:演进路径与未来趋势研究》,载《金融研究》2007 年第 6 期。

⑤ 姜旭朝、丁昌锋:《民间金融理论分析范畴、比较与制度变迁》,载《金融研究》2004 年第 8 期。

⑥ 岳彩申:《民间借贷规制的重点及立法建议》,载《中国法学》2011 年第 5 期。

9. 准入性规制

(1)进入规制。蔡四平教授认为,一方面要降低金融准入门槛,将一些较规范、有条件的民间金融组织正规化进行规制;另一方面,要引导"地下金融"的资金参与正规民间金融的改制,同时要规范民间借贷市场与典当行的经营行为,将其纳入监控范围进行规范化。① 张运书等则认为,商事民间金融主体准入门槛应分门别类,且门槛不宜过高,原则上高于《公司法》规定的条件而低于《商业银行法》的规定,而自然人则要取得放贷人资格并建立个人破产制度作为。② 黄振香提出,应对民间金融区分简单形态、中间形态和高级形态,并对应设置不同的准入条件。③

(2)退出规制。黄振香主张,民间金融要建立健全破产退市,做好清算审核,同样应区分简单形态、中间形态和高级形态分门别类设置退出条件。④

10. 利率规制

廖振中和高晋康教授认为,一方面,当前民间借贷利率管制与利率市场化进程相关,市场化完成会走向市场调节。另一方面,对民间金融,不能寄望于单一措施(如利率控制)控制风险,必须建构综合监管机制进行防控。⑤

---

① 蔡四平:《规范我国民间金融发展的路径选择》,载《中央财经大学学报》2011年第2期。

② 张运书、潘淑娟:《市场失灵与政府失灵:民间金融监管的"马歇尔困局"》,载《海南大学学报》(人文社会科学版)2014年第6期。

③ 黄振香:《构建民间金融之市场准入与退出制度的思考》,载《中南大学学报》(社会科学版)2014年第2期。

④ 黄振香:《构建民间金融之市场准入与退出制度的思考》,载《中南大学学报》(社会科学版)2014年第2期。

⑤ 廖振中、高晋康:《我国民间借贷利率管制法治进路的检讨与选择》,载《现代法学》2012年第2期。

岳彩申教授赞成设置利率限制,但应当合理规定利率上限,同时完善高利贷法律责任制度;①姚辉教授则提出,应借鉴香港的高利贷利率按超过48%推定敲诈性和超过60%入罪分等对应不同法律责任的方式规制高利贷。②

11. 信息披露规制

张建伟教授认为,由于立法无法完全预见规制后果,信息披露制度因而就显得重要。自行的信息披露优于简单的压制,也可以利用关系网络和声誉机制帮助自我实施,因而节约了监管成本。③

12. 民间借贷登记

民间借贷登记是通过建立民间借贷登记平台,促进民间借贷规范化和阳光化,为治理民间借贷乱象、抑制高利贷和打击非法集资建立辅助性的预防与化解机制,这就要依赖于立法对民间借贷登记进行准确的功能定位并合理确定登记的范围和类型范围。④

13. 行业自律

刘中杰认为,政府应与社会合作监管民间金融,要发挥社会中间层主体的自律监管和社群内部的监督,不要片面依靠正规监管;⑤李磊认为,根据我国民间借贷特点,政府应更加重视发挥行业协会性质的自律组织的作用,重点是为之营造好外部环境,进行经

---

① 岳彩申:《民间借贷规制的重点及立法建议》,载《中国法学》2011年第5期。

② 姚辉:《关于民间借贷若干法律问题的思考》,载《政治与法律》2013年第12期。

③ 张建伟:《法律、民间金融与麦克米伦"融资缺口"治理——中国经验及其法律与金融含义》,《北京大学学报》(哲学社会科学版)2013年第1期。

④ 杨贵桥:《民间借贷登记功能、范围及其法律效力》,载《经济法论丛》2014年第2期。

⑤ 刘中杰:《论民间借贷的组织模式与法律规制》,载《河北法学》2014年第4期。

济上扶持，转移一定的政府职能。①

14. 征信制度

降低民间金融风险应当尽快建立由央行牵头、多部门组成的征信体系，建构完备的信用数据库，向社会提供不良信用记录，以保证金融交易中的各方利益。②

15. 存款保险

民间金融的信用局限性带来风险，甚至会影响社会稳定。民间金融也应当引进保险存款制度和金融风险基金制度。③

0.3 研究方法、内容与创新点

0.3.1 研究思路与方法

根据选题初步确立的研究对象和目标，可以确定本书的研究思路如图 0.1 所示。

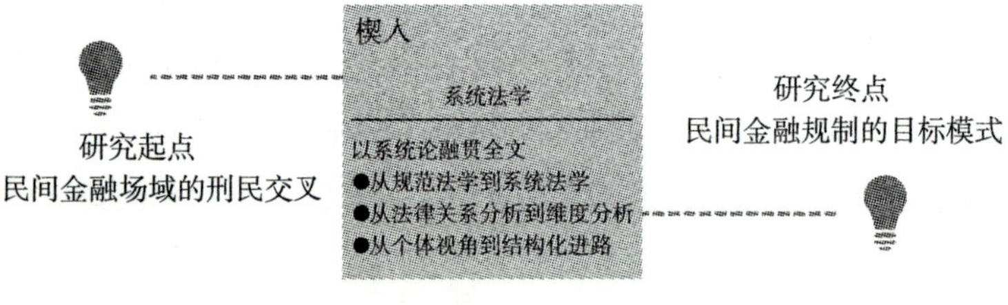

图 0.1 研究思路简图

---

① 李磊：《论我国民间借贷的若干法律规制重点——基于金融功能观理论的分析》，载《国际商务研究》2014 年第 3 期。

② 蔡四平：《规范我国民间金融发展的路径选择》，载《中央财经大学学报》2011 年第 2 期。

③ 黄振香：《构建民间金融之市场准入与退出制度的思考》，载《中南大学学报》（社会科学版）2014 年第 2 期。

为支撑上述研究思路的顺利展开,笔者在本书中综合选用了如下的研究方法:第一,系统论法学分析法。系统论的研究方法将是本书最主要的研究方法。从理论渊源来看,卢曼-图依布纳的系统功能论实际上也是涂尔干-帕森斯结构功能主义传统一个支脉。系统法学的分析方法是超越规范法学的部门分割和法律关系静态分析的一种动态的、整体性的分析范式。这一范式将植入系统—环境的二元视角,多元多维的互动关系对象化为一个"沟通系统"(Matrix),分析将围绕符码、结构及程式三个系统论维度展开。本书第3章就是这一分析范式的集中体现。第二,理论研究与经验分析相结合法。本书研究的起点属于来源于司法实践的疑难问题,必须以理论结合实践的方法寻求解决。结合笔者从事非法集资司法处置的相关检察实践获得的数据和经验,同时融入理论视角,本书开辟了理论与经验结合的研究进路。第三,案例分析法。温州地区从民间金融危机应对实践中发展起来的、以地方政府为主导的系统规制,本来就是本书所论证的目标模式的现实雏形和实践样态。本书引入了温州地区法院——府院协同处置非法集资的案例,并介绍乐清市、洞头区民间融资协同规制的实践经验,利用案例分析法,从实践视角揭示协同规制的价值和具体运作。第四,博弈论分析法。本书也局部地利用了博弈分析方法。鉴于系统论的抽象性,本书在阐释子系统去中心整合的微观机理时,援引了博弈论上比较直观的协调博弈模型,以凸显系统整合过程中的结构化互动及其所需的反思要素,为下文阐述协同模式奠定基础。第五,规范法学分析法。尽管本书在方法论上主要是要实现从规范法学到系统法学的转向,但规范法学分析法作为这一转向的基础也是本书不可或缺的。本书在论述刑民交叉的具体司法处置方面运用了很多司法指导意见以及司法解释的规范分析。应当说,规范分析也应当作为本书的研究方法之一。

0.3.2 主要内容与章节安排

本书除绪论和结论之外，主体部分共设五章，其结构图示如图0.2所示。

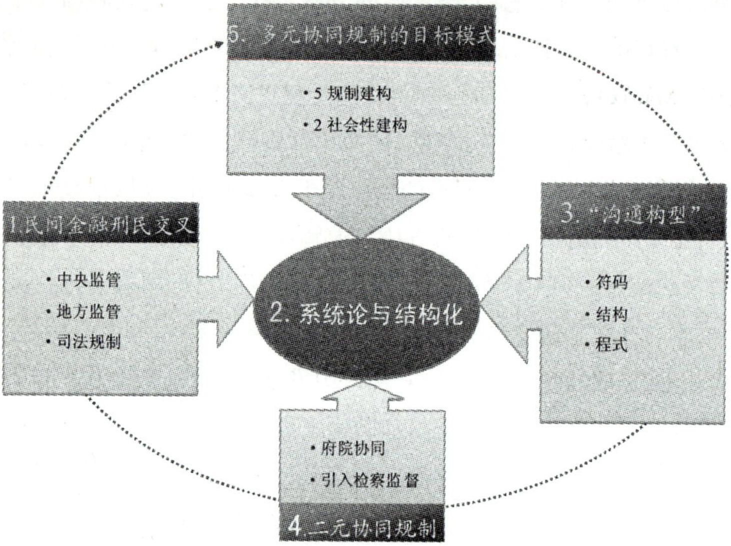

图0.2 篇章结构示意图

第一章：本书研究的出发点。主要铺陈和分析当前民间金融的规制格局（中央监管、地方监管和司法规制的现状）以及司法规制形成的刑民交叉困局。

第二章：奠定全书的理论基础与结构中枢。主要是引介卢曼和图依布纳的系统法学理论和子系统去中心化整合的思想，梳理五大整合路径，并阐明图依布纳的反思理性理论。

第三章：将系统法学的理论与方法应用于民间金融刑民交叉

生成的复杂系统("沟通构型")。通过法益构造分析,揭示民间融资司法规制中刑民冲突的"系统际冲突"的实质,继而从系统法学的三个分析维度(符码、结构、程序)展开分析,导出构建主导协同机制实体化模式破解刑民交叉的新路径。

第四章:引介协同模式的实践样态——民间金融危机应对实践中发展起来的府院协同模式,并探讨通过引入金融检察监督机制避免府院协同的行政化流变。

第五章:导出全书的结论。鉴于民间金融的去中心化功能特质以及我国治理现代化的目标,本章主张并论证了我国民间金融规制的目标模式——以地方政府为主导的多元协同规制模式,主体结构包括了核心的五大规制建构以及外部的社会化建构(社会中间层以及金融消费者的参与)。

0.3.3 本书的创新之处

本书可能存在的创新之处体现于以下六个方面:

第一,选题上同时切中刑民交叉和规制模式选择这两个民间金融领域的重大难题,形成的纵横交叉的两大论证主线并由系统论一脉贯通。

第二,突破规范法学的藩篱,将卢曼和图依布纳系统论法学的视角和方法应用于刑民交叉问题的研究,并以系统论符码、结构和程式的维度分析法超越法律关系要素分析法实现方法论的创新。

第三,提出刑民交叉的系统论本质为跨位阶的"系统际冲突",并证成"结构化"的解决路径。

第四,提出了"去中心化规制"这一金融监管的"后现代"新理念,导出了民间金融"以地方政府为主导的多元协同规制"的目标模式,纾解当前民间金融规制模式的选择困境。

第五，提出“司法规制”新概念并以之导出协同规制，基于对职权法定及司法能动等问题理论上的新认知解决地方政府与司法机关在案件查处和财物处置上的职责关系。

第六，在防止协同规制的行政化流变问题上，提出引入检察监督的新主张。

1　民间金融的司法规制及其刑民冲突之困

1.1　民间金融及其规制问题概述

民间金融相对于正规金融而言，是当代"二元金融"组成部分。何为民间金融？国外学界在世界银行定义的基础上虽存有基本的共识——泛指没有被中央银行或监管当局所控制的金融活动，但其实质内涵及外延上则依然语焉不详，国内学界更没有统一规范的界定，多数将之等同于民间借贷，有的学者还将之与"地下金融"、"民间投资"等视为同义。因此，本书使用民间金融这一概念，首先，需要一个规范的界定，这也关系到本书研究对象和研究范围的确定。其次，关于民间金融界定的理论牵涉面很广，并非仅仅是一个简单的概念问题。比如，如何认识民间金融概念中的“非监管性”就会关系到要不要规制以及如何规制等一系列关键的取向性问题。最后，对民间金融认知的深入，也将为当前这个领域的各项制度的整合并走向系统性建构提供更加坚实的基础。

我们首先从“民间金融”语词中本来包含的“金融性”和“民间性”这两个“天然的”入口进发，而沿着这两个进路的“纵深”与“挖掘”，我们将获得远远超越概念本身的很多认知，并能极便利地触及民间金融规制这一本书最核心的论题。

1.1.1 “金融性”视角下的观念体系重构

1.1.1.1 民间借贷与民间金融

许多学者倾向于将民间金融与民间借贷混同使用。但笔者认为，民间金融是需要与民间借贷进行有效区分的，混同或等同使用的弊端主要在于抹煞它的金融性。就这个问题，我们可以从对金融与借贷关系的本源性认知切入。

民间借贷的历史可谓源远流长。信贷在古代和中世纪时期就得到了普遍应用，甚至比原始货币产生还要早，更不要说工业和金融。而且，我们知道几大文明的有记载的法律史是在人为规范信贷中开始的。例如，大约公元前1800年，古代巴比伦王朝的第一个国王汉谟拉比给他的臣民制定了第一部已经知道最早的正式法典。该法典的一些主要规定规范了债务人与债权人的关系。① 而在中国，西周时期已有专门掌管借贷的机构（泉府），到战国时期则

① ［美］悉尼·霍默、理查德·西勒：《利率史》（第4版），肖新明、曹建海译，中信出版社2010年版，引言第8页。

更为发达。南北朝时出现典当业,从事"抵押借贷"。资金融通在发达的唐元宋更是常见于史载。直至明朝中末期(16世纪中叶),"金融意识"在东西方还并无二致。[①] 由此可知,从早期史维度来看,"借贷"一度曾与"金融"同享"资金融通"的含义。

但转到法律史沿革层面,"借贷"则一直是规范的法律用语。传统民法将使用借贷(Gebrauahsleme, loan for use)和消费借贷(Darlehn, loan for consumption)概括为借贷(Leihe, loan),而使之与租赁对立,为法民法及瑞士债务法所采之主义,乃基于罗马法以来之沿革。德民法将租赁(内分为使用租赁、用益租赁)、使用借贷及消费借贷,使之各别独立。日本民法依之,然次序则为消费借贷、使用借贷及租贷。[②] 而《瑞士债法典》则从消费借贷中进一步离析出"商事借贷",进一步丰富了借贷的法律形式。[③] 在民法学上,民间借贷一般固守其鲜明的民事属性,如成约上的实践性以及互助性等。这些原则,我国2005年《合同法》亦在第210条和第211条以自然人之间借贷的特别规定予以体现。由此可见,依传统民法规范之肯认,借贷乃是一种基本的法律行为,应遵循其严格的法律含义和法律属性。这也是在民间金融的研究中,法学学者和法学论文更倾向于使用"民间借贷"一词的原因。

经济学则超越借贷的微观法律结构转而从借贷的信用面向这一社会功能层面开辟更为广阔的认知视角。经济学中的信用有其

---

① 唐涯:《金融史漫谈:在历史的分岔路口》,载《第一财经日报》2015年4月2日,第A15版。

② 史尚宽:《债法各论》,荣泰印书馆股份有限公司1960年版,第245页。

③ 参见《瑞士债法典》第313条第2款以及第314条第3款;《瑞士债法典》,吴兆祥、石佳友、孙淑妍译,法律出版社2002年版,第76页。

特定的含义,专指借贷行为。[1] 其实,经济学的信用无非是从社会互动和社会交换的角度来理解借贷。从这个角度来看,信用是一种社会权力,指的不同时用等价物交换别人所提供的利益的权力。授信者通常是债务人,因为用信用代替等价物进行交换;而受信者通常是债权人,因为接受他人信用支付,并信任授信者的未来偿付。[2] 这里揭示出信用与借贷的关系在于,信用无形中充当了借贷交易的一种媒介,而借贷行为的实质无非是信用授受。值得注意的是,我国著名经济学家陈观烈先生曾把金融也定义为信用授受,"购买力在其余缺单位之间的有偿让渡,称为信用授受或资金融通,又简称金融。"[3]这样,金融与借贷的概念似乎又一次相交相融。确实,从经济行为的微观机制层面来看,金融与借贷本质上并无二致,都是信用授受。但这并不意味着两者可以等同,因为只要把它们放到宏观的、历史和社会时空层面就将呈现差异。

世界的金融史其实就是一部信用制度的发展史。首先,货币作为商品交易的媒介使跨时空交易成为可能;进而金融交易依托更为无形的信用作为媒介,就是把交易建构于一定制度化环境下对对方未来的支付可能的信任上。在这个意义上,借贷已只是现代金融的法律形式和交易媒介(信用)。现代金融在信用创造上不同于单一的、线状的传统借贷,它呈现的是更为复杂的网状结构,信用的衍生和流通性更强,也就对社会的产权制度与法制程度提

---

① 曾康霖、殷孟波:《货币银行学》,四川科学技术出版社1990年版,第76页。

② 参见张维迎:《信息、信任与法律》,生活·读书·新知三联书店2006年版,第192~193页。

③ 陈观烈:《金融的意义——〈金融理论与实践丛书〉序》,载陈观烈著:《货币·金融·世界经济——陈观烈选集》,复旦大学出版社2000年版,第245页。

出更高的要求。[①] 申言之，现代金融具有更强的对整体制度和社会信任生态的依赖性，表现为一个开放的构型，与社会共生并依托于社会运作，这已与普通的线状的个别借贷不可同日而语，从而也就首先揭示出本书所理解的"金融性"的第一要义，那就是金融的开放性或称为社会性。

其次，在理解现代金融的开放性基础上，也应该看到现代金融的规模性。有学者如此定义金融，"所谓金融，是以信任关系为基础的，含有风险的，可以带来规模收益的债务买卖。"[②]在现代金融观念中，借贷所确立的典型化债务关系只是金融交易的对象，金融的本质是规模化的信用流转(债务买卖)。从现代金融的视角来看，互助性质的零星的线状的民间借贷应不属于民间金融范畴的。

最后，我们要强调的金融性本质是它的时间配置性，这也就决定了它的不确定性。博迪与默顿关于金融著名的定义就从这个角度给出了经典的表述——"金融是研究人们在不确定环境中如何进行资源的时间配置的学科"。金融决策的根本特点是其时间层面的未来面向和结果的无可预知性。[③] 这个定义包含了两个关键点：一是金融是一种试图通过资源的时间维配置追求未来收益的有意识行为。笔者认为，博迪与默顿使用"配置"这个用语的绝妙之处就在于同时揭示了行动层面的"主动意愿"(voluntarism)特性和结果层面上的"被动收益"(passivism)特性，这帮助我们从行为

① 唐涯：《金融史漫谈：在历史的分岔路口》，载《第一财经日报》2015年4月2日，第A15版。

② 汪丁丁：《"金融热"与中国之前途》，载汪丁丁著：《永远的徘徊》，四川文艺出版社1996年版，第49页。

③ [美]兹维·博迪、罗伯特·默顿：《金融学》，伊志宏等译校，中国人民大学出版社2000年版，第4页。

上把金融行为与其他一些非金融行为有效地区分开来。二是金融运作的背景是系统性的、内化的不确定性。白钦先教授曾批评这个定义的不足之处在于不确定性条件的泛用,认为不确定性是几乎一切经济活动的特征,用一般性的特征来限定特殊性概念,在逻辑上说不通。① 但笔者认为,博迪与默顿援用“不确定性”一词其实颇蕴深意。如果从德国著名社会学家卢曼的系统和环境二分法的视角来看,该词所指的背景其实非常明确,就是现代金融所处的网状的、具有系统复杂性的时空所带来的那种难以蠡测的不确定性。这种“不确定性”有别于我们通常所说的尚可以概率度量的“风险”。② 这种前瞻性的风险就在于面临系统复杂性下伴随时间维张开而面向未来决策的难以逆料性。金融的不确定性不仅是与系统、制度以及社会生态整体意义上的息息相关,而且不确定性又从系统和环境内化到它的成本和决策中去,不确定性是金融的系统特质。

综合上面的解析,本书是从金融的现代观点以及结构化进路来理解和界定民间金融的,作为本书研究对象的民间金融有别于那种普通的、个别的、线状的民间借贷,它不是传统民法等私法意义上的借贷,而是具备开放性、规模性与时间配置性三个基本结构

① 白钦先:《论以金融资源学说为基础的金融可持续发展理论与战略——兼论传统金融观到现代金融观的变迁》,载《广东商学院学报》2003 年第 5 期。

② 著名经济学家弗兰克·奈特曾经对此作过经典的区分——“风险”指尚可概率度量的不确定性,而用“不确定性”指不可度量的风险。具体来讲,风险的特征是概率估计的可靠性,以及因此将它作为一种可保险的成本进行处理的可能性。而与可计算或可预见的风险不同,不确定性是指人们缺乏对事件的基本知识,对事件可能的结果知之甚少,因此,不能通过现有理论或经验进行预见和定量分析。而经济学这种不确定性的根本在于经济过程本身的前瞻性(forward-looking)。参见[美]弗兰克·奈特:《风险、不确定性与利润》,安佳译,商务印书馆 2010 年版,第 18～19、46～47、224、228 页。

特性的经济法、金融法意义上的民间融资。借贷只是作为金融的法律形式和微观机制存在。在本书中，当我们谈论借贷的时候，我们是客观的、中性的，并不强调意志指向；而金融则是一种有主动意识的、有强烈目的指向的资源配置行为。应当指出，本书对于民间金融的结构性界定，不同于当前学术界的其他进路。对于民间金融，当前学术上的界定众说纷纭，但多数皆落脚在对民间性的强调上，而忽视了它的金融性限定的一面。① 值得注意的是，2013 年 11 月 22 日公布的我国第一部关于民间金融的地方性法规《温州市民间融资管理条例》第 2 条把民间融资界定为民间借贷、定向债券融资和定向集合资金三种具体方式。但笔者认为，列举式的界定往往难以阐发概念的结构与实质，而且民间融资与民间借贷其实并非种属关系，泛泛地用“资金融通”一词来指称融资行为实际上也造成语焉不详，应当说并不严谨。而笔者主张结构化界定旨在提高与一些关联概念的区分度，有助于对民间金融的体系化认知。而深化对“金融性”的结构化认知的一个重要应用就是可以帮助我们进一步厘清非法集资与民间金融的关系。

1.1.1.2　非法集资与民间金融

探讨民间金融，一般必然要涉及非法集资问题。“非法集资”这一用语可谓众所周知，亦被公认为悬于民间融资行为头上的“达摩克利斯之剑”。尽管“非法集资”一词被广泛应用于行政机关与司法系统的文件中，在民间融资研究领域使用也极为频繁，但我国《刑法》并没有直接使用“非法集资罪”作为一个规范的罪名，似乎

① 可综合参见胡戎恩：《天使抑或魔鬼——民间金融实证研究与立法》，北京大学出版社 2014 年版，第 1～2 页；陈蓉：《我国民间借贷研究文献综述与评论》，载《经济法论坛》2006 年年刊，第 157～176 页；胡德官、陈时兴：《我国民间金融研究：文献综述与评论》，载《资料通讯》2005 年第 1 期；等等。

只是泛泛地将其作为与民间融资有关的一类罪的总称。那么,“非法集资”与民间融资行为的关系究竟为何?到底能不能作为民间融资的行为边界呢?这些是本书研究展开之前应予首先厘清的基础问题。

中国的金融长期处于严格管制状态,“非法集资属于地下金融范畴”。但是,中国经济在改革开放之后的飞速发展,民营经济对于资金的需求异常膨胀,进入20世纪90年以后,就爆出诸如“长城机电”融资案等影响全国的非法集资大案。1995年《商业银行法》禁止非法吸收公众存款等行为,随即在全国人大常委会同年通过《关于惩治破坏金融秩序犯罪的规定》入罪规制,1997年《刑法》对相关规定全部吸纳。但是,多年以来我国对于非法集资遏制的绩效乏善可陈,基本上陷入一种“一收就死,一放就乱”的低效的“怪圈”循环。根据北京大学金融法研究中心彭冰教授的观察,自1993年起,非法集资现象在中国每隔四五年爆发一次,虽然打击更严,但形势越来越严峻,花样也随之翻新、升级,目前正处于新一轮爆发周期。[①] 2014年,涉嫌非法集资跨省案件、大案要案数据已显著增加,2015年更是接连爆出泛亚、e租宝、大大集团之类的大规模集资案件,形势异常严峻。2015年10月23日,国务院召开防范和处理非法集资工作电视电话会议并下发《关于进一步做好防范和处置非法集资工作的意见》(国发〔2015〕59号文)以强化应对。但是,无论是司法处理,还是政府维稳,都可说是困难重重。

在我国,大量的行政法规、规章与司法解释都在对非法集资作

① 王丽娜:《非法集资新困局》,载《财经》2016年第1期。

出界定，而且，基本上都奉行行政前置审批的标准①，共同的缺陷则是都缺乏对非法集资行为的“金融性”特质的限定。未经前置行政审批的资金需求者从多数资金供给者手中获得资金的集资行为，可能是金融性质的，也可能不是金融性质的，或者即便是金融性质的，也可能并非属于同类的金融行为，而忽视在最基本的“金融性”问题上加以区分，非法集资也就变成了一个含糊不清的、漫无边界的概念。

2010年最高人民法院法释〔2010〕18号司法解释作出了极为重要的革新。这个司法解释把事前的审批标准(未经审批)改为合规标准(违反国家金融管理法律规定)，并给出四个方面的核心构成要件。笔者认为，这个改进意义是相当重大的，第一，提出金融法规范标准实际上可算隐性引入了“金融性”限定；第二，从审批标准改为合规标准体现了规制风格开始从僵固走向灵活；第三，体现刑法规制对于经济法、金融法的遵循，而不是单纯的追随行政审批的取向。

但是，这个司法解释一个广受诟病的问题是对集资行为以及对应罪名的归并②带来了新的问题。因为从资金流入的方面来看，

---

① 如1996年12月最高人民法院《关于审理诈骗案件具体应用法律若干问题的解释》(法发〔1996〕32号)第3条将非法集资界定为“法人、其他组织或个人未经有权机关批准，向社会公众募集资金的行为”。1998年7月，中国人民银行发布的《整顿乱集资乱批设金融和机构和乱办金融业务实施方案》将乱集资被定义为“未经依法批准，以任何名义向社会不特定对象进行的集资活动”。最详尽的当属1999年中国人民银行发布的《关于取缔非法金融机构和非法金融业务活动中有关问题的通知》(银发〔1999〕41号文)中的定义：“单位或个人未依照法定程序经有关部门批准，以发行股票、债券、彩票、投资基金证券或其他债权凭证的方式向社会公众筹集资金，并承诺在一定期限内以货币、实物及其他方式向出资人还本付息或给予回报的行为。”

② 最主要是把非法吸收公众存款罪作为非法集资活动的基础性罪名，而使集资诈骗罪成为非法集资犯罪的加重罪名。

违规向社会公众募集资金在广义上都可算为非法集资；而从资金流出的一面来看，非法集资还可类比金融学上的样态划分分为三类：第一类是吸收资金自用。这实质上是直接融资，但由于缺乏权益份额化、证券化的表象，在我国并不作为证券发行，还是非法集资；第二类是集资者扮演了信用转换的信用中介角色，直接承担配置的风险，其实质就是吸收公众存款；第三类是集资者是不担风险的纯粹中介，这实质上相当于投资基金。① 在这个规定之前，金融法规也是区分不同性质的集资行为的，比如1998年国务院取缔非法金融的247号令第4条是明确将非法吸收公众存款与非法集资列为并列的两项非法金融业务活动。但也有学者提出，“变相吸收公众存款”本质上也是非法集资。② 司法解释的归并显然吸收了后一观点，避免了更具金融专业复杂性的划分归并，也回避了非法集资立罪体系上的一些难点，在司法实践的操作上也更为便利，但粗放化处理的代价通常就是牺牲针对性和高成本。

我们不要忘了适用这个司法解释所对应的是司法成本极为高昂的刑法规制。在前述三类非法集资行为中，第一类直接融资性质的对应规制重点应当是信息披露；第二类信用中介性质的对应规制重点是实质监管；③第三类投资中介性质的对应规制重点是商事规制。其实，我们或许可以使用成本更低的、针对性更强的商法规制和经济法规制，而并不需要一律适用严厉的刑法规制。2010

---

① 参见彭冰：《P2P网贷与非法集资》，载《金融监管研究》2014年第6期。

② 冯亚东、刘凤科：《非法吸收公众存款罪的本质及立法失误》，载《人民检察》2001年第7期。

③ 实质监管总体上是指根据经济实质而不拘泥于法律形式的监管模式，监管者有权识别影子银行并且在必要的情况下对影子银行进行审慎性监管或限制影子银行对受监管实体的影响。参见袁达松：《对影子银行加强监管的国际金融法制改革》，载《法学研究》2012年第2期。

年司法解释给出了非法集资司法处理的新体系、明晰的标准以及明确的数量化入罪界限，但可能很难达到精准和高效打击的果效。因此，笔者认为，既然我们已经以粗放的数量化“入罪”标准绕过了立罪上进行专业细分的难题，那么就应该比其他犯罪更加重视“出罪”条件的精准设计进行弥补，同时也以给经济法和商法规制留下空间，否则，面临的后果必然是打击扩大化和高昂的司法成本。在笔者看来，重视“出罪”标准设计并相应强化经济法和商法规制正是民间金融规制和非法集资治理的一大关键。

应当指出，非法集资本身就是一种不确切的、逻辑上可能引起混淆的并且定性上容易导致先入为主的提法。比如，2010 年司法解释中非法集资犯罪是非法吸收公众存款等罪的种概念，而在 1998 年国务院取缔规定中又是与非法吸收公众存款并列的概念。非法集资具有金融性与社会性（开放性）两个基本结构特性，从前述“金融性”限定来看，无非是一种不合规的民间金融行为，可以采用多种规制手段或者工具进行规制，而“非法集资”的提法实际上导致了狭隘的命令——控制型思维遮蔽民间融资集资的完整的规制工具谱系“一叶障目”的效果，对“非法”意象先入为主的过分强化使得我们很难去考量刑法规制以外的法律手段和其他社会措施。而其实，我们规制民间集资行为或许不无更合适的、更经济的规制选项。相反，“金融性”视角使我们能够从更宏大的视角来看待非法集资问题。坚持“金融性”限定也将为我们在非法集资规制路径与模式的选择上带来更多有益的启发。开放性维度实际上指示了金融行为的外部性程度，规模性维度实际上关系到金融行为可能的致损度和冲击力，配置性维度则提示了错配的可能性以及风险度。当这些金融性维度都超越无法容忍的界限，才需要刑法规制等命令—控制型措施的介入。我们完全可以使用更为中性、更能体现金融性限定的“民间金融”一词来涵盖“非法集资”的提法，故本书更倾向于使用“民间融资”或“民间金融”的概念以凸显全面性和客观性的规制考量。

1.1.2 “民间性”视角下的规制模式选择

民间金融的民间性指什么？这是一个比较令人困惑的问题。一般泛泛的认知，含有非官方的、非正式的、老百姓的，或是私有的、分散的等意蕴。但从英文的意义(informal finance)来看，重心在于“非正规性”(informal)，就是与正规金融相比照而言的。而正规金融的一个鲜明特性就是受监管性。因此，一般普遍认同非监管性为体现民间金融“民间性”的显著特质，而事实上包括世界银行在内的国内外诸多对民间金融的定义也都是强调了它的非监管性。但实践中，非监管性并不等于不进行任何的规范和监督。许多的民间金融组织获得地方政府的审批并在工商部门注册；而对于有的民间金融组织，政府制定有市场准入、退出的原则和相关的金融法规。① 尤其在温州等地民间金融危机以后，加强民间金融的规制是一个普遍的共识，地方性监管架构的建立亦备受关注，甚至有着向中心监管发展的强烈态势。2013 年 11 月 22 日温州出台首个民间融资地方性法规，更是极大地拓展民间金融的合规空间。这样，民间金融的民间性的本质到底是什么？规制监管的介入还能说是“民间”的吗？民间金融监管与非监管的边际又是什么呢？

1.1.2.1 时空间离度与金融监管需求

笔者认为，要理解民间金融的民间性以及监管必要性问题，反而又得回到前文所述的金融性上去。显然，金融性是民间金融与

---

① 参见曾康霖：《二元金融与区域金融》，中国金融出版社 2008 年版，第 248 页。

正规金融共有的特性，只不过这里我们要更多地关注正规金融与民间金融在金融性上的差异。前节的论述已经阐明，金融是一种在数量上具有规模性、在空间上具有开放性以及通过时间维度的配置追求收益的行为。易言之，金融是依存于时空的配置决策，时空特性是金融的根本特性并已经内化于金融行为之中。正规金融与民间金融在金融性上的差异首先就在于时空特性的差异，而英国社会学家安东尼·吉登斯的"时空间离"理论在这个问题上不仅提供了一个相当理想的分析框架，而且也间接为我们指明了民间金融的应然规制模式。

"时空间离"(seperation of time and space)一词是英国学者安东尼·吉登斯创制的学术概念，指现代社会中时空观念抽象化和独立化，社会互动不再像传统社会那样受制于"在场"的具体时空，而是能够"脱域"地跨时空延伸。但这必须相应地强化人们对于"符号系统"与"专家系统"的信赖，信任于是成为现代性的主要特征。① 时空间离的概念使我们豁然开朗，正规金融与民间金融的差别首先正是体现在时空间离的程度上。

第一，民间金融的空间上的开放性不同于正规金融。空间意味着差异。正规金融的开放性是具有非人格化交易以及跨地域甚至跨界交易的特性，而现代金融更是越来越朝着这个方向发展，趋向于追求舍象与摩平一切人格差异与地域差异的开放性。比如，众所周知，美国 2008 年金融危机的一个重要原因就是把次贷产品证券化拆分弥散到全球，这样的开放性已经超越监管当局的监管缰索之所及。然而，民间金融在这一点上具有不同的特色。民间

① 参见[英]帕特里克·贝尔特：《二十世纪的社会理论》，瞿铁鹏译，上海译文出版社 2002 年版，第 137 页。

金融不同于普通的、线状封闭的民间借贷，也有一定的开放性，但显然还是如同差序格局那样涟漪式扩散，经常会受制于交往圈或者地域的制约，总是存在这样那样的差异性，因而其时空间离度是有限的。因为正如吉登斯所云，时空间离的潜在前提是社会信任，而超时空的信任需要"符号系统"（包括法律、权威、社会文化系统等）与"专家系统"（包括监管、评级等）这样的"脱域"机制作为基础。监管或者规制无非也是一种弥合时空间离的"脱域"机制而已。这样看来，民间金融的"野蛮生长"或者所谓的"非法集资"问题，无非是一种利益驱动下的"脱域"努力。而当前如火如荼地像P2P这样的以非人格化、跨区域跨界借贷方式为特征的互联网金融，也正在进行一种"脱域"的进程。显然，民间金融时空间离程度的加大，就越近似于正规金融，监管需求也越大；而越初级的越人格化和地域化的限于熟人之间的民间金融，监管需求也就越小。可见，从非人格性和非地域性角度而言，时空间离度超越社会常规弥合能力所及的民间金融，应当介入规制或监管，但"民间性"决定应当首先尽量使用社会固有的常规弥合机制（如司法、社会组织和社会习俗等）或者强化这些机制以动态地适应时空间离度的增大，规制和监管应当是补充性的。以笔者的理解，这或许就是民间金融"民间性"的应有之义。

第二，民间金融的时间上的配置性亦不同于正规金融。正规金融的经典形态是商业银行，商业银行业务就是对资源（资金）进行一种时间上的配置，并以配置追求收益。在各种配置样态中，活期存款是最本质、最核心的配置，是商业银行的根本业务特征。①

---

① 彭冰：《商业银行的定义》，载《北京大学学报》（哲学社会科学版）2007年第1期。

为什么？因为活期存款是一种最极致的时间维配置，它是完全的时空间离，因为它应对取款的要求是——“随时”！就是提供完全的安全性和流动性，没有任何时间上的差异性，这与其他的配置（投资行为和借贷行为）有着根本上的区别，极大地投射了公众的期望和社会公共利益。根据法律，民间金融显然无法提供像活期存款这样的金融工具，因为非法吸收公众存款已经被法律界定为一种犯罪行为。但是，民间金融在利益的驱动下，往往倾向于为社会提供越来越趋近于银行的服务，这也就是民间金融巨大的风险所在。显然，在时间配置上越趋近正规金融的，监管的需求也越大，因为必须防止具备相当开放性的民间金融产生错配而危及社会公共利益；而在时间配置上越初级、金融工具越单一的民间金融，则监管的需求就越小。同样，从时间维度配置的角度而言，时空间离度超越社会常规弥合能力所及的民间金融，也应当介入规制或监管，但“民间性”决定了同样应当首先尽量使用社会固有的常规弥合机制或者强化这些机制以动态地适应时空间离度的增大，规制和监管也同样应当是补充性的。

第三，民间金融的规模性不同于正规金融。金融的规模性不仅体现其波及面和影响力，而且最终会决定能否发展到垄断的可能，而金融业的垄断不仅有社会经济效应，还有政治影响。[①] 所以，规模将增进监管的必要性，规模性越趋近于正规金融的民间金融监管需求就越大，反之亦反。

第四，民间金融的外部性不同于正规金融。金融行为的外部性实质众所周知的，其正外部效应与负外部效应并存。消弭外部

① 白钦先：《20世纪金融监管理论与实践的回顾与展望》，载《城市金融论坛》2000年第5期。

性的经典方法是“庇古税”和“科斯方法”，但对于金融而言，这些单一的一次性交易的方法都很难奏效。① 因为金融交易通常表现为一个持续的时序演化过程，而且依托于社会网络、公共信息、产权制度以及总体的法制状况，外部性的复杂程度极高。外部性程度也将增进监管的必要性。如果民间金融的外部性趋近于正规金融，则无疑会更加具有强烈的规制和干预需求。

在时空间离理论的涵摄下，上述四个方面的分析，分别从空间开放性、时间配置性、规模性以及外部性上揭示了规制和监管必要性的根源在于时空间离的社会本然弥合能力不足。经济学上通常称为“市场失灵”。但笔者认为，时空间离的理论内涵或更为丰富，更能体现现代金融时空的不确定性特点。金融监管不是局部的干预，而是一种整体的、体系化的规制，现代金融监管的起源模式和经典模式都是中央银行制度为代表的中心规管架构。② 作为一种弥合时空间离的社会机制，中心监管无疑是一种成本高昂的规制模式，它对于时空间离度具有趋于极致可能性以及外部效应和规模效应都极端强烈的正规金融或许是“门当户对”的，那么，对于民间金融呢？首先，我们回到实践层面，以温州为范例来看不同于中央监管体系的具有中国特色的区域性金融监管和规制情况。

1.1.2.2 中心化抑或去中心化？

2011 年 9 月，温州的区域性局部民间金融危机爆发后，民间金融的规范化受到极大的关注。2012 年 3 月 28 日，国务院决定在温州试点金融综合改革。正如浙江省副省长朱从玖指出的，温州金

---

① 参见沈满洪、何灵巧：《外部性的分类及外部性理论的演化》，载《浙江大学学报》（人文社会科学版）2002 年第 1 期。

② 白钦先：《20 世纪金融监管理论与实践的回顾与展望》，载《城市金融论坛》2000 年第 5 期。

融改革的核心在于民间金融的规范化。① 而创新地方金融管理机制,强化监管合力正是温州金融综合改革试验区实施方案规定的一项主要任务。②

早在2011年6月,温州市人民政府就设立了温州市地方金融监管服务中心,作为承担行政职能的事业单位,归口市金融办管理。随着温州市金融综合改革试验区的获批和金改的推进,以及地方金融机构的不断发展壮大,2012年5月,中心更名为温州市地方金融管理局。嗣后,温州市地方金融管理与温州市政府金融办合署办公,负责温州的地方金融监管工作。2013年1月14日,温州市人民政府以“1+11”地方监管框架③,包括《温州市民间资本管理公司监管暂行办法》《温州市民间借贷服务中心监管暂行办法》《温州市融资性担保公司监管暂行办法》《温州市投资(咨询、管理)企业监管暂行办法》《温州市非融资性担保公司监管暂行办法》《温州市寄售行监管暂行办法》等监管规范文件,补充制定了融资租赁、票据服务公司、商业保理公司、应急转贷资金、从业人员管理等5个配套子文件,从而形成一套地方金融监管机制。还出台《温州市农村资金互助会监管暂行办法》《温州市地方金融市场主体从业人员专项能力管理办法》等规范性文件,进一步充实完善地方金融监管体系。2013年11月22日,浙江省人大常委会通过《温州市民间融资管理条例》以后,温州市人民政府在2014年2月28

---

① 杨燕青、牛智敬、胥云会、陈周锡:《浙江省副省长朱从玖:温州金融改革的核心在于民间金融规范化》,载《第一财经日报》2013年10月24日,第A01版。

② 《浙江省温州市金融综合改革试验区实施方案》(2012年11月20日,浙政办函〔2012〕90号)。

③ 即温州市人民政府《关于加强地方金融监管工作的实施意见》(2013年1月14日,温政发〔2013〕28号)。

日及时制定出台《温州市民间融资管理条例实施细则》,2014 年 3 月 17 日,温州市人民政府金融工作办公室及时出台了《温州市民间融资管理条例》的三个操作指引——《温州市民间借贷备案操作指引》《温州市定向债券融资操作指引》和《温州市定向集合资金操作指引》,为条例的实施提供了具体的制度保障。这样,温州市基本上形成了一个明晰的可操作的地方金融监管架构,就是以行使金融检查和处罚等合规性监管权力的地方金融管理局(行为监管)与负责准入审批及系统性风险防范为主的地方金融办(审慎监管)形成"准双峰型"地方监管体系。①

但是,建构中的地方金融监管架构必然遭遇的一个问题就是其与中央监管的边际关系问题。从前节的时空间离原理可知,民间金融也存在时空间离,只不过与正规金融的时空间离程度有差异,因此,政府一定的规制和监管无疑是必要的。但关键在于怎样规制?在民间金融的规制问题上,存在着相悖的两种取向,我们分别称之为"中心化取向"与"去中心化取向"。

所谓的"中心化取向"就是主张民间金融仿效或者逐渐走向正规金融或正规金融那样的中心监管模式。

"中心化"取向的路径之一就是将游离于监管体系外的民间金融组织进行合规改造而正规化为银行纳入正规监管体系。王曙光等学者曾提出以改造方式推动民间金融组织民营银行化的路径。②而蔡四平教授则认为,应当降低准入门槛推动民间金融组织正规

① 参见李有星、陈飞:《论温州金改的制度创新及其完善——以我国首部地方性金融法规为视角》,载《社会科学研究》2015 年第 6 期。

② 王曙光、邓一婷:《民间金融扩张的内在机理:演进路径与未来趋势研究》,载《金融研究》2007 年第 6 期。

化，使民间“灰色金融”从“地下”走向“地上”。① 陈蓉则主张将民间金融正规化为服务当地经济发展的社区银行，以充分利用社区银行的信息生产优势，并有利于风险控制。② 这方面最引人注目的是温州。2012 年温州金改实施方案曾明确提出：“试点部分符合条件的小额贷款公司按规定改制为村镇银行。”③然而时至今日，由于现行政策仍要求国有银行为主发起人，这将使小贷公司股东因为改制而丧失控股权，因此，温州 45 家小额贷款公司无一转为村镇银行，2015 年的新金改方案亦不再提小贷公司转村镇银行。④ 显然，将民间金融组织银行化再纳入中央监管无疑是一种中心化路径，但银行化之路并不平坦。

“中心化”的另一路径则关系到建构中的地方监管体系的走向。对于正在探索中“生长”的地方监管体制，尽管目前还没有任何专门的法律法规明确界分央地监管体制，但国家在政策上应是比较认同“中心化取向”。2014 年 4 月，中编办曾下发关于中央与地方管理体制的文件——《国务院关于界定中央和地方金融监管职能和风险处置责任的意见》（以下简称《处置意见》）确定地方金

① 蔡四平：《规范我国民间金融发展的路径选择》，载《中央财经大学学报》2011 年，第 2 期。

② 参见陈蓉：《论我国民间金融管制的重构》，西南政法大学 2008 年博士学位论文，第 123 ~ 124 页。

③ 《浙江省温州市金融综合改革试验区实施方案》（2012 年 11 月 20 日，浙政办函〔2012〕90 号，即“省 12 条”或“金改细则”）第 3 部分第 2 项。

④ 冯叶、朱丽惠：《温州刺不破“金融铁壁”》，载《南方周末》2015 年 12 月 17 日，第 C14 版。

融办监管责任范围以及省以下垂直管理的体制,[1]这实际上已经体现了中央和地方在监管分权上陷入艰难的"博弈"。由此看来,国家基于金融风险控制的考量,还是较倾向于"中心化取向"。而随后国务院就这个问题的意见初步界定了中央和地方监管的职责分际,[2]主要是把地方监管的范围限于民间金融中公众性弱、外部性较小以及业务范围有明确限定的金融活动范围。从《处置意见》也可以看出,国家对地方金融监管的赋权还是相当谨慎的。

但是,如果民间金融过分强调"中心化取向",无异于在走向正规化,那还有"民间性"可言吗?民间金融的"民间性"到底指的是什么呢?

从主体的"民间性"切入是一种常见的方法。中国人民银行亦正式如此界定民间融资,即认为是非金融机构主体之间的资金融通。[3] 但笔者认为,单纯从主体角度理解"民间性"并不科学,因为

---

① 《关于完善中央与地方金融管理体制的意见》明确了地方金融办的监管责任,包括小额贷款公司、担保公司、地区性OTC(场外交易市场)、典当四类,也就是地方金融办对民间金融组织的监管权,但提出"省级政府的金融管理职责不能够层层下放到市县政府,但是可以在市县设置监管机构实现垂直管理",这一提法不仅与现行地方金融管理体制大相径庭,意味着现在各级政府自己设立金融办的情形将被改变,市县以下设立金融办必须是省的分支机构,实现垂直管理,且地方金融管理机构不承担地方发展融资和出资人职责。

② 《国务院关于界定中央和地方金融监管职责和风险处置责任的意见》(2014年8月,国发〔2014〕30号)确定了地方政府要承担对不吸收公众资金、限定业务范围、风险外溢性较小的金融活动的监管职责,要加强对民间借贷、新型农村合作金融组织的引导和规范,防范和打击金融欺诈,非法集资等违法违规行为;等等。参见上海证券报两会报道组:《铸造区域金融安全网 中央地方金融分级监管体系现雏形》,载《上海证券报》2015年3月13日,第F02版。

③ 中国人民银行认为民间融资是相对于国家依法批准设立的金融机构的资金往来而言的,泛指非金融机构的自然人、企业以及其他经济主体(财政除外)之间以货币资金为标的的价值转移及本息支付。参见黄孟复:《中国中小企业融资状况调查》,中国财政经济出版社2010年版,第276页。

国家依法批准设立的金融机构亦完全有可能从事民间金融行为，近年来个别金融机构参与民间融资甚至非法集资活动的事件亦有见之于报端。为此，上海银监局还曾专门强调禁止银行业金融机构及员工参与民间融资。① 除主体特征角度外，学界亦曾对民间金融的“民间性”从其他多个角度展开广泛的讨论。② 但是，相关的讨论至今也并没有形成确切的共识。

笔者认为，“民间性”关涉民间金融的本质，不能仅从表象层面去认知。“民间”一词含有非官方的、分散的等更丰富的意蕴，并非如我们通常理解的那样仅仅限于其不受监管性。实际上监管视角颇有本末倒置之嫌。实践中，非监管性并不等于不进行任何的规范和监督。事实上对民间金融及其相关组织的管理是一种常态，而且普遍存在强化合规管理的共识。2013 年《温州市民间融资管理条例》以及 2015 年《关于促进互联网金融健康发展的指导意见》显然都是要确立对民间金融的监管体制。有无监管不应该作为民间性的界分基准，民间金融不可能只根据监管不监管的外在特征进行定义。

笔者认为，民间性的认知并无捷径可走，还需要从源远流长的市民社会沿革展开。西方的市民社会，在古代是指市民的共同体——国家，即政治社会。亚里士多德最早使用“市民社会”，其中

① 曹金玲：《沪银监局禁止银行及员工参与民间融资》，载《第一财经日报》2013 年 1 月 24 日，第 A10 版。

② 有专家认为民间金融一般就是指民间借贷；也有专家认为，在现阶段讨论的民间金融超越了以民间借贷为核心的民间金融阶段；还有专家认为，民间金融在金融和商事的边界，在学理上是不够清晰的；另有专家认为，应该从“民间”这一概念如何定义的角度来探讨民间金融的界定。参见唐清利、李佳钰：《首届中国民间金融规范化发展论坛会议综述》，载高晋康、唐清利主编：《我国民间金融的规范化发展(2011)》，法律出版社 2012 年版，第 2 页。

的社会指的就是城邦国家。而从市民社会产生思想渊源来看，中世纪神学政治论者的自然法思想和近代启蒙思想家的自然状态学说则是西方市民社会独立性的思想摇篮。由此市民社会概念的政治性与国家性渐趋淡化反而更凸显民间性，即以其表示脱离政治支配的市民阶层之间的关系。市民社会的民间性规定了它是独立于政治国家的民间社会，它是一个有自组织能力的巨大系统，其生成、组织和运转都主要以民间方式进行，社会自治是其出发点。我国台湾地区学者将 Civil Society 翻译成为“民间社会”，某种程度上体现出一种对政府的反抗，以保持其独立性。用托克维尔的话说，它体现为一种“社会制约权力”，是公民个人的观点、主张向政治国家表达的重要渠道。①

这样看来，民间性是在市民社会语境中展开的，它是与中心威权体制相对的一个系统，具有独立性和自主性，体现的是民主性和社会本旨。因此，我们理解的民间金融的自由是免于中心威权管束的自由，而不是不受任何限制的完全自由。当然，法律也是一种规制的边界，高晋康教授认为，对于民间金融，要承认“政策之手”的有限性，应当通过民间金融法法制化路径以法律厘定民间金融自由的边界，法外皆自由。② 但笔者理解，法律施加的限制无悖于金融自由的，因为与法律的约束与中心威权的管束本质上是不同的，中心威权是一种权力，它具有权力的不确定性之本性。而法律的规制是能够提供稳定的、确切的、预期的，这反而提供了金融行为自由行动的边界。更为重要的是，民间金融还必须承受共同体

① 卢德友、郑易平：《市民社会民间性研究的政治哲学视角》，载《中国矿业大学学报》(社会科学版)2008 年第 3 期。

② 高晋康：《民间金融法制化的界限与路径选择》，载《中国法学》2008 年第 4 期。

意义上的社会所施加的限制，这种限制笔者认为也是无悖于金融自由的，因为民间性本然地就是从共同体意义上展开的，这种非中心意义上的约束是共同体社会契约理性的体现，是社群主义民主精神的彰显，是自治自主性质的。

在此基础上，我们将视角从狭窄的监管维度拓展到更为泛义的规制理论层面，就可能对“民间性”问题获得更深的认知。如前节§0.2.2所述，按照奥格斯的规制理论，规制有中心化(centralised)与去中心化(decentralised)之分。这样看来，民间金融“民间性”所指涉的“非监管性”并非意味着不存在或排斥任何监管/规制，民间金融对金融监管的“游离”实质上只是指对中心威权的规制模式之拒斥。相反地，鉴于民间金融的高度风险性，民间金融需要规制，但应该是去中心化的规制方符合民间金融“民间性”的本然特质。为了与中心威权意义上的金融监管相区别，我们使用更为广义的“规制”一词以示区别。去中心化的分散规制恰是民间金融“民间性”的真谛所在。所以，以“去中心化”为本性的互联网金融也正是民间金融的现代形态。

由此，在笔者看来，民间金融的“民间性”的实质内涵就是指“去中心”之意。去中心化才是民间金融的“民间性”的真谛所在。但应当指出，“去中心化”并不等于绝对的“无中心”，“去”只是代表一种张力和取向，即便是公认为去中心化结构的互联网，实证层面也是去中心化与中心化同时存在，去中心化与中心化的关系是辨证统一的。[①] 民间金融指的就是不受中心监管的自发自主金融，但不受中心监管并不代表不受任何管束，它接受法律规制和其他

① 参见王世华、冷春燕:《互联网再认识:去中心化是个人为命题?——兼与李彪先生商榷“中心化”问题》,载《新世界》2013年第20期。

任何非中心形式的规制,并且它基于共同体理性,往往也会发展自我规制等更加体现自治自主精神的规制方式。正因为如此,笔者认为,民间金融的规制不应当走向中心化,而是应当发展多中心或无中心的规制模式,这才不会背离民间金融的民间性本质。规制是社会矫治的一种的药剂,当用药不符合施治对象的“体质”,显然不是一种好的疗治方案。因此,对于民间金融,我们应当尽量寻求更加适合的、更加有效的规制模式和新的规制进路。

1.2 我国民间金融的规制格局与司法介入规制

1.2.1 在危机应对中成长的区域规制:以温州为例

具有“民间性”特质的民间金融如何规制?我们先诉诸历史与现状的考察。可以说,中国的民间金融规制实质上是在危机应对中发展起来的。温州作为中国民间金融最发达地区曾经历区域性金融风波的长期历练,2011 年也是率先爆发金融风波并因而被国务院确定为金融改革试验区。设立温州金改试验区,就是为“全面金融改革创新和防范区域性金融风险提供可借鉴可复制经验”。[①] 故这里我们就从温州民间金融规制的历程与现状切入。

温州是一个有着悠久的民间金融历史和金融创新传统的地区。改革开放初期,民间“抬会”就是温州民营企业筹措资本的重要手段之一,浮动利率的改革等创新也是20 世纪80 年代初期在温州农村金融中率先推行的。在20 世纪80 年代,温州民间的资金交

① 参见《关于进一步深化温州金融综合改革试验区建设的意见》(2015 年 3 月 26 日,即“新金改 12 条”)。

易就进入了活跃期和风险的爆发期。自由借贷、“呈会”和以营利为目的的资金中介以及发生在企业和各种经济联合体内部的集资活动都十分活跃。就温州而言,从1984年的“黄华会案”、1985年的“抬会”风潮、1986年的苍南和平阳的“排会案”,到1988年“平会”的倒会和“银背”破产,可以说金融风险在温州农村蔓延,在民间金融活跃的乐清、平阳、苍南等县(市)尤为严重。① 局部的民间金融风波对社会造成的冲击是相当严重的。1986年的乐清抬会风波以及紧接其后1988年的平会风波,发生额达10亿元,参与人数达几十万,非正常死亡30多人,严重破坏了当时的经济建设和社会秩序。② 而当时,主要的规制手段就是严令禁止与运用行政、司法手段打击,并且采取集中的运动式执法方式,但还是能够取得相当的成效。以乐清对“抬会”风潮的规制为例,1986年2月14日,乐清县人民政府发出了乐政〔1986〕02号文件,关于严禁“抬会”等非法金融活动的布告后,由于组织措施没有跟上,“抬会”反而变本加厉。于是,政府在是年3月中旬采取了集中打击行动,并在4月成立清理会案工作委员会,相继派遣500多名机关干部下乡搞“清会”突击月活动,设立了17个专案小组,坚决打击违法犯罪,严肃处理违纪党政干部,大会主李启峰与郑乐芬被先后执行死刑。乐清的抬会风潮卷入人数近20来万人,波及邻近十多个县、市、区。总发生额达10来个亿,实际投入资金2亿多元。通过努力全县共清退“抬会”款1.6亿元,清退率达80%。

20世纪90年代,温州民营企业在制造业上的较高收益支撑了

① 孙芙蓉、高翔:《中国金融改革之温州解法》,中国金融出版社2015年版,第17页。

② 张国谦:《勇立潮头,踏浪前进》,载张国谦主编:《乐清湾金融风暴》,温州长江印刷厂(浙出书临〔1992〕140),第1页。

民间资金交易的较高利率。90年代后期则由于地产和矿产投资的兴起,进一步推高了民间利率。进入21世纪后,温州地区民间资金交易的营利化、中介化和网络化等金融特性愈加凸显,规模也越来越大,也就孕育了更大的风险。2007年上半年,乐清的乐成、柳市、七里港、翁垟、象阳、黄华、北白象、白石等八个乡镇先后爆发出以抬会、押会、高利借贷、地下钱庄为主要形式的民间金融活动,截至2010年8月,乐清市共登记民间金融案件176起,发生额达47亿元,其中债权额14.3亿元,债务额32.7亿元,亏空额达18.4亿元,直接参与人数达3400多人,间接参与人数约三四万人。这次民间金融活动以抬会为基本形式,押会、高利借贷、担保公司、投资公司、地下钱庄、山头赌博、六合彩等诸多因素相互纠缠、相互作用,使抬会的规模越来越大,最终达到史无前例的40亿元。① 这次的金融风波尽管表上的形式还是民间"呈会",但有不少新特点,一是规模巨大,个案金额动辄上亿元;二是中介化,出现一些担保公司、投资咨询公司等等新形式,以合法的外衣掩盖非法的实质,越界从事非法集资;三是与"六合彩"、"赌博"有直接间接联系。这次风波乐清的处置非常得力,在风波发生初期,立即设立专门领导小组与各部门工作网络机构协同处置,及时出台相关地方性处置规定等,进行力量整合、集中办案,形成紧密配合的处置合力,经过近五年漫长的处置,取得了显著成效。共化解案件171起,清退债务额6.48亿元,通过清算核销高利14.7亿元,变卖房产196处;公安机关共立案61起,破57起,打击犯罪嫌疑人93名(其中刑拘82名),追回赃款赃物价值1.88

① 乐清市处置办课题组:《乐清市民间非法金融活动及处置对策》,载张守奎、郑晓东主编:《金融风暴》,浙江高德科技印业有限公司(浙内图准字〔2014〕CE01号),第64~65页。

亿元，检察机关批准逮捕70人，各级法院审判案件70起，其中判处死缓4人，无期徒刑3人。更重要的是处置过程平稳，没有发生一起因债务纠纷引起的非正常上访和群体性事件，处置过程中没有发生因民间非法金融活动引起的非正常死亡事件。①

2011年9月，温州迎来迄今最严重的一次民间金融风波。这次风波发端于龙湾区，在4月到10月就有很多温州老板跑路，仅9月，就有近20名民营老板跑路，直到2011年9月21日温州老牌明星眼镜生产商胡福林欠债20亿元出走成为标志性事件。温州市委市政府随即启动了紧急应对措施。10月4日温家宝一行抵达温州考察，强调了贷款差异化的金融监管政策、支持专为小微企业提供服务的金融机构、加大财税支持以及防范金融风险等四个问题。10月25日，温州市建立规模在5亿元到10亿元的企业应急转贷专项资金，为企业提供临时性的流动性支持，公检法机关也纷纷发文打击暴力讨债等维护社会稳定的措施。11月9日，温州推出地方金融创新改革的"1+8"方案。这实质上是风波发生后，温州市政府对民间金融进行区域性规制的第一个纲领性文件。该文件提出的一个重要总体目标是"实现民间金融规范健康发展"，其中规制性质的内容归结起来主要有如下四方面，一是建构地方金融监管机制，加强地方金融业的组织协调；二是规范民间金融组织和各类中介；三是开展民间借贷登记服务中心试点；四是推进信用体系建设。②

显然，这个"1+8"方案的危机应对意味还是相当浓厚，但是，

---

① 谢炳亦：《想方设法——清退、化解》，载张守奎、郑晓东主编：《金融风暴》，浙江高德科技印业有限公司(浙内图准字〔2014〕CE01号)，第110页。

② 参见《关于进一步加快温州地方金融业创新发展的意见》(2011年11月4日，温委〔2011〕10号)。

其包含了很多后来被认为相当重要的理念，如地方金融监管。随着2012年3月28日国务院决定在温州设立金融综合改革试验区，相关的规制内容进一步被扩充作为金融改革试验的主要任务明确提出，首要任务是“规范发展民间融资”，其主体内容涉及四个方面的规制：第一，要求研究起草温州市民间融资管理条例，推进法律规制；第二，加强社会信用体系建设，形成长效的信用规制；第三，创新地方金融管理机制，强化地方监管；第四，健全地方金融风险的预警和处置，形成协同规制。① 就此目标，温州市在金改中渐次落实到位：2012年12月16日，温州市人民政府提出《关于进一步深化社会信用体系建设的意见》；2013年1月14日，温州市政府出台《关于加强地方金融监管工作的实施意见》及附件（“1+11”监管体系）；2013年12月22日，《温州市民间融资管理条例》提交浙江省人大常委会审议获得通过；2014年9月19日出台《关于建立健全温州市地方金融监管协调机制的通知》等。金改的方案实际上明确了温州民间金融规制的四个方向性路径，就此渐次推进实际上也就形塑了温州市的民间金融规制的基本架构。历三年之功，以“民间金融规范化和阳光化”为主旨的“老金改12条”的改革成果渐渐成形。2015年3月，国务院批复《关于进一步深化温州金融综合改革试验区建设的意见》，将重心移向区域金融监管、稳定机制及金融生态等系统性建设层面，② 以此启动了温州新一轮的

① 参见《浙江省温州市金融综合改革实验区总体方案》（2012年3月28日，银发〔2012〕188号文，即“老金改12条”）和浙江省人民政府办公厅：《浙江省温州市金融综合改革试验区实施方案》（2012年11月16日，即“省12条”或“金改细则”）。

② 参见《关于进一步深化温州金融综合改革试验区建设的意见》（2015年3月26日，即温州“新金改12条”）。

金融改革。

1.2.2 中央监管与地方监管的现状

从前节以温州为例我国民间金融规制的相关历程和现状中，我们看到更多的是一幅幅危机应对的图景，这实际上从一个侧面暴露了我国民间金融的常态化监管架构存在严重问题，甚或至于是根本没有形成有效的规制结构。

一方面，尽管银监会是有正式法律赋权的监管主体，但民间金融并不可能进入其工作重心的，而且银监部门对民间金融的监管也一直未形成确定的模式。在规制主体方面，虽然2003年4月，银监会成立，依法从人民银行转承非证券、保险业金融机构的监管之责，但具体到民间金融的监管执法，仍一直沿袭成例处于一种多元主体参与但权责不明的执法状况。如1993年国务院《关于清理有偿集资活动和坚决制止乱集资问题的通知》(国发〔1993〕62号)中，监管主体就涉及了中国人民银行、公安、当地政府、工商等多个部门；而1998年关于取缔非法金融的国务院第247号令虽然将取缔的权力赋予中国人民银行，但同样也涉及地方政府、公安机关和司法机关等部门的参与配合；2007年为处置非法集资成立的部际联席会议也是涉及18个部门。问题在于，多元执法主体之间明显缺乏明确的分工和职权边界的划分。而在规制行为模式方面，相关法规设置的模式是“取缔+刑罚”的威权模式。但是，从非法集资多年以来的整治实践来看，“取缔”职责的履行是缺位的，这种缺位的根本原因在于取缔并非一种法律行为。因为《商业银行法》第81条只规定了行政主体予以取缔的作为义务，但对怎样取缔以及方式程序规定都付诸阙如。从1998年国务院第247号令第12条的规定[①]来看，取缔是一系列行为，包括宣布为非法、责令停止、公告。易言之，取缔指向的是执法的结果，是执法目的的宣示，其本身并非法律行为，也无从接受司法机关的监督审查。而无法进行有效外部监督、缺乏法治内涵的“取缔”自无实效可言。为此，2015年国务院《关于进一步做好防范和处置非法集资工作的意见》（国发〔2015〕59号）明确提出要修订《非法金融机构和非法金融业务活动取缔办法》。鉴于取缔的运行缺位，“取缔＋刑罚”模式下的执法自然倾向于刑罚一极，而需要施以刑罚的刑法规制依法只能由司法机关采取。这样，司法势必要承担规制目标并成为主要的规制力量。

另一方面，尽管地方金融监管的理念确实在不断发酵，但从理论到实践都未臻成形。尽管从2002年北京市人民政府金融工作办公室挂牌成立至今以来，全国31个省级行政区划单位都已经成立了省级政府金融办公室。但是，金融办的本然职能定位并非从事地方金融监管，它最初是作为地方和中央之间的协调机构而存在。随着2008年金融危机及地方机构改革，金融办的机构和职能有了新的变迁。[②] 地方监管架构的雏形在温州也才初露端倪。2011年6月，温州市人民政府设立温州市地方金融监管服务中心的事业单位，归口市金融办管理。2012年3月28日，随着温州市金融综合改革试验区获得国务院批准，地方金融监管的规划也被纳入金改

---

① 《非法金融机构和非法金融业务活动取缔办法》（国务院第247号令）第12条规定，对非法金融机构和非法金融业务活动，经中国人民银行调查认定后，作出取缔决定，宣布该金融机构和金融业务活动为非法，责令停止一切业务活动，并予公告。

② 刘锷：《金融办现状及其未来发展的相关思考》，载《甘肃金融》2013年第1期。

的总体方案之中。2012 年 5 月,温州市率先成立地方金融管理局。2013 年 1 月 14 日,温州市政府以“一揽子”规范性文件的方式建立了“1+11”的民间金融地方监管构架。① 2014 年年底,山东省在市县两级也实现了地方金融管理机构的全面“落地”。② 但应当看到,地方金融监管总体上还只是一个正在探索中有待实现的理念和模式,即便地方监管理念和实践先行的温州,地方金融管理局与地方金融办构建“准双峰型”地方监管体系也才是初露端倪。③ 实践运作更是刚刚起步。——以具体执法行为来看,迟至 2014 年 12 月 31 日,温州地方金融管理局才开出民间金融地方监管执法意义上第一单罚单。

由此看来,对于民间金融规制,中央监管是“心不在焉”,而地方监管是“语焉不详”,上述中央和地方监管两套机制现实中都还很难发挥主导作用,更谈不上形成良好的分际协同发挥作用了。

1.2.3 何以司法也规制?

上述两个监管层面的现状考察表明当前的民间金融监管结构在实际运作中已处于虚化状态,作为社会冲突最后一道防线的司

① 2013 年 1 月 14 日,温州市人民政府提出《关于加强地方金融监管工作的实施意见》(温政发〔2013〕28 号),包括《温州市民间资本管理公司监管暂行办法》《温州市民间借贷服务中心监管暂行办法》《温州市融资性担保公司监管暂行办法》《温州市投资(咨询、管理)企业监管暂行办法》《温州市非融资性担保公司监管暂行办法》《温州市寄售行监管暂行办法》等 6 个监管规范文件,后来又补充制定了融资租赁、票据服务公司、商业保理公司、应急转贷资金、从业人员管理等 5 个配套子文件,从而形成一整套“1+11”地方金融监管机制。

② 上海证券报两会报道组:《铸造区域金融安全网　中央地方金融分级监管体系现雏形》,载《上海证券报》2015 年 3 月 13 日,第 F02 版。

③ 参见李有星、陈飞:《论温州金改的制度创新及其完善——以我国首部地方性金融法规为视角》,载《社会科学研究》2015 年第 6 期。

法在危机情势下不得不补位以承担规制之责，并事实上成为主要承担者。这样，司法规制的概念就凸显出来了。所谓的司法规制，就是指司法机关针对社会共同体认为重要的活动以司法或非司法方式施加的持续且集中的控制。比如，1991 年最高人民法院司法解释[①]第 6 条的利率上限规定就是一种典型的司法规制。因为利率无非是资金的价格，而价格限制就是一种规制类型。我们可以看到这个规制的影响力是何其深远，“四倍利率”的红线几乎无人不知，直到 2015 年通过新的司法解释才予以更改。除司法解释等司法方法规制外，法院也可能以非司法方式进行规制，比如参加当地的具有专项规制内容的联席会议或联合执法活动等。然而，司法作为社会的政治—法律架构中固有“装置”，其本身非为规制而设，它在社会中的固有功能也并非规制。那么，在中国的民间金融领域，何以司法也规制呢？

一方面，涉及民间金融之类的“现代型纠纷”，司法本就具有规制性。所谓现代型纠纷，是指消费者保护纠纷、公害纠纷、交通事故纠纷、劳资纠纷、有关产品制造者责任或者跨国贸易纠纷之类的争执。首先，这种类型的纠纷如何获得权利救济或妥当解决，往往关系到整个社会的生活质量，或者影响多数人权利的行使和实现，对社会和公众的影响极大；其次，这种纠纷事件的事实争点常常牵涉到许多复杂的因素，比如证据多由被告所支配等特点，不是简单

① 最高人民法院《关于人民法院审理借贷案件的若干意见》［1991 年 8 月 13 日，法（民）〔1991〕21］号第 6 条规定，民间借贷的利率可以适当高于银行的利率，各地人民法院可根据本地区的实际情况具体掌握，但最高不得超过银行同类贷款利率的四倍（包含利率本数）。超出此限度的，超出部分的利息不予保护。此规定为最高人民法院《关于审理民间借贷案件适用法律若干问题的规定》（2015 年 8 月 6 日，法释〔2015〕18 号）第 26 条代替，即借贷双方约定利率未超过年利率 24%，法律予以保护；如超过 36%，则约定无效。

地按照司法三段论就可以做出合宜的裁判，只有同时对各种间接事实一并予以考量，才能形成恰当的判决；最后，裁判的结果通常具有较强的社会扩张力，对社会价值、政治、立法、行政等各个层面都可能产生影响，或促生公共政策的变迁。① 现代型纠纷以及所对应的现代型司法不同于传统意义上的个别化的、两造对立的点对点的封闭纠纷解决方式，它针对的问题往往具有显著的外部性（如食品安全、金融等），而它的裁断也能够超越个别意义，进而其效力可以扩张弥散到社会层面形成一种示范性约束，甚至影响立法、行政及公共政策的调整，达到一种“抽象规制”的效果。与私法意义上互助性质的民间借贷不同，民间金融案件就是一种涉及公私益交错的现代型纠纷，这些纠纷往往具有集团性和扩散性，外部性强烈，相关的司法处置于是就具有强烈的规制性，社会影响也极为深远，尤其是规模大、涉及人数多的非法集资案件。如2007年爆发的著名的吴英案件在浙江东阳等地所产生的社会影响以及其后对此案的处理所引发的全国性影响力是人所共知的。再如2012年浙江温州爆出的泰顺立人集资案，整个泰顺县2011年本外币各项贷款余额76.4亿元，而立人集团集资额却达到近60亿元，其对县域经济的影响力之大是非常直观的。2015年在温州洞头县（现已批准设区）爆发的局部标会风波，根据洞头县官方提供的统计数据来看，全县城区内有近6000户居民参与了当地的标会，这一数字已经超过当地城区居民总户数的1/3。② 对于涉及互联网的大规模非法集资案件，比如“e租宝”案件，那么社会影响面就更大了。所以，从

① 参见张卫平：《司法改革：分析与展开》，法律出版社2003年版，第130～131页。

② 詹佳骏：《互联网“标会”，或为下一个民间集资监管的重灾区?》，载《第一财经日报》2015年6月26日，第A19版。

非法集资案件的规模、参与人数、金融流转性和区域扩张性来看，对非法集资案件的处置其实就是一种司法规制。

另一方面，以司法规制弥补制度和规制工具缺失，同时客观上也为政策性措施提供合法性背书。在我国金融领域，长期计划经济思维的主导使“一切金融集中于国家银行”的金融国家主义思维不断固化并居于主导地位，在法律上排斥非银行主体之间的金融交易效力，这样，因反规制而生的民间金融的制度建设势必不可能受到重视，甚至不作为地下金融进行打击就万幸了。而近年来，我国高速经济发展带来民间金融的迅速崛起，民间金融组织蓬勃生长，民间金融创新浪潮方兴未艾，加上互联网金融的兴起，相关的制度供给与规制工具的发展立即明显呈现捉襟见肘的态势，2011年温州、鄂尔多斯的区域性金融风波更加提示了民间金融制度建设的极端迫切性。但是，在民间金融的规制层面，我们从理念、机制到工具呈现的是一幅全面匮缺的图景。在理念层面，轻视民间金融的制度建设和规制工具创新；在法律规制层面，2013 年 11 月 22 日才在第一个金融改革试验区的温州通过首部民间金融地方性法规——《温州市民间融资管理条例》；2015 年 7 月，互联网金融的监管原则才由央行等十部委以规章形式初步建构；[①]2015 年 8 月 6 日才以最高人民法院司法解释的形式作出规定解决非金融主体之间借贷的效力问题。而这些法规所涉的相关法律问题，实践中早已存在并且长期运行，法制已显得过于滞后。在缺乏常态化制度建构的情况下，这些命令—控制型规制，通常极易陷入非黑即白的简单化的思维误区，平常认为民间借贷可以活跃地方金融放任不

① 指央行等十部委《关于促进互联网金融健康发展的指导意见》(2015 年 7 月 18 日，银发〔2015〕221 号)。

管,危机来袭时就强力打压。于是,就陷入"一轮轮危机……一轮轮运动式执法……再一轮轮危机……再一轮轮运动式执法……"这样的"怪圈循环"无法自拔了。在每一轮的运动式执法中,司法的介入都是不可避免的,因为必须为制度缺失下的各种强制性措施提供合法性的根据而背书。这样,司法作为最一般的"社会装置"就被直接推到了第一线作为应对手段并承载了相当大的政策和社会功能。

1.2.4 司法规制的内生张力:能动抑或克制?

在我国民间金融的规制中,我们看到了司法介入承担规制具有深刻的现实基础和政策背景。但是,从司法本身的社会功能定位而言,司法是否适于承担规制呢?应当说,司法并不是不可能介入规制,在英国著名公法学者安东尼·奥格斯的规制理论体系中,刑法规制作为一种传统的命令—控制型规制工具只能由司法机关来行使。但是,司法介入规制,又确实存在很多难以消解的根本冲突。首先,司法权的独立性、被动性和终局性是广受认同的常识,公众普遍接受的司法形象历来是一个消极的中立裁判者。[①] 司法介入规制,首先是否意味着司法本性向着"能动"的方向异化,就可能背离其维护正义的天职。其次,众所周知的是,司法是普设式的"社会装置",并非为民间金融专设的规制工具,其规制的针对性势必有限。最后,司法是社会争议解决的最后一道屏障,一般不能作为一线的纠纷解决工具,司法突前承载社会目标,或导致其偏离自身根本职能。这些问题实际上均投射出司法规制的内在张力,可

---

① 学界对司法权的探讨一般都未将检察权纳入视野,因此,本书也将法院视为司法权行使的唯一机关。

能需要寻求司法哲学层面新的理论支撑。

无论如何，司法承担规制首先就意味着司法的能动化。在我国，能动司法的观念在司法界可说是耳熟能详。但应当指出，我国语境下的能动司法不同于源自美国的西方司法能动主义或者能动司法，尽管具有理念取向上的附和，其实内涵独特且更加丰富。

西方的司法能动主义或能动司法（judicial activism）是与司法克制主义（judicial self-restraint）或司法谦抑主义（judicial passivism）相对的概念。《布莱克法律词典》界定为一种在案件审理中脱离先例或成文法字面语义的理念和行为。显然，西方司法能动主义主要是在审理裁判层面的理念倾向，即更多地秉持客观主义的取向，不拘泥于实定法和先例的严格约束，更多地回应社会现实和社会演变的新趋势，更多地加入政策考量和价值衡平的方法来解决社会处理纠纷，类同于我们通常所说的法律效果、政治效果和社会效果的三个效果统一。而司法克制主义则正好相反，采取了相对保守的主观主义立场，严格遵循法律规定作出判决，在对模糊条款作出解释时，着力根据立法者原意而不是当下的价值取向或社会情境处理。显然，西方的克制或能动主要是着眼于法官解释法律层面。

而我国的能动司法较为特殊，具有双重含义。一是指审案时的能动，审判人员突破法律固有文义释法和裁判，其实就是西方传统意义上的能动性。二是审案外的能动，主要是指司法机关延伸司法功能，介入解决社会矛盾，承担社会责任和使命，帮助成就社会目标或政治目标。① 上述内涵的第一个方面是司法理念层面，似乎可以为司法通常所言的“法律效果、政治效果和社会效果”三个

① 王德玲：《论我国社会转型期的能动司法》，载《山东社会科学》2012 年第 9 期。

效果统一所涵摄；第二个方面是司法功能层面，似乎可以为近年来积极倡导的“司法服务中心大局”的观念所诠释。尽管表面看似第一个层面集中投射出西方传统的能动与克制的张力，但笔者认为，第二个层面的内在张力依然是能动与克制，因为秉持克制主义的理念是不会倾向于扩张其本位职能范围的。所以，笔者认为，能动司法的内源张力本质上依然还是能动与克制的紧张关系。

我国司法在第二个层面的能动性历来十分突出。中国语境下的司法本来就长期带有显著的回应性和政策性取向，而近年来在司法能动主义和服务中心大局观念的主导下，司法的规制性以及对社会治理的介入就更加显著。在民间金融领域，无论是最高人民法院，还是地方法院，司法都充分展示了其规制性。1991 年司法解释设定民间借贷四倍利率的“红线”，就是相当明显的数量化规制或者价格规制的典型例子。2000 年 9 月 20 日全国法院审理金融犯罪案件工作座谈会的纪要中就明确提及对于 1998 年国务院取缔非法金融机构和非法金融业务活动以及人民银行对整顿金融“三乱”工作政策措施的司法配合问题。[①] 2011 年 12 月 2 日，鉴于该年度民间借贷发生较大的区域性危机，且由民间借贷引发债务纠纷冲击社会稳定，最高人民法院明确提出“践行能动司法理念”，就民间借贷审理促进经济发展和维护社会稳定发出通知，[②]体现了鲜明的能动取向和规制性。2012 年 2 月 10 日，最高人民法院又进

① 参见《全国法院审理金融犯罪案件工作座谈会纪要》第二部分第(二)点之一“非金融机构非法从事金融活动案件的处理”。

② 参见《关于依法妥善审理民间借贷纠纷案件促进经济发展维护社会稳定的通知》(2012 年 2 月 10 日，法〔2011〕336 号)。

一步就金融风险化解和金融改革司法保障发布指导意见,①充分体现一种对于当前金融问题的高度关切和能动姿态。而近年来随着民间金融案件的高发,最高人民法院更是积极发布一系列司法解释,2010年、2014年和2015年接连发布了关于民间借贷和非法集资案件办理方面的三个重要司法解释,②为相关处置提供了重要的法律依据。

此外,不独最高人民法院,地方法院也积极参与民间金融的规制,各地就相关案件的处理纷纷出台省一级公检法的指导意见。在民间金融规制问题突出的省份,司法的规制取向更加凸显,在积极制定发布相关案件指导意见之外,还积极以综合性意见、会议纪要等其他方式表达规制性取向。比如,浙江省高级人民法院在2013年2月20日发布了《关于服务金融改革大局依法妥善审理民间借贷纠纷的若干意见》,温州市中级人民法院在温州民间金融风波后以及温州试验区获批后分别提出的《关于为规范稳定民间金融秩序促进中小企业健康发展提供司法保障的若干意见》(2011年12月14日)、《关于为温州市金融综合改革试验区建设提供司法保障的若干意见》(2012年5月21日)。2014年3月1日《温州市民间融资管理条例》实施后,温州市中级人民法院在3月4日随即提出《关于贯彻实施〈温州市民间融资管理条例〉的纪要》,为民间金融的法律规制提供了实施层面的依据。这些综合性意见和会议纪

① 最高人民法院《关于人民法院为防范化解金融风险和推进金融改革发展提供司法保障的指导意见》(2012年2月10日,法发〔2012〕3号)。

② 指最高人民法院《关于审理非法集资刑事案件具体应用法律若干问题的解释》(2010年12月13日,法释〔2010〕18号)、"两高一部"《关于办理非法集资刑事案件适用法律若干问题的意见》(2014年3月25日,公通字〔2014〕16号)和最高人民法院《关于审理民间借贷案件适用法律若干问题的规定》(2015年8月6日,法释〔2015〕18号)。

要等都体现了司法服务中心大局以及司法能动性的强烈取向。

鲁篱教授等曾对法院介入社会治理进行了分类：一是退隐式治理，就是法院拒绝介入本应由司法权解决的权利义务纠纷，比如目前人民法院对一些敏感的信访案件拒绝受理；二是错位治理，就是以司法化方式解决非司法问题，比如法院参与拆迁政策处理事务；三是跨界治理，就是以非司法方式参与地方的非司法事务，比如招商引资，法制宣传等。① 那么，司法参与民间金融的规制应该归入哪一类呢？有意思的是，司法的这种社会参与与上述三类参与皆不相同，并不能简单归入三类中任何一类。因为上述三类司法参与的目标均是为了服务于非司法化目标，或者就是政治或者社会目标，而司法参与民间金融的规制则体现司法化和非司法化两重目标的融合，而这正是其与法院参与地方治理的其他类型行为的根本区别。司法参与民间金融，不仅要参与地方治理、服务中心大局，也要完成其作为司法机构解决社会纠纷处理司法事务的本然使命。因此，司法参与民间金融规制，绝不是简单地服务于地方治理，而是与地方治理存在一个目标和手段上调和。易言之，民间金融领域的司法规制具有二重性。

笔者认为，理解司法规制的关键首先在于正确理解这个二重性。这个二重性颇类似于德国社会学家卢曼早年在批驳法律现实主义和利益法学的法律工具化观念时所论述的功能（Funktion）与功效（Leistung）的关系。卢曼认为，任何事物可以有多种用途，而作为该事物存在根据的基本功能只有一种，前者是“功效”，后者才是“功能”。正如椅子的基本功能是“供人坐”，椅子就是因为有这个功能被设计出来的。至于功效，就五花八门了，但那些临时性的

---

① 鲁篱、凌潇：《论法院的非司法化社会治理》，载《现代法学》2014年第1期。

功用都无法代替这个基本功能。法律的功能就是确保和稳定“对预期的预期”，各种各样的政策性调控(Steuerung)则无非是功效而已。①

因此，就司法而言，司法的规制化并不意味着司法功能的失调或者司法的异化，其实只是司法在发挥着一个具体方面的功效而已，我们绝不能以司法的目的性和政策性意味的增强而否认司法本身的社会功能。所以，在司法能动与克制的张力问题上，本书依然认为，司法的本质是克制的，只是在发挥一定的规制功效时，才具有能动性。因此，司法的能动性不是无远弗届的，它要受到司法本性和功能上克制性的强烈制约的。在民间金融的规制层面，我们可以利用和充分发挥司法的功效，但绝不能绝对化和封闭化。在这一认知维度，我们需要把司法在民间金融规制上的作用纳入一个更大的系统，而不能固守现状，过分夸大或一味依赖司法的规制作用。司法一方面应立足于自身的既定职能(功能)，以维护社会的公平安定为己任，充分维护形式法治，体现其克制的一面；另一方面也应当理性开敞自身与各种地方治理主体协同参与地方治理，从而体现其能动的一面(功效)。这种克制与能动、闭合和开放的调和已经闪烁着系统论的亮光。为了探寻司法规制这对内生张力的消弭路径，这点亮光或许已在指引我们可以将目光投向系统论。

① 泮伟江:《图依布纳法的系统理论评述》，载[德]图依布纳:《魔阵·剥削·异化——图依布纳法律社会学文集》，泮伟江、高鸿钧等译，清华大学出版社2012年版，第13~14页。

1.3 民间金融司法规制的刑民冲突之困

前已述及,在法律制度与监管体系的双重缺失下,在区域性金融危机的驱迫下,本来作为社会争议纠纷的最后一道防线的司法被直接推到一线介入并承担了民间金融规制的艰巨使命。民间金融危机的集中爆发,往往意味着诉讼洪峰的到来,如2011年爆发民间金融危机的温州,民间借贷纠纷在2012年迎来诉讼洪峰,当年民间借贷案件收案数19,604件,涉及标的金额217.24亿元,接近全国民间借贷收案规模的10%。[①] 由此可见,仅就民间借贷民事纠纷的数量而言,司法所承受的日常办案压力就已经非常巨大,再加上司法参与民间金融规制的功能延伸所发生的相关工作量,现实中我国司法在民间金融规制格局中的作用和地位可见一斑。

在民间金融的规制过程中,司法规制遭遇一个突出的技术性难题,那就是著名的司法交叉问题。这个问题实际上已成为各地民间金融司法处理极其缓慢的主要原因,确确实实成为司法规制一只重要的"拦路虎"。刑民交叉问题并不是民间金融司法规制中发生的新问题或者特殊的难题,它本是一个一般性问题,特别在法院处理经济纠纷案件中又涉及犯罪的时候,经常会遇到刑民交叉问题并作出相应的程序处理。1998年最高人民法院的法释〔1998〕7号司法解释就是专门针对此种情形的,但是,这个问题并没有很好解决,这个司法解释中提到的法院和公安机关相互移送的问题实际中往往发生大量的扯皮而形成缠夹不清的怪圈。一般刑民交

---

① 温州市中级人民法院:《温州法院金融审判白皮书(2013年度)》,2014年3月10日。

叉还只是单一的主体和单一的事件,但而今碰到的是在民间融资场合发生的刑民交叉,就更加复杂了。它的复杂性主要体现在:一是民间金融刑民交叉是涉众型的,涉及多个债权人以及担保人等相关人,包含了众多的主体、众多的关系以及众多的利益,利益格局错综复杂、千头万绪;二是民间金融刑民交叉具有时序演化性的特点,就是刑民交叉的形成不是单一的事件一蹴而就,而是有着一个随着时间维张开的过程伴随着相关的行为性质演化而形成,表现为可能包含着性质转化点的一个渐次发展过程。目前,在大量的非法集资刑事案件的办理中亦呈现了一定的规律性,就是往往开始是正常借贷,偿还困难后就转向非法吸收公众存款性质的犯罪,后期则进一步转化为集资诈骗。如此复杂的刑民交叉样态,显然不能以一般单一的刑民交叉视之,当然,根据一般刑民交叉情形制定的相关司法解释显然也难以直接适用,我们需要寻找新的解决问题的进路。

民间金融刑民交叉的出现,首先使得习惯于寻找既定实定法依据司法人员开始感到无所适从,因为现有的规范依据往往存在矛盾冲突。本书在前面文献综述部分已就一般刑民交叉和民间金融刑民交叉问题做了一个结构化的铺垫。这里笔者不准备再去重复相关文献的观点,而是希望立足于现有文献的观点,抽丝剥茧,希望把刑民交叉的真正冲突点凸显出来,为下文的分析和论述建立一个问题意识和明确解决问题的方向。为了便于阐述,我们结合最高人民法院公报 2011 年第 11 期公布的浙江德清法院的案例①展开分析,兹综述简要案情及判决要点如下。

① 《吴国军诉陈晓富、王克祥及德清县中建房地产开发有限公司民间借贷、担保合同纠纷案》,载《中华人民共和国最高人民法院公报》2011 年第 11 期。

本案是典型的民间金融刑民交叉案件。原告吴国军作为债权人起诉被告债务人陈晓富及担保人王克祥和中建房地产公司，但一度因债务人陈晓富涉嫌非法集资犯罪被裁定中止本案民事程序。担保人王克祥和中建房地产公司提出程序抗辩为“刑事案件未审结，无法确定借款性质，应中止民事程序”，提出实体抗辩为“若刑事案件最终确定债务人涉及犯罪，则担保人无须承担保证责任。”这是这一类刑民交叉案件最常见的抗辩，也是最大的争执所在。德清法院作出了在当时违背主流观点的非常“前卫”的判决，并得到最高人民法院的认同，被作为指导性案例公布。

关于程序问题，德清法院认为不存在民事继续审理的程序障碍，可以刑民并行处理。因为并无法律规定“先刑后民”，“先刑后民”只是一种处理方式而已，除非属于《民事诉讼法》第136条（根据2012年修订，现为第150条）规定的一案必须以另一案审结为根据的情形才需要“先刑后民”，否则，就应当“刑民并行”分别处理。

关于实体问题，德清法院认为涉罪合同可以独立按照民商法规范确认为有效。因为第一，单个借贷行为与总体涉罪并非同一法律事实。单个借贷行为只是引起民事法律关系生成的法律事实，并不是构成非法吸收公众存款的刑事法律事实，因为非法吸收公众存款的刑事法律事实是数个“向不特定人借款”行为的总和，从而从量变到质变。第二，单个借贷行为与总体涉罪也属于两个不同的法律关系。一个是民事关系，而另一个是刑事关系。第三，非法吸收公众存款罪和合同的效力问题是两个截然不同的法律问题，合同效力应当根据民商事规范规定的有效要件独立判断。

这个案例非常典型，同时涉及了刑民交叉的实体方面和程序方面。下面我们围绕刑民交叉最重要的五个方面冲突作一个深度分析。我们这里的分析并不期望直接解决问题，而只是在于归结出冲突的关键所在并揭示这些冲突在现有法律规范框架下造成了怎样的困境,为我们下一步的探索提供指针。

1. 涉罪合同效力冲突问题

这个问题是民间金融刑民交叉的核心冲突,就是一宗集资的债务人涉嫌非法集资的刑事处理,其项下各笔借贷合同是有效还是无效?如在上列案件中,被告陈晓富向社会的系列借款在其被宣告涉嫌非法集资犯罪后,其中个别的借贷形成民事诉讼,这些借贷合同是否会因其交叉到行为人总体上的刑事评价而导致合同无效?而借贷又往往跟担保联系在一起,担保合同也一样可能交叉到犯罪行为,也存在效力甄别的问题。这个问题之所以引人注目的原因在于合同效力会产生民事责任后果的差异,尤其担保人责任会相差很大。这个问题最早在法律实务界形成争议,随后在学界也成为一个热点论题,目前已成为解决刑民交叉问题的一个核心难题。尽管最高人民法院法释〔2015〕18 号司法解释第 13 条已就涉罪合同问题明确规定"不当然无效"原则,并以列举方式在第 14 条列出应认定无效的情形。这似乎意味着这一问题已随着司法解释的出台而尘埃落定。但是,笔者并不认为这个问题已经被司法解释的规定解决。应当说,大家可能也都认为没有解决,因为 2015 年 10 月国务院下发《关于进一步做好防范和处置非法集资工作的意见》(国发〔2015〕59 号文)中要求重点研究的问题中,刑民交叉问题仍赫然在列。

对于涉罪借贷合同效力,无效派的观点认为,借款行为是整体犯罪行为的一部分,借贷合同当然应认定为无效;而有效派则认为,刑事犯罪的认定并不影响民事诉讼中借贷合同的效力,对合同效力的判断仍应适用民商事法律规范,只要符合合同有效要件的,借贷合同就应当认定为有效。上述德清法院属于持这一种观点;

另有一类则提出，一律认定为有效或无效都有失偏颇，应当根据案件的具体类型和特点，认定民间借贷合同是否有效。而对于涉罪担保合同的效力，有观点认为，民间借贷合同被认定无效的情形下，担保合同应当认定为无效。也有观点认为，实践中担保的主体、形式复杂多样；有的是集资人以自己的财产或公司担保，有的是不知情的第三人受集资人所骗为其提供保证或财产担保，有的是经常从事担保的职业化担保人频繁为多人、多笔借款提供担保，还有的担保人本身与集资人之间存在长期经济往来甚至互为担保，对这些不同情况下的担保责任，应当区别对待。至于担保人的责任，浙江多数地区法院援引最高人民法院2000年《担保法司法解释》第8条的规定，由担保人在借款人不能偿还部分的1/3限额内按过错承担责任。另一观点则认为，由于担保人本身也是集资犯罪的受骗者和被害人，因此，主张出借人不能要求担保人承担担保责任。①

嗣后，司法实践中实务界的分歧观点渐渐在各省市高级人民法院的指导意见或会议纪要上呈现出来。如江苏省高级人民法院〔2013〕1号的指导意见就是持无效观点。② 浙江省高级人民法院亦认为，为避免刑事、民事判决矛盾冲突，原则上应认定（涉罪的）

---

① 参见浙江省高级人民法院课题组：《关于集资类案件刑民交叉问题的调研报告》，载南英主编：《刑事审判参考》（2012年第6集），法律出版社2013年版，第223～224页。

② 江苏省高级人民法院《关于审理民间借贷纠纷案件的会议纪要》（〔2013〕1号）第5条第3项规定，借款人的借款行为已经被人民法院生效判决认定构成集资诈骗或非法吸收公众存款等犯罪行为，出借人起诉保证人要求承担保证责任的，人民法院应认定该保证合同无效，并依据《中华人民共和国担保法》第5条的规定确定保证人的民事责任。

借贷合同无效。[1] 而安徽省高级人民法院皖高法〔2013〕470号文认为主合同借款人涉嫌犯罪不必然导致担保合同无效。"[2]显然，各地高级法院的指导意见存在一定的冲突。但值得注意的是，最高人民法院不仅早在2011年就公布上列德清法院的案例并作为指导案例，而且近年来陆续公布的其他相关案例[3]也都体现了"不当然无效"的倾向，2015年的司法解释则是明确确立涉罪"不当然无效"的原则。

涉罪合同效力争执的真正冲突点是什么？我们知道，在规范法学层面，我们判别合同效力时是根据一些特别的规范，比如，《德国民法典》第134条、《日本民法典》第90条，《瑞士民法典》第20条等，我国《民法通则》第58条、《合同法》第52条以及2015年民间借贷的司法解释第14条亦属此类。这类规范可以被统称为"适

① 参见浙江省高级人民法院《关于当前办理集资类刑事案件适用法律若干问题的会议纪要（三）》（浙高法〔2013〕241号）第10条规定："（一）刑事被告人以其实际控制的财产为非法集资提供担保的，一般不认定出借人对担保财产享有优先受偿权。（二）第三人提供担保的，可依照担保法司法解释第八条的规定，在主合同无效导致担保合同无效的情形下，根据担保人的过错使其在债务人不能清偿债务的三分之一限额内承担责任。（三）第三人提供担保，担保人属于明知借款人从事非法集资，或存在其他严重过错导致担保合同无效的，担保人的连带赔偿责任可不受前述三分之一限额责任的限制。构成共犯的，还应依法承担刑事责任。"

② 参见安徽省高级人民法院《关于审理民间借贷纠纷案件若干问题的指导意见》（〔2013〕470号）第5条，主合同借款人涉嫌犯罪或构成犯罪并不必然导致担保合同无效，出借人起诉请求连带责任保证人承担民事责任的应予受理，应当在认定主合同效力的前提下，依法确定担保人的民事责任。

③ 如最高人民法院（2012）民再申字第212号"岳阳友协置业有限公司与交通银行股份有限公司佛山南海支行及吴荣华、佛山市友协国际贸易有限公司、常谦进、徐可明借款合同纠纷申请再审民事裁定书"（裁定日期：2013年4月22日，审判长陈宜芳，代理审判员刘小飞、潘杰）；再如，（2013）民二终字第136号"某银行与某运输公司等借款合同纠纷案"，参见《中国农业发展银行通辽市科尔沁区支行与大连利丰海运集团有限公司、通辽经济技术开发区万通粮油有限责任公司金融借款合同纠纷二审民事判决书》（审判长王宪森，审判员殷媛、杨征宇）。

法规范”。[①] 但很显然，这些“适法规范”给出的效力指针是静态的、截面式的、碎片化的判断，是不存在一个时空结构的，这对于解决一般刑民交叉尚属可行，[②] 对于解决民间金融刑民交叉就很难奏效了。正如上列德清法院判决主文把单个借贷行为与吸收公众存款区分为不同的两个法律事实。但无论是非法吸收公众存款，还是集资诈骗，这些单笔的借贷都是并不是孤立的、离散的，而是串缀于一个时空演化过程的“量变到质变”，是有时空结构的而不是碎片化的，也正因为如此才具有整体评价的意义。对于民间金融刑民交叉，现今强调涉罪合同依照“适法规范”对效力进行独立评价的观点（包括2015年司法解释的第14条）似乎都忽略了时空结构的问题，因而就容易武断地得出“非法吸收公众存款案下借贷担保合同为有效，而集资诈骗案下借贷担保合同为可撤销”的简单化结论。[③] 而如果在舍象时空结构的前提下认同涉罪合同有效或可撤销，又如何解释整体性状（有罪）与个别效力性状（有效）不一致的悖谬呢？量变是如何导致质变的呢？效力冲突的本质，以笔者之见，其实就在于援引“适法规范”的碎片化判断不能适应连续演化的时空结构的复杂要求，需要开辟新的视角和理论进路。

---

① 谢鸿飞：《论法律行为生效的“适法规范”——公法对法律行为效力的影响及其限度》，载《中国社会科学》2007年第6期。

② 参见杨宜中：《对私诈骗下民商事合同及担保合同依然有效》，载《人民司法》2015年第6期。

③ 参见王林清、刘高：《民刑交叉中合同效力的认定及诉讼程序的构建——以最高人民法院相关司法解释为视角》，载《法学家》2015年第2期；刘宪权、翟寅生：《刑民交叉案件中刑事案件对民事合同效力的影响研究——以非法集资案件中的合同效力为视角》，载《政治与法律》2013年第10期；温州市龙湾区人民检察院课题组：《集资类犯罪刑民交叉案件司法处理初探》，载马晓晖主编：《法学·思考·实践》，厦门大学出版社2015年版，第272～274页；等等。

2. 诉讼程序冲突问题

刑民交叉诉讼程序冲突除了《刑事诉讼法》第99条规定的刑事附带民事诉讼模式外，主要的争执就是应当先刑后民、刑民并行还是先民后刑的位序问题了。这个问题同样对非法集资关联人利益影响甚大，一般债权人特别是金融债权人希望不要卷入漫长的刑事处理，尽快通过民事程序处置抵押物或追索担保人得到解决；而担保人则希望将案件带入刑事处理，就算不期望以实体上无效降低责任额度，也希望刑事程序延宕处置获得“以刑拖民”的效果。由此，适用最高人民法院1998年法释〔1998〕7号司法解释时常常表现为刑民部门对于“同一法律关系”的认识发生分歧而出现一定的相峙和扯皮现象。在省级人民法院指导意见层面，浙江省高级人民法院曾以《关于审理民间借贷纠纷案件若干问题的指导意见》（浙高法〔2009〕297号）第8条第2款第2、3项在1998年司法解释基础上就程序问题作出进一步细化。嗣后随着2011年德清法院案例公布，主张刑民并行观点逐渐增多。但最后司法界的主流认识似乎都重新统一到“先刑后民”的轨道。浙江省高级人民法院浙高法〔2013〕241号会议纪要作出了统一，总体上以移送刑事处理为主，并要求做好刑民交叉案件的立案审查、移送等程序衔接与处置工作。2014年3月25日，“两高一部”公通字〔2014〕16号文第7条作出规定，也是总体上以移送刑事处理为主。2015年8月6日最高人民法院法释〔2015〕18号司法解释第5条也明确规定，法院应当将此类案件移送刑事处理。由此可见，在民间金融刑民交叉程序冲突问题上，司法机关已经就1998年司法解释作出改变，从原来比较模糊的“同一法律关系”转到“同一法律事实”，并原则上统一为先归刑事处理。这样的规定极大地减少了实践中扯皮，但存在的缺陷是使得很多希望通过处置上更加费时的刑事程序来延宕民事程序的某些关联人(尤其是担保方)"以刑阻民"、"以刑拖民"的不当企图得以实现,特别是对于金融债权的实现尤为不利。在民间金融的危机地区,风险的传导非常快速,其传导方向就是从民间借贷传导到正规金融,导致正规金融的不良债权上升,这就需要司法的快速处置以便及时核销不良债权赢得阻断传导的时间,但统一划归刑事处理往往需要漫长的等待,这对于遏制风险传导方面存在诸多不利。宋英辉教授就曾对 2014 年 3 月 25 日"两高一部"的公通字〔2014〕16 号文规定划一移送刑事的程序过于刚性提出批评。①

那么,刑民交叉程序上的真正冲突点在哪里呢?显然,程序冲突主要发生在民事程序进行中发现犯罪嫌疑需要移送的那个点,关键是如何解决好这个点上实现程序转换决定的赋权度问题。按照最高人民法院 1998 年司法解释第 10 条和第 11 条的规定,刑事部分是否移送出去的决定由人民法院作出,但问题是这个关键的决定是纯粹职权主义的,既没有当事人的参与,也没有对法院职权的监督,实践中容易因法院的恣意造成扯皮。比如,2011 年底到 2012 年初,集资债务人周某涉嫌非法集资案已被移送起诉,周某及其担任法定代表人的公司涉及的民间借贷案件中大部分均被各法院驳回起诉,移送刑事处理。但唯独温州市区某法院却不予移送,继续进行民事审理并进入执行,最后凭借周某在执行程序中的书面承诺直接从周某个人账户划取执行款,使债权人得到充分的清偿。这个案件的执行员后来被检察机关起诉为滥用职权引发了巨大的舆论争执。这种选择性执法的根本原因其实就在于法律规定

① 宋英辉、曹文智:《论刑民交叉案件程序冲突的协调》,载《河南社会科学》2015 年第 5 期。

创造的恣意空间过大提供了“寻租”的机会。当然，如果按照后来出台的2013年浙江省高级人民法院指导意见和2014年、2015年最高人民法院司法解释，就不存在法院自由决定的空间了，需要一律移送刑事处理。但显然，一律移送的程序会是过于刚性，很多可以通过担保人较快实现清偿的途径被堵塞，从而严重影响处置效率。应当指出，这个程序冲突点背后涉及了多方的利益冲突，是实行完全的刚性移送还是完全的职权裁量，是融入当事人的选择还是引入监督机制，是实行权力主体的单边决断还是需要引入权力—权利主体对话沟通的开放式机制作出选择，都应当进行全面的精心考虑。所以，刑民诉讼程序上真正冲突点其实在于过于简单化设计位序关系不能满足不同权力/权利主体的选择性要求，这就需要进一步丰富程序构造，考虑引入权力/权利主体选择权基础上的沟通、商谈以及裁断机制，以适应刑民交叉情势下开放性和可变性的复杂要求。

3. 既判力冲突问题

如果刑民交叉案件刑事或民事的任一面处于已判决并发生法律效力的状态，则发生既判力交叉的冲突。在既判力交叉的场合，由于我们研究的是基于同一事实的竞合交叉情形，一般会与诸如“一事不两理”或“禁止双重危险”①之类公允的法理原则产生冲突。

学理上一般承认两种既判力效果，即主张阻却和争点阻却。

---

① “一事不两理”是起源于古罗马的一项诉讼原则，是指限制诉权滥用的“一案不二讼”，后来指“既决案件”不得再审。原先在民事诉讼中得以确立，后来又适用于刑事诉讼。英美法系则继承了“一事不两理”的原则精神，主张“双重危险原则”，即“任何人不得因同一犯罪而两次受到生命或身体上的危险。”参见谢佑平：《刑事诉讼国际准则研究》，法律出版社2002年版，第533～536页。

前者指前判的存在完全阻止同一案件的再行诉讼,就是通常所谓的"一事不再理";后者则指前判的内容约束后诉,后判在内容上不得违逆之,即预决力问题。[1] 而民间金融刑民交叉的既判力冲突一般发生在如下两种情形。

第一种情形是,集资债务人被确定进入非法集资刑事司法程序前存在的在先已决民事案件,是否因涉罪而产生既判力冲突,需要依照审判监督程序撤销再进入刑事处理?实践中,试图"以刑阻民"的担保人方面往往会力主这一观点,而在省一级公检法形成的指导意见以及相关司法解释未出台之前,检察机关也曾因此对这一类的案件提出过抗诉以启动撤销在先民事判决的再审程序。考虑到证明标准的差异,学理上一般不认同既决民事判决对在后的刑事诉讼产生既判力约束。[2] 但也有学者认为,允许再提起一个包含原民事系争事实的刑事诉讼,违背了"禁止双重危险"的基本法理,应该先依照审判监督程序撤销在先民事判决,再启动刑事诉讼。[3] 但笔者并不认同该观点,特别是在民间融资场合发生的既判力交叉。因为"一事不两理"中的"一事"是要指同一法律事实,如若不属于同一法律事实,则完全可以并存。[4] 而单个的民事借贷事实和后来整体集资意义上刑事评价对应的事实显然不可能属于同一法律事实,因为法律事实是以法律规范为前提的,而刑民规范显

---

① 谢佑平、万毅:《刑事诉讼一事不再理原则重述》,载《国家检察官学院学报》2001 年第 2 期。

② 参见李哲:《刑民交叉案件中的既判力问题探析》,载《当代法学》2008 年第 4 期。

③ 参见田小丰:《我国刑民交叉案件中的既判力问题研究——从一个案件引发的思考》,载《行政与法》2011 年第 3 期;王亚明:《一事不再理与刑民交叉问题研究》,载《法律适用》2011 年第 11 期。

④ 林荫茂:《单位贷款案件刑民判决的共存问题》,载《法学》2003 年第 4 期。

属不同性质、不同位阶的规范。既然并不存在同一事实的竞合，也就不违背“一事不两理”原则。这样，无须通过再审推翻民事前判，在后的刑事判决只需将民事前判作为事实进行确认，民事判决认定的事实，与之后的刑事判决并无冲突，刑事判决作为法律事实予以确认即可。① 浙江省高级人民法院的浙高法〔2013〕241 号会议纪要也认同这一观点。②

第二种情形是，刑事处理后是否形成对在后民事诉讼的主张阻却。此类刑民交叉，刑事处理完结后，个别集资参与人（尤其是有抵押或担保的债权人）再提起民事诉讼主张权利，一般会被法院以“一事不再理”拒绝。③ 这也符合刑事判决一般对在后的民事诉讼有既判力约束的学理常规。但司法实务上却也常会带来困惑。因为按照最高人民法院 1998 年司法解释（法释〔1998〕7 号）第 8 条和 2000 年《关于刑事附带民事诉讼范围问题的规定》（法释〔2000〕47 号）第 5 条，反而是应当在刑事处理并追赃完结后能够确定被害人损失数额后才能再提起民事诉讼。④ 笔者较认同此类情形下的主张阻却，因为集资案件公安办案期间会公告要求关联人申报，而且时间很长，这些拖沓后诉的集资参与人一般是试图寻求分配利

① 叶永青：《集资类案件中刑民交叉问题的处理》，载《法制与社会》2013 年第 2 期。

② 参见浙江省高级人民法院、浙江省人民检察院、浙江省公安厅《关于当前办理集资类刑事案件适用法律若干问题的会议纪要（三）》（浙高法〔2013〕241 号）第 8 条第 2 款第 4 项、第 3 款。

③ 王丽娜：《非法集资新困局》，载《财经》2016 年第 1 期。

④ 尽管 2000 年司法解释已经在 2015 年 1 月 19 日废止，但是一般刑民交叉案件经过追缴和退赔不能弥补的损失当事人另行提起民事诉讼，法院依照 1998 年司法解释仍应受理。但对于民间金融刑民交叉问题因为存在涉众性质较特殊，可能会有争议，法院多倾向于以“一事不两理”不受理。参见宋晓明、张雪楳：《民商事审判若干疑难问题——民刑交叉案件》，载《人民法院报》2006 年 8 月 23 日，第 5 版。

益最大化而利用程序漏洞的机会主义者，从集资案件涉及集体利益和社会利益的角度来看，不应罔顾多数人利益而顾全这些投机动机。即便认同单个借贷与总体上涉刑并非同一事实，不成立严格意义上的“一事不两理”，此种情形下也以维护刑事既判力较为合理。

既判力冲突看似属于程序冲突，真正冲突点却在于实体，就是司法处置的刑民程序位序与刑民实体上的位阶结构关系冲突。比如在第二种情形下，位序关系是先刑事（既判）后民事，而后者位阶上又处于逊位，故民事主张会被阻却。学理上为消弭冲突作出“既判力扩张”之类的解说实质上无非是对位阶结构的一种调整。

4. 证据及证明标准冲突问题

众所周知，刑事案件与民事案件的证据规则以及证明标准存在很大的差异。民间金融刑民交叉经常是证据要求较低的民事性质的民间借贷诉讼交叉到非法集资犯罪，而产生证据和证明标准的冲突。民事诉讼实际上采用的是优势证据的证明标准，就是要求达到高度盖然性即可。而就刑事诉讼而言，按照现行法律的规定，证明标准为“案件事实清楚，证据确实充分”，英美法系则是“排除合理怀疑”。刑事诉讼的证明标准要严格得多。但问题是，我们必须看到民间金融刑民交叉案件中刑事案件的性质通常属于法定犯（mala prohibita）类型，其本质上并不违反社会的伦理道德，而是因为维护社会秩序的需要而被确定为犯罪。[①] 因此，是否一定需要像普通刑事犯罪案件那么高的证明标准是值得商榷的问题。司法实践中此类刑民交叉案件通常存在两个重要的证据问题，一是涉

① See C. Wells, *Corporations and Criminal Responsibility*, New York: Oxford University Press, 1993, pp. 7 – 8.

众案件的取证量太大。要执行高规格的刑事证明标准往往会遭遇工作量的客观障碍而难以实现。因为非法集资案件的债权人往往人数众多，有的案件涉及的债权人甚至成百上千，侦查机关客观上无法在侦查期间内组织足够的力量去为每一个债权人作笔录，工作量之大会导致无法满足刑事严格证明标准所要求的证据的数量和规格，现实中部分事实是通过被害人提供的借条、银行账单、账本和审计报告等形式认定犯罪事实与犯罪数额。关于这一点，“两高一部”在公通字〔2014〕16号司法解释的第六部分关于“证据的收集问题”已作了相关规定，允许不逐一采集言词证据，结合书证综合判断。① 为了弥补在证据收集方面的降格以求，温州地区的检察机关已经配合法庭创造性地采用了“提审对账”和“庭审对账”的方式进行对应的补强，也已取得良好效果。二是主观意图方面的证明相当困难。比如，在集资诈骗罪中要证明非法占有的故意并达到刑事证明标准是相当困难的。实践中我们是采取一些外部指针来进行推定式的认定，比如2010年最高人民法院法释〔2010〕18号第4条列出的携带集资款逃匿等八种情形和2001年1月21日法〔2001〕8号全国法院审理金融犯罪会议纪要列出的明知没有归还能力而大量骗取资金等七种情形。尽管法定犯的主观意图往往在司法上被忽视，但学理上经过一段时间的犹豫认为仍需要主观要件，即便是法人，也可通过法人的代表人主观意图来确定。但收集证明主观状态的证据本身会带来高昂的行政成本。② 而完全的客观归责亦是不可取。在这样的证据和证明标准冲突面前，主导

① 参见最高人民法院、最高人民检察院和公安部《关于办理非法集资刑事案件适用法律若干问题的意见》(2014年3月25日，公通字〔2014〕16号)第6部分。

② ［英］安东尼·奥格斯：《规制：法律形式与经济学理论》，骆梅英译，中国人民大学出版社2008年版，第84页。

的趋势可能还是在刑事证明的高标准上作出一定的妥协，但问题是这些妥协往往是以损害执法的规范性和可预期性为代价。

证据及证明标准的刑民冲突看似是程序问题，其实真正冲突点也在于实体。这里的关键在于待证问题的性质特殊——民间金融刑民交叉是具有涉众型的开放结构，且集资犯罪问题本质上属于“法定犯”，其只是在于达到规制的目的，其实体性质与一般犯罪迥异。实体结构的显著差异投射到证据和证明标准层面就涉及理论上可以相应地调整证明责任规范的结构。按照德国程序法学者罗森贝克的“法律规范要件说”，根据实体法的规定或根据法律关系的构成，会产生完全不同的证明责任规定。① 所以，真正的冲突点在于证明责任规范结构的常规配置无法适应不同实体结构的特殊要求。

5. 涉案财物处置措施与执行冲突

这个方面的刑民交叉冲突非常显著，因为关联人以及相关的司法机关可能都会存在争夺有限的可执行资源的驱动，况且在危机化情势下，地方性保护以及对正规金融机构的倾斜等色彩通常相当浓厚。

(1)关于刑事强制措施与民事保全的冲突。刑事的冻结、扣押等强制措施与民事保全措施会产生冲突，刑事的涉案财物处置以及刑事裁判涉财产部分执行的追缴赃款赃物、责令退赔、返还、没收四种处理方式也经常与民事裁判的执行冲突。在这个问题上，不能笼统说刑事优先，而只能奉行时间优先，在先执行或采取措施

① 参见[德]莱奥·罗森贝克:《证明责任论》，庄敬华译，中国法制出版社2002年版，第85页。

后，另一机关不得重复进行。① 但实践中，尤其在债务危机的情势下，往往存在重复冻结的现象。温州市曾在面对局部金融危机带来的债务多发的形势下，本着遏制债务违约风险传导与支持正规金融机构加快处置资产阻遏不良资产的快速上升等规制性目标，对于刑事强制措施与民事保全进行多方面的协调，直接地对相关的冲突进行协调，温州市金融综合改革试验区实施领导小组等机构也协同出台了关于企业转贷展期应急处置工作规程、金融债权的抵押物查封等等一系列操作规定，解决了维护区域金融秩序的一时之需。

（2）关于执行冲突。司法实践中对于执行冲突存在如下做法。一是金融机构抵押权优先处置。因为债务人的财产对多个债权通常难以足额执行，刑事案件涉财产执行与民事案件执行针对同一财物时会发生冲突，关键是受偿顺位，目前的处置基本上是有抵押的金融机构优先受偿，其余的平均分配。二是未执结的民事执行归入刑事处置。针对刑民的执行冲突，浙高法〔2013〕241 号会议纪要提出只将未执结的民事案件纳入刑事处置，而已执结的民事案件就不再归入。② 三是构建处置权协调机制。在应对局部金融风波的过程中，温州市中级人民法院为加快银行金融债权案件处置

---

① 参见江伟、林辛建、孙燕：《诈骗类案件中刑民交叉问题的调研报告》，载《法律适用》2009 年第 2 期；毛立新：《诈骗犯罪处理中的刑民交叉问题》，载《法治研究》2011 年第 12 期。

② 参见浙江省高级人民法院、浙江省人民检察院、浙江省公安厅《关于当前办理集资类刑事案件适用法律若干问题的会议纪要（三）》（浙高法〔2013〕241 号）第 8 条第 2 款第 3、4 项。对于民事裁判已生效、尚在执行中的涉案事实，公安机关审查认为该民事裁判确认的事实涉嫌非法集资犯罪、须纳入刑事追究范围的，应当及时函告相关法院。相关法院核查后，应对民事裁判中止执行，与刑事案件一并执行。而对于民事裁判已经生效已执行到位的涉案事实，除涉及虚假诉讼、非法转移赃款等严重侵害其他债权人利益依法应当撤销生效裁判文书的情形外，可视为当事人在案发前已经归还的借款，可不再将相关事实纳入刑事追究的范围。

进程，降低银行金融债权不良率等区域性规制目标，2014 年 7 月 15 日出台了《关于处置权争议协调处理的会议纪要》（温中法〔2014〕106 号）作为协调刑民交叉执行冲突的操作性规范，发展了集中清理、专门处置小组逐案研判、刑民无缝衔接以及优先保护金融债权的冲突破解办法，取得良好成效。①

执行冲突问题一定程度上已经通过 2014 年 9 月 1 日最高人民法院《关于刑事裁判涉财产部分执行的若干规定》（法释〔2014〕13 号）形成司法解释层级的处置依据，但具体问题还相当复杂。这个解释规定涉刑财产执行也统一归执行部门，这常常导致法院内部业务部门的衔接和冲突问题。而其规定刑事追赃优先于银行抵押权的规定，对于民间金融危机中区域性规制目标需要重点维护的金融债权的实现可能将带来不利因素，但司法解释确立的顺位对于执行冲突的缓和与解决提供了重要的制度基础。

涉案财物处置措施与执行冲突的真正冲突点在于程序，也是过于简单化设计位序关系不能满足不同处置权主体的选择性要求，这就需要进一步丰富程序构造，考虑构建处置权协调机制或者细化处置权规则，以适应刑民交叉情势下开放性和可变性的复杂要求。

1.4　本章小结

本章作为全书的第一章，目的在于呈现中国民间金融及其民间金融规制从理论到实践层面的冲突图景，以便为下文的展开树立鲜明的“靶子”。

① 温萱：《温州：让金融债权执行走进“春天里”》，载《人民法院报》2015 年 2 月 2 日，第 5 版。

2011年，温州、鄂尔多斯等地区域性民间金融风波爆发后，面对严重的信用萎缩、银行不良贷款上升和巨大的经济损失，人们自然希望能够建立像正规金融那样的监管体系并仿效它们的监管方式管理民间金融。地方监管的理念和管理体系的现实构建方兴未艾。然而，这可能未必是一个可欲的选项。民间金融的“民间性”提示我们民间金融与正规金融存在不同的时空间离度，外部性和信息不对称性都与正规金融存在明显的不同，建构一个庞大的“社会装置”来管制它是否必要，尚颇值商榷。金融监管的历史表明，中央规管模式其实是一个耗费巨大的“社会装置”而且并不见得总是成效卓著。根据民间金融地方化和分散决策所具有的“去中心化”特质，其实可能更适合“去中心化”的规制进路。

然而，去中心化的规制通常是演进的，而不是建构的。那就需要我们首先立足于现实基础去促成规制体制的生长与运作。现实中民间金融不可能成为“一行三会”的监管重心，而地方金融监管体制则还处于建构的过程中，民间金融的常态监管由此存在巨大的裂隙。在危机时段，我们看到了司法在规制民间金融进程中所显示的巨大力量，尽管司法的本然使命并非规制，但是，中国司法长期具有的能动性特点以及现今政治力量的倡导，使司法介入规制成为可能。而中国民间金融所处于的特殊的转型语境以及当前规制工具匮缺的景况，决定司法可能仍然会持续发挥其规制作用。当然，司法需要在其能动的驱力与克制的禀性所形成的张力中找到缓释和调和的路径，但这样的平衡显然不可能以牺牲其独立性的方式达成，笔者认为更可能会以与其他规制主体的协同中成就。

司法介入规制不仅具有内在的根本性冲突，实践中也遭遇了一个重大的规制难题——刑民交叉，主要表现为司法部门之间以及与利益关联人之间的牴牾冲突格局以及整体司法处置过程的进度缓慢以及矛盾重重。笔者在本章的末尾围绕民间金融刑民交叉最主要的五个方面冲突进行深度剖析，梳理出这些问题的性质并凸显其真正冲突点所在（见表1.1），而分析所显示可能的解决路径都指向一种系统化、结构化和程式上开放化的模式。这可能正预示着我们解决刑民交叉的理论进路。

表1.1　民间金融刑民交叉的五个冲突面向

序号	冲突的问题	问题的属性	真正冲突点	可能的解决路向
1	涉罪合同效力冲突	效力判断方法	援引“适法规范”的碎片化判断不能适应连续演化时空结构的复杂性要求。	纳入时空结构的系统考量。
2	诉讼程序冲突	程序构造问题	过于简单化设计的位序关系不能满足不同权力/权利主体的选择性要求。	进一步丰富程序构造，考虑引入权力/权利主体选择权基础上的沟通、商谈以及裁断机制。
3	既判力冲突	实体结构问题（位阶）	司法处置的刑民程序上的位序与刑民实体上的位阶结构关系冲突。	调整位阶结构，进行结构化再造。
4	证据及证明标准冲突	实体结构问题（责任）	证明责任规范结构的常规配置无法适应不同实体结构的特殊要求。	调整证明责任规范结构，进行结构化再造。
5	涉案财物处置措施与执行冲突	程序构造问题	过于简单化设计的位序关系不能满足不同处置权主体的选择性要求。	进一步丰富程序构造，考虑构建处置权协调机制或者细化处置权规则。

2 从冲突到协同的理论路径：系统论与结构化

2.1 从规范法学到系统法学的视角切换

2.1.1 规范法学在处理刑民交叉问题上的局限

刑民交叉的复杂性使得必须衍生出更多的法律规范进行调整，然而大陆法系国家的立法例显然无法满足如此高频的动态需求，显得捉襟见肘。司法基于具体的规制目标进行的变通便会以越来越多的司法解释、指导意见和会议纪要的面目呈现。更为令人尴尬的是，这些政出多门的规定或者“解释”相互之间往往存在着抵触甚至背离，一度令执法者无所适从；而这些相关的“规定”的用词越来原则性和含糊化,几乎不再像法律规范那样的清晰明朗的措辞风格。① 司法作为正统程序的执掌者带入规制目标进行执法,难免存在视角的偏颇和保护天平的倾斜,势必影响民间融资关联人之间的利益平衡,降低了正统程序吸收不满的能力,社会矛盾就会转而寻求替代性的救济,如信访量的上升。这样,司法规制的效果会只是促成一个社会矛盾转移的循环。而这种"循环"投射的正是规范适应性差的法理困境。

绪论中文献回顾与综述部分已经表明,即便存在着视角的差异,现今对于刑民交叉问题的研究也几乎都是秉持规范法学的进路。我们这里所称的规范法学就是指 19 世纪奥斯丁以降的分析实证主义法学。规范法学是以法律规范为对象和中心的法律学理论,这是规范法学的第一个标准。② 但正如我们在 § 1.3 节分析刑民交叉问题的实质冲突点所指出的那样,实际上真正的冲突缘起于规范法学的静态和形式化分割的视角,无法适应刑民交叉情形下动态的、开放的、系统的复杂性。因此,大多数基于传统规范进路对刑民交叉问题的分析基本上处于在规范之间"兜圈子"的状态,不断衍生新的混乱与麻烦,无法从实质上消弭冲突。

2.1.2 从规范法学通向系统功能论的法理路径

刑民交叉的生成根本上是由于刑民规范形式化的部门分化。任何法律规范都不是独立存在的,它首先依存于法律部门的形式化分割。历史地来看,原始社会后期法律的常态是"诸法合一",刑

---

① 比如浙江省高级人民法院、浙江省人民检察院、浙江省公安厅《关于当前办理集资类刑事案件适用法律若干问题的会议纪要(三)》(2013 年 10 月 28 日,浙高法〔2013〕241 号)中"加强协调配合"、"审慎认定"、"最大限度挽回"之类的措辞。

② 魏治勋:《"规范分析"概念的分析》,载《法学论坛》2008 年第 5 期。

民分界最早还是要从罗马帝国算起。而刑民分界正是法的初始化分类的开端。……是法学科的第一次原子裂变。刑民行为的分化标准实质在于对行为的认知结构,取决于动态的法知识论,而刑民分界又为构建行为的认知结构提供了规范依据。[①] 但是,被我们常常忽略的是,法的形式化分割及相应生成的体系实质上并不会生成新的法律后果,其实并无规范意义。比如,《德国民法典》第242条(诚实信用)也适用于公法合同。[②] 所以,这对于法律规范提出的一个挑战性命题就是同一事实可能交叉到不同部门法律下的法律规范,法律规范不能基于机械的部门分割来封闭地、孤立地理解。

德国法理学者伯恩·魏德士指出,系统思维不允许出现明显的评价矛盾,即同一事实应当能够得出相同的法律后果,否则,就丧失了合理性。因此,和谐(Widerspruchsfreiheit)就是法律秩序以价值为导向的"系统化"原则。[③] 这就提出了法律规范的系统性认知进路,典型学说当属法律秩序位阶结构说(die Lehre von Stufenban der Rechtsordnung)。它由梅尔克(A. Merkl)创立,通过凯尔森得以发展并继而成为通说。其出发点是,各种法律规范在法律秩序中是存在位阶差异的(即存在"位阶结构"或曰"层级结构"),出现规范冲突时,上位阶的法优于下位阶的法(Lex superior derogat legi infeiori)。[④] 这种带有位阶的系统性认知,可以算作一种法律规范的分层式认知进路。但这还只是一种基于法律体系和

① 张光宇:《刑民界说的价值分析》,载《福建警察学院学报》2010年第6期。

② [德]伯恩·魏德士:《法理学》,丁晓春、吴越译,法律出版社2013年版,第65页。

③ [德]伯恩·魏德士:《法理学》,丁晓春、吴越译,法律出版社2013年版,第65页。

④ [德]伯恩·魏德士:《法理学》,丁晓春、吴越译,法律出版社2013年版,第118页。

法律部门之间本然位序的静态的、单纯的系统性认知，还缺乏语境化、功能化和动态化因素的融入。

在此基础上，伯恩·魏德士教授进而指出，法律秩序包含着被隐藏起来的物质的秩序系统，也即金字塔式的法律价值评价。法律适用对这个实质的、内部的"价值评价系统"的揭示越多，就越接近立法目的。[①] 这个层面的认知是要去揭示实质的、隐藏在形式化规范背后的社会目的（社会理想），而所谓的"价值评价系统"实质上就是理解法律规范背后所要达到的社会功能。这种把法律系统和社会功能结合起来的认知，是一种对于法律规范的功能性认知进路。

刑民交叉最显著的一个特征就是它的跨部门性，就是同一法律事实交叉到不同法律部门下的法律规范，这就牵涉到法律规范的认知进路问题。传统规范法学对于一般情形下刑民交叉问题的认知，总体上是属于一种分割式认知，其难免产生严重的规范冲突，必须过渡到分层的系统式认知进路，首先必须认识到刑法和民法在法律秩序系统中并非属于同一位阶这一根本前提，要着力考虑如何"和谐"冲突的问题。而民间金融场合的刑民交叉则由于涉及金融开放性（社会性）和公共目标的原因，甚至可能需要超越系统性分层式的认知进一步进入功能性认知的空间。

从形式化认知到系统性认知，再从系统性认知到功能性认知，沿着这一法理学思维的纵深可能同时也正在默默地引领我们从规范法学步入系统功能论法学的领域。这正是德国著名社会学家、哲学家尼克拉斯·卢曼和他的追随者法学家贡塔·图依布纳的理

① ［德］伯恩·魏德士：《法理学》，丁晓春、吴越译，法律出版社2013年版，第65页。

论领地。而从规范法学到系统功能论的理论路径竟是如此自然，因为尽管卢曼建构宏大的社会学和法学学说的理论来源异常丰富，但其法理基础却与规范法学一个代表人物凯尔森的理论具有密切的“亲缘”，被称为凯尔森“纯粹法学理论的儿女”。[①] 两者的理论都建基于规范和事实的严格区分，都将实证性(positivität)作为法律的根本前提。[②] 卢曼理论的规范性基础亦可从其早年著作《法律系统与法律教义学》对当时流行的美国的法律现实主义和德国利益法学的权衡理论的强势批评中可见一斑——卢曼固守了自己的功能结构主义的立场，认为法律的唯一功能还是在于维护和稳定社会的“对预期的预期”，强调法律只能通过内部的运作对外部世界的变迁进行有限度的回应，而不是将法律完全化约为社会的“镜像”。因此，卢曼的法学理论是在规范法学的基础上前行，但又在视角上超越了规范法学。

2.1.3 系统功能理论的基本视角

尼克拉斯·卢曼是德国当代著名的系统论社会学理论家，建构了极为庞大的理论体系。尽管从理论系属来看，依然属于涂尔干－帕森斯的结构功能主义传统一脉，但卢曼的理论渊源极其复杂，不仅包含了胡塞尔的意识现象学，还广泛吸收了马图拉纳与瓦芮纳的生物自创生理论(Autopoiesis)、福斯特的二阶观察理论(Second-order observation)和George Spencer Brown的界分理论(Distinction)及形式法则(Laws of form)的研究成果。卢曼跟随帕

---

① 参见胡水君：《卢曼的法律与社会理论：现代与后现代》，载朱景文主编：《当代西方后现代法学》，法律出版社2002年版，第382页。

② 参见冯健鹏：《论规范法学对法律自创生理论的影响——从卢曼到图依布纳》，载《浙江社会科学》2006年第2期。

森斯学习过一段时间,应属于功能主义者,但卢曼却更强调自己是一个系统论者,系统是整个卢曼理论的出发点。故本书认同美国学者乔纳森·特纳在《社会学理论的结构》将卢曼理论标称为"系统功能论"。卢曼亦将他的社会学方法和系统论视角融入法学,从而形成独具一格的系统法学。而贡塔·图依布纳系德国法兰克福大学法学教授,是卢曼社会理论在法学领域的重要承继者与发展者。图依布纳以提出反思理性以及发展自创生理论的学术贡献而著称。本书将利用卢曼系统论视角和图依布纳的反思理性理论作为展开研究的理论背景,但限于篇幅,无法全面介绍这些基础性理论,将本着必要原则取精用宏地作出结合性的阐述。

2.1.3.1 自我指涉视角

自我指涉(selbstreferenz,self-reference)其实就是反身性问题(观察观察者问题),是整个卢曼理论的基石,也是卢曼最重要的理论贡献。卢曼认为、社会现象与其观察者之间的自我指涉关系或反身性关系,在西方知识传统中一直处于被遮蔽的状态,是一个致命的盲点。因为任何的观察都是指向外部世界,而遗漏了需要同时进行的自我观察视角。"在自我指涉的系统中,认识论问题被看做是观察观察的问题,描述描述的问题,运算运算的问题。"这就是福斯特所谓的"二阶控制论"。卢曼社会理论与其他社会学的不同就在于:把观察者嵌入到社会理论内部,采取内部视角。

在自我指涉视角下,社会系统的基本单位必然是"沟通"(Kommunikation)而不再仅仅是"行动"(Handeln)了。[①] 因为自我指涉要求在满足意愿性的同时,还必须满足交互性,而沟通正是由

① 参见宾凯:《作为观察者的法哲学和法律社会学》,载[德]尼克拉斯·卢曼:《法社会学》,宾凯、赵春燕译,上海人民出版社2013年版,代译序第13页。

信息、表达和理解这些要素的交互。正是沟通使人们的行动变得相关而构建了形形色色的社会系统。这是一种具有“双重偶在性”(doppelten Kontingenz)①的、自主自发的过程。互动中的个人不得不考虑其他人对他们的态度。自我指涉的系统有三个维度:系统的“符码”,它的“结构”(或方案)以及它的“过程”(或程式)。符码是二元的程序,信息通过这种程序被处理——二元对立,诸如“正确与错误”,或“有意义的与无意义的”。结构或方案包括那个系统内部坚持的主要价值、规范与期望,而过程或程式则是持续存在的互动。对一个再生产自己的系统来说,符码必须保持同一,而结构或过程则可能被改变。② 这三个维度,实际上为我们认识和解析某些特定社会系统提供了新的指南和工具。

如果把自我指涉的内部视角应用到法律系统中,就涉及“法律结构的自我指涉”(self-reference of legal structure)问题。在卢曼看来,法律秩序(规范、原理、制度和组织)本身是自我再生产的,鉴于存在系统与环境、规范与事实这些二元区分,就将循环再生产系统的关闭性(schließung,即自成一体性 Geschlossenheit)③和与环境相

---

① 帕森斯通过“双重偶在性”这个概念一度触摸到了二阶观察和自我指涉视角的外缘。意识领域的单一偶在性,是指在即将来到的下一步体验中,被指向的可能性总是有可能与期望中的可能性不一致。而双重偶在性是社会性的。为了把我自己的可能性采纳为他人的视角,就只能把主我看成为异我,以保证他人的体验与我的体验的同一性。易言之,要是交互预期不能被整合,就无法克服“双重偶在性”达成选择性的一致性。参见[德]尼克拉斯·卢曼:《法社会学》,宾凯、赵春燕译,上海人民出版社 2013 年版,序言页第 3、71 ~ 73 页。

② [英]帕特里克·贝尔特:《二十世纪的社会理论》,瞿铁鹏译,上海译文出版社 2002 年版,第 75 页。

③ 关闭性(schließung)/自成一体性(Geschlossenheit)不能被理解为封闭性(Abgeschlossenheit),因为它不是反对而是以它自己的方式强调系统与环境之间存在着紧密的因果关系,因果形式的互相依赖关系对于系统来说是结构性必然的。参见[德]尼古拉斯·卢曼:《社会的法律》,郑伊倩译,人民出版社 2009 年版,第 20 页。

联系的开放性结合了起来。所以,所谓"法律结构的自我指涉"其实就是指法律是一个在规范(运作)上关闭而在认知(审理)上开放的系统。"开放"是指法律系统并不与其环境相隔绝,受到外在刺激的影响;但是,法律演化又具有自主性,外在的变化并非按照"刺激—回应模式"直接转化为内部的效应,而只是在对其自身推动力做出反应的过程中才发生变迁。所以,自我指涉使法律系统同时呈现为一个"闭合的"系统和一个"开放的"系统,为观察法律和社会的关系及其演化开辟了新的视角,并使反思理性凸显出来成为可能。①

2.1.3.2 系统—环境共变演化视角

系统—环境的二分法是卢曼的理论基点,其社会理论的一个框架性思路是,社会演化的动力是社会复杂性程度的演变。——系统一般要发展出一种内部机制通过降低其所嵌入的环境的复杂性以满足系统主导的功能必要条件,从而维系自身的生存与发展;而一旦复杂性发展到系统无法化约时,系统将崩溃并由新的社会系统取代而形成新的范式。这也是卢曼演化论的基本逻辑。

现代社会是功能分化的,其演化的路径分成三个阶段,即片断式分化的(segmentary differentiation,也译作分割的、块状的)社会、层级式分化的(stratified differentiation)社会和功能分化(functional differentiation)的社会。当最简单的社会开始分化时,它们部分地分化,创造出与其分化前的系统相像和相等的子系统。例如,当一个传统社会开始分化时,就会产生以前的血缘和村庄的复制品。但分割方式的复杂性有限,环境适应性不足。于是,在寻求替代中

---

① 参见[德]贡塔·图依布纳:《现代法中的实质要素与反思要素》,矫波译,载《北大法律评论》1999年第2期,第590~591页。

衍生了分层方式,而子系统的资源分布也相应随之变化。这些子系统按照等级排列,新的结构形式一方面使系统与环境的关系更复杂,另一方面也给系统的复杂性程度施加了限制。如果想要维持等级次序,每个子系统的选择就必然受其在等级中的地位所约束。所以,压力形成了第三种分化——功能分化。该方式下系统的不平等是由于子系统的功能优先度存在差异,但由于子系统同时也构成其他系统环境的一部分,功能上占优的子系统也必须平等对待和给予回应,这就不至于使等级刚性化,子系统也获得较多的自主权和灵活性。①

不难看出,这个三阶段论证暗合了伯恩·魏德士《法理学》中关于法律规范的三种递进的认知进路,似乎存在互为镜像的对称关系。伯恩·魏德士认同法律规范包含了“社会理想”的零碎部件,其实是一种对法律与社会系统关系的认知。在法律与社会系统关系的问题上,存在两种倾向:一种是倾向规范结构的自主性,其极致就是规范法学,但其过度形式化在现代已形成危机;另一种就是倾向规范结构对于社会的开放性,其极致就是法律现实主义与利益法学的主张,使法律等规范结构完全置身于一般的社会结构而容易导致社会学化约论(Reduktionismus)。② 自我指涉视角的介入促成了一些折中的认识进路。比如,以塞尔兹尼克等人为代表的伯克利学派的“回应型法”模式从内部动力的认知的出发,较

---

① 参见[美]乔纳森·特纳:《社会学理论的结构》,邱泽奇、张茂元等译,法律出版社2006年版,第60~61页。

② 社会学化约论是指把法回溯到社会结构时,其视野中却失去了“法”现象自身。比如,基于经济基础/上层建筑理论,把法看成是社会基础结构的单纯反映;或者基于实证主义进路,把法化约为权力关系、组织结构、职业角色或个人态度等。参见[德]尼克拉斯·卢曼:《法社会学》,宾凯、赵春燕译,上海人民出版社2013年版,导言部分。

倾向于法律的自主性;而哈贝马斯则认为,法律是对社会组织原则的吸收和转译,而显得较倾向于开放性的一极。①

在演化问题上,卢曼则是摒弃传统演化论所持的单线性、必然性和进步性的基本假设,构建了一个最低纲领的系统与环境双线差异演化、相互作用的模型。这个演化模型建基于动力、机制与方向性的三大假设。演化动力就是系统和环境间根本的复杂性差异。而演化机制则由变化、选择、稳定组成。对于法律系统,变化机制由规范结构承担,选择机制由制度化结构(程序)承担,稳定机制则由法教义学—概念结构承担。同样地,法律与其所嵌入的社会也是相互作用和共变演化的,依从自身演化逻辑的同时也必须适应社会演化的总体水平。②

按照卢曼的社会系统演化路径,随着社会系统复杂性的增加,社会系统要实现从块状(片断式的)样态向功能特定的子系统形式的重构进程。这个进程会影响系统的内生(endogenous)演化机制,一是在变化机制维度,这导致了一个多样性不断增长的变化,也导致了经验和行动可能性——其中包括了在子系统中的规范性投射——的过剩生产,由此,导致了选择压力的不断增加。这意味着需要衍生更多的具体规范结构;二是在选择机制维度,通过分出特殊的专门性法律互动系统(程序),法律领域的发展被选择性地实现——以不断增大的程度,程序变成了社会性相对自治的、在法律中约束(实体)决定的担纲者。这意味着选择性制度化的迫切需求,同时也促成程序独立化;三是在稳定机制维度,法律自身亦在

---

① 参见[德]贡塔·图依布纳:《现代法中的实质要素与反思要素》,矫波译,载《北大法律评论》1999年第2期,第600~604页。

② [德]贡塔·图依布纳:《现代法中的实质要素与反思要素》,矫波译,载《北大法律评论》1999年第2期,第605页。

社会水平上取得了独立性，并且，在意义结构上，实现了从更为具体向更为抽象的观念的转移。这意味亟待发展更为发达的法律教义学及概念结构。① 这种选择性实现一致化的功能被卢曼称为“法律实证化”的过程。关于这里的“实证”一词，要特别注意两点：一是卢曼的法律实证性（Positivität des Recht）概念完全不同于我们在法哲学和法律科学领域中的指称实证法（Lex Positiva），那一般指法典化，或者指直接被教义化了的，被看做是内在证成的东西。②而这里的实证性总的来说可以被理解为法律的选择性增强（selektivitätsverstärkung），更加适应于社会分化的复杂性。它来自于社会的发展，并与社会结构相制约。它是随着社会系统功能分化的充分发展而出现，功能分化使社会子系统的视角得以具体化和抽象化，并通过不同的功能手段赋予它们不同可能性视域。社会系统功能分化和法律实证性实现了汇合，带来了法律在观念上的限定化和精致化。③ 法律的实证性“并非源自当一个立法的历史行为被记录于法律体验当中，而在于决定而被体验为有效，作为来自不同可能性的选择和作为可变的判断”。④ 因此，实证法在形式上通常表现为条件程式（konditionalprogramme），即以一种如果/那么的形式来化约复杂性。二是卢曼的实证法的有效性并不是因为存在着授予其效力的更高规范，而是因为其选择性实现的一致性

---

① ［德］尼克拉斯·卢曼：《法社会学》，宾凯、赵春燕译，上海人民出版社2013年版，第189页。

② ［德］尼克拉斯·卢曼：《法社会学》，宾凯、赵春燕译，上海人民出版社2013年版，第261页。

③ ［德］尼克拉斯·卢曼：《法社会学》，宾凯、赵春燕译，上海人民出版社2013年版，第245页。

④ Niklas Luhmann, *A Sociological Theory of Law*, London: Routledge & Kegan Paul, 1985, p. 168.

功能。这里卢曼对于法律效力来源的主张正是其与凯尔森分道扬镳之处。凯尔森主张规范是等级分层的，下一层级的合法性是由其上级规范的合法性证成的，最高等级的宪法是通过被解释成“基本规范”而证成效力。卢曼则质疑道，一旦“基本规范”之说不成立，整个法律体系的大厦就岌岌可危了。① 法律并不是由其本身所决定或在更高级规范或原则的基础上被决定的，而是取决于其与社会的关系。这从另一个侧面也反映了卢曼对于法律的效力来源问题上亦秉持了去中心化的理念与实证的视角。

2.1.3.3 自创生视角

卢曼的自创生理论脱胎于马图拉纳和瓦芮纳的生物自创生思想。20 世纪 80 年代卢曼将之引入他的法社会学研究中并构成其法律理论体系的一个重要面向。卢曼的理论追随者图依布纳在 1988 年出版了《作为一个自创生系统的法律》(*Recht als Autopoietisches System*)，也为这一问题的研究做出重要贡献。应当指出，两者的自创生理论存在一定的差异，卢曼坚持自创生的功能论前提，而图依布纳则更加关注“系统际冲突”与“结构耦合”，去中心化的色彩则更加浓厚。② 这里将提供一个综合性的引介。

自创生(Autopoietic)是马图拉纳 1982 年创造的系统学词汇，大意就是自我生成，即系统能够循环地自我生产和再生产自身的构成要素及系统自身。法律也是一种自创生系统，因为法律规范等各种要素也能够自我衍生。显然，自创生的视角也是可以进一

① Niklas Luhmann, *A Sociological Theory of Law*, London: Routledge & Kegan Paul, 1985, p. 276.

② 参见泮伟江：《图依布纳法的系统理论评述》，载[德]贡塔·图依布纳：《魔阵·剥削·异化——图依布纳法律社会学文集》，泮伟江、高鸿钧等译，清华大学出版社 2012 年版，第 24～27 页。

步推及整个社会系统乃至其各种功能分系统。比如,民间金融体系也可以视为一种自创生系统。关于自创生系统,本书主要归结为如下的基本理论认知。

1. 自我生成(Autopoiesis)

"自我生成",是指系统在没有特定外力干预下而"关闭地自我生产和自我形成"的性状。在自创生视角下,系统不再被视为以投入/产出为模式与环境进行交换的开放系统,转而成为一个关闭的、自己生产构成要素并进而循环再生产自身的递归(recursive)系统,因为"内部复杂性的积累只有通过运作封闭才有可能"。[①] 也就是说,系统的自我指涉性此时主要体现在关闭运作的一面。

2. 结构耦合(Strukturelle Kopplung)

尽管自创生系统是关闭运作的,却并不意味着系统与环境之间不存在任何关联。在自创生系统与其他系统的联系模式上,卢曼借用物理学名词发展了结构耦合的概念。结构耦合是与运作耦合相对的概念。运作耦合是指自创生系统在同时性情境下发生的与外在环境(或其他系统)暂时性的联系;而结构耦合则不是一种基于同时性的应激性联系,而是自创生系统假定并结构地依赖于环境中的特定状态或变化特点发展的一种高度选择性的联系。[②] 结构耦合是系统间达致协同的必要前提,一是结构耦合使不同功能的子系统在维持自身独立性的同时互相保持较紧密联系;二是结构耦合带来的外部指涉能够生成高阶意识(high-order

① Niklas Luhmann, *Law as a Social System*, New York: Oxford Univ. Press, 2004, p. 80.

② See Niklas Luhmann, *Operational Closure and Structural Coupling: The Differentiation of the Legal System*, Cardozo Law Review, Vol. 13, No. 5, 1992.

conciousness)从而增加破解自我指涉下无法破解的各种悖论与套套逻辑的可能性。[①] 结构耦合的实质在于为行为的协同提供了一种结构化和“记忆性”(时间维的张开)的视角,这对于(刑民)交叉、网络平台、共享管理之类在传统理论下存在套套逻辑抵牾或悖谬的特殊难题开辟了突破藩篱的全新进路。2016年引发巨大争议的快播案件即为著例。[②] 作为视频播放工具的快播软件或快播平台看起来只是用户之间以P2P模式视频传输的桥梁,本身不产生视频文件,也不发起视频上传,缓存服务器中的存储视频是用户下载后“碎片化”自然留存的,必须通过转码才能播放。这在传统理论下当然很难作出传播淫秽物品牟利罪的正犯的评价。而且,不论按照德、日传统的关于“犯罪事实支配”的共犯理论,还是遵循1984年环球电影诉索尼案件中美国最高法院确立的“技术中立”原则,似乎也都要排除共犯的认定。但笔者认为,如果转向系统法学视角,摒弃“截屏式”的碎片化思维,随着时间维的张开放眼网络连接的全局,具有显著技术优势的这种平台必定可被预期由于规模递增的网络效应而迅速成长为“中心性连接”,形成“少数人权力效应”[③],最终

① 参见杜健荣:《卢曼法社会学理论研究:以法律与社会的关系问题为中心》,法律出版社2012年版,第181~182页。

② 快播案件是指2016年引发热议的深圳市快播科技有限公司、王欣、吴铭、张克东、牛文举传播淫秽物品牟利罪案。参见“吴铭等制作、复制、出版、贩卖、传播淫秽物品牟利罪案”,北京市第一中级人民法院(2016)京01刑终592号刑事裁定书,北大法宝CLI.C.8738609。分析文章参见陈兴良:《在技术与法律之间:评快播案一审判决》,张明楷:《快播案定罪量刑的简要分析》,载《人民法院报》2016年9月14日,第3版等。

③ 关于网络领域的“中心性”和“少数人权力效应”的概念以及两者的关系,参见[美]尼古拉斯·克里斯塔基斯、詹姆斯·富勒:《大连接——社会网络是如何形成的以及对人类现实行为的影响》,简学译,中国人民大学出版社2013年版,第25、186页。

从貌似“中立”滑向“支配”而成为淫秽视频传播的一个结构性要素。这样,“快播”平台就是助长淫秽传播的一个耦合结构,无法回避其应当承担的控制性合规管理义务。

3. 反身规制(Reflexive Regulation)

反身规制是指一种“通过自我规制以规制他者”或“自我调整以调整他者”的交互作用模式,这是自创生系统的基本运作模式。由于结构耦合只保证在单个事件发生中系统与环境的同时性(Gleichzeitigkeit,simultaneity),但不保证同步(Synchronisation)。①这样,在具体建构协同的场合,还需要作出相应的规制(调整),而自创生系统调整是一种反身模式的调整,就是“通过自我调整来调整他者”或“通过自我规制以规制他者”。图依布纳把这种调整方式归结为两种多样化机制的结合:信息与“干涉”(interference)。前者是指系统通过内在地生产知识(信息)生产外部世界的内在模式以之调整自我运行从而无须与外部世界的实在接触;而后者则指包含性自创生系统分化中要引起的同质系统之间因耦合的交互限制产生结构和过程的互搭(overlapping)。②

4. 协同进化(Co-evolution)

协同进化是自创生系统基本的演化模式,通过信息机制和干涉机制进行的反身调整可能达成协同也可能形成一种“系统际冲突”,由于“系统际冲突”与本书的主题“刑民交叉”相关,我们将在下文专题分析。而通常反身调整的协同结果会结合成进化单元,

---

① [德]卢曼:《社会的法律》,郑伊倩译,人民出版社2009年版,第234页。

② See Gunther Teubner, *Law as An Autopoietic System*, Oxford: Blackwell Publishers,1993,p.65.

进化单元是沟通系统性质的，是个体发育与种系发育相结合、[1]个体与种系之间的这种互动则通过一个复杂的转换机制连接，成为两种沟通循环的一个连锁，"效力"（Geltung）的概念所指的正是这两个沟通循环之间的循环关系。[2] 因此，自创生系统演进的图景是协同进化（共同进化、和而不同、整体涌现性）。自创生理论认同《中庸》第29章的"万物并育而不相害，道并行而不相悖"的理念，而不是社会达尔文主义的生存竞争观念。社会不是生存竞争的，而是共同进化的。共同进化是具有整体涌现性的（即整合和整体可以具有或生成部分没有的特质），而各个子系统通过共同进化也会产生间接的相互影响，因而实质上是一种协同进化，但进化的方向并不确定。

2.2 子系统整合的目标范式——协同

2.2.1 子系统去中心化整合

在功能高度分化的现代社会，人与人之间社会互动的网络化造成互动的维度加大，人与人之间决策依存度的增加，信息的维数也随之增长，复杂性与偶在性从而大大增加。所以，中心整合和集中协调的难度越来越大。20世纪70年代，卢曼就极富洞察力地指出："功能分化要求整合机制从整个社会层面转移到子系统

---

① 这不同于哈耶克社会文化进化理论下个体与整个共同体（社会）的关系。个体发育与种系发育的思想被运用于单个的互动与作为一个整体的社会或社会子系统之间的相互作用的过程关系。参见张骐：《直面生活　打破禁忌：一个反身法的思路》，载［德］贡塔·图依布纳：《法律：一个自创生系统》，张骐译，北京大学出版社2004年版，译者序言第23页。

② See Gunther Teubner, *Law as An Autopoietic System*, Oxford: Blackwell Publishers, 1993, pp. 60－61.

层面。”①在高度功能分化的条件下，借助政治—法律机制的中心化整合——尽管它在阶层社会还是可能的——如今被有效地排除了，而且不能被其他诸如法律的、道德的或科学的整合方式所代替。而如果社会整合意味着避免子系统理性最大化导致其他功能系统的不能解决的问题，那么，一种去中心化的整合就不可避免。②因此，子系统去中心整合理论是卢曼对传统意义上包括涂尔干著名的“恢复性法”支撑的“有机连带”论在内的依托于高度一般化，对所有子系统都是共同社会规范的垂直整合路径的颠覆性反思，社会学领域的“宏大叙事”（grand narrative）开始遭遇后现代范式的挑战。在系统论的视角下，去中心化整合意味着子系统之间的系统—环境的互反对应。——“随着复杂性的增加，社会越来越不能保证，所有子系统在同样的结构下以同样的形式运行……整合必须更多地由此而被促成，即所有的子系统彼此是相对方内在于社会的环境。”③而在这样一种范式下，“……所有的社会子系统……不仅必须适当地实现自己的功能，而且也必须作为其他系统的社会环境，为了它们在功能和结构上的成效而处于富有意义的协调关系中。”④其实，卢曼指明了子系统去中心化整合的目标范式将是趋于一种“富有意义的协调”。卢曼的洞见实质上开启一种从垂直整合到横向整合，从中心到去中心，从现代到后现代的理论进阶。

---

① Niklas Luhmann, “*Differentiation of Society*”, Canadian Journal of sociology 2, 1977, S. 36ff.

② 参见［德］贡塔·图依布纳：《反思性的法——比较视角中法律的发展模式》，祁春轶译，载［德］贡塔·图依布纳：《魔阵·剥削·异化——图依布纳法律社会学文集》，泮伟江、高鸿钧等译，清华大学出版社2012年版，第302～303页。

③ Niklas Luhmann, *Funktion der Religion*, Frankfurt: Suhrkamp, 1977, S. 243.

④ Niklas Luhmann, *Rechtssystem und Rechtsdogmatik*, Stuttgart: Kohlhammer, 1974, S. 88, Fn. 108.

而今天的互联网以及共享经济都无疑已在很大程度上从社会实在角度印证了卢曼在20世纪70年代的洞见。

子系统去中心化整合思想的核心是把社会整合的机制从垂直整合的划一的“高架构”规制转为“低平架构”的扁平化整合，这对于民间金融之类的分散交易、分散决策的机制显然尤其富于指导意义。问题在于，我们不可能仅仅凭借一个抽象的社会学论述去研究一个具象系统（如民间金融）的整合问题，我们需要对整合是怎样达成的，整合的要素及整合的目标范式是什么等内生机理作出更加直观的认知。对此，卢曼没有作出更具体的阐释，我们或许需要借助其他的理论路径。笔者认为，可以利用博弈论的思想方法来理解子系统去中心化整合的互动过程与目标范式。博弈论的实质是对决策依存条件下社会互动整合过程的一种模拟，这种互动论性质也是非中心的、局部的，与子系统的互动整合的特征相吻合。而当代博弈论的研究已经积累了丰富的理论与模型，我们很容易利用其成果帮助加深我们对系统整合问题的理解。比如，我们可以把卢曼系统论中“去中心化”整合的子系统对应到博弈论里的参与人，或者可以把博弈论里的参与人看成是社会整合中子系统——其实即便每个原子式的个人也完全可以化约成系统论下社会互动中的“子系统”。博弈论的实质也无非就是人与人在互动中的行动整合——非合作博弈是不存在事前和事中沟通的整合模式；而合作博弈则是基于沟通并达成有约束力协议的整合模式。而前已述及，子系统与其他子系统存在着结构耦合，互为系统和环境。这样，当我们研究一个特定系统的运作时，我们可以把这个系统看成嵌入到"环境"的博弈结构,通过"嵌入博弈"达致均衡的模型①来理解子系统的整合等。看来,这些变量我们似乎都可以对应地代入博弈架构(configuration)中去。但我们需要解决一个核心的难题——那就是博弈论是效率导向的,而子系统整合则是遵循系统维存的要求而不一定是寻求经济上的最大化。但我们应该不会忘记,卢曼一开始在他理论建构的开端就已经预先为我们设定了它的系统功能论的准则——系统是通过减少环境的复杂性来满足主导的功能必要条件。而这个准则完全也可以作为一个效率准则,因为最大限度降低系统复杂性就是子系统整合的根本理性标准,相当于博弈结构中的支付或得益(pay-off)。以系统论而言,复杂性所表征的混乱无序状态对应的术语就是"熵(Entropie)",系统的运作和整合最终的效率准则就是"负熵(Negentropie)最大化"。子系统的本然理性就是追求自身的"负熵最大化",但是在需要整合的语境下,它们也需要一种均衡,这就构成了类似于博弈结构的收敛性。子系统如果都片面追求自身的"负熵最大化",就会陷入如同博弈论里的囚徒困境。② 因此,博弈论的思维过程一定程度上是可以用来模拟子系统的去中心化整合的,我们完全可以从中取得进一步的认知。

首先,系统功能理论的一些基本概念,如复杂性、偶在性与双

---

① 嵌入博弈是指当需要用博弈模型去模拟集体行动问题时,不能孤立地看一个小型博弈是不是正在进行的博弈,要考量是否镶嵌在一个更大的博弈中并考虑从其生长环境中分离的程度,一个孤立的博弈与一个嵌入的博弈分析的结论往往是大相径庭。参见[美]道格拉斯·G. 拜尔、罗伯特·H. 格特纳、兰德尔·C. 皮克:《法律的博弈分析》,严旭阳译,法律出版社1999年版,第211~213页。

② 关于囚徒困境,一般博弈论教材在讲述纳什均衡时都有讲解,此处不再详细展开。参见[加]马丁·奥斯本[美]阿里尔·鲁宾斯坦:《博弈论教程》,魏玉根译,中国社会科学出版社2000年版,第15页。

重偶在性等①，一定程度上投射着博弈思维。复杂性（komplexität）是指存在多种可能性。这可以类比到博弈互动中可能策略所构成的策略空间或者博弈多重解构成的解集空间相对应，表达一种多重可能或多重解的意蕴。意识领域的单一偶在性（kontingenz，也译为或然性）是指不合预期指向的可能性，多少反映了博弈过程中对可能预测的落空和修正的过程。而双重偶在性则是社会性的。为了把我自己的可能性采纳为他人的视角，就只能把主我（Ego，I）看成为异我（Alter Ego，other I），以保证他人的体验与我的体验的同一性。易言之，要是交互预期不能被整合，就无法克服双重偶在性达成选择性的一致性。双重偶在性的思想几乎触及了博弈论的立论根基。博弈论正是研究在个体策略之间存在相互制约和相互依存条件下的科学，即个体决策是基于对其他个体行动的预测的基础条件。因此，博弈均衡的过程正是不断克服双重偶在性的过程，最终解决社会整合问题。

其次，卢曼理论中的期望亦与博弈论中的预期或者信念相通。卢曼区分了认知期望和规范期望（cognitive or normative expectations）。这种区分与被预期的处理失望的类型有关。当期望一旦遭遇失望就去适应现实时，这种期望就被体验为认知性的，我们需要进行学习性的适应与调整；而规范期望则与此相反，当某人并没有遵循期望行事时，我们并不会因此放弃期望。规范其实就是反事实的稳定的行为期望，规范的意义在于无条件的有效性，我们不必从失望中学习。② 与体验领域中的复杂性和偶在性的联

① 参见［德］尼克拉斯·卢曼：《法社会学》，宾凯、赵春燕译，上海人民出版社2013年版，第71～74页。

② 参见［德］尼克拉斯·卢曼：《法社会学》，宾凯、赵春燕译，上海人民出版社2013年版，第79～90页。

系，赋予了各种具体期望以及为调节和整合这些具体期望而进行的抽象活动以结构的功能，这两种期望的区分对我们理解博弈论中预期、信念和共同知识等概念不无裨益。

最后，正如博弈过程最终会趋于均衡，子系统整合过程也最终会形成一种结果状态，这种结果状态就是整合的达成，就是卢曼所说的“富有意义的协调”。但是，达致“富有意义的协调”也绝非易事。我们从博弈论最普通的模型——囚徒困境中就可以清晰地看到个人理性与社会理性的整合的困难——囚徒们在个体理性驱力下的最优选择本应该都是“不坦白”，但出于信息和社会整合的压力都不可能达到个体理性的最大化，结果的均衡都是止于并非最优的“坦白”。这实际上也从侧面诠释了卢曼关于去中心化整合片面追求个别子系统理性最大化（负熵最大化）会导致社会整合无法达成的洞见。而在以多重均衡解为特征的协调博弈中，则更需要研究和关注协调达成的主导路径与关键因素，以避免协调失败。为了更直观地理解子系统的“协调”的微观机理，我们借助协调博弈模型来进行一个类比性的阐释，以揭示形成“协调”所内蕴的“路径依赖”问题。

2.2.2 系统整合的微观机理：协调博弈模型

协调博弈（Coordination Games）是属于非合作博弈的一类模型，解决的是不存在事前交流的情形下源于参与人之间策略不确定性以及由此引起的行为预期问题，它的根本特点是存在多个能够进行帕累托排序纳什均衡的博弈，具有多重解的复杂性。根据支付特征，可以研究三类协调博弈：左右行博弈、最小努力博弈与狩猎博弈。我们引入这三个模型主要是用来帮助理解达成“协调”存在一定的“路径依赖”，路径因素对导向协调达成具有举足轻重的意义。

1. 左右行协调博弈模型

也称交通博弈,模型如左右行的协调,对向行的双方都选左行或都选右行时不会相碰,可以假定都获得 1 个单位的支付;否则为 0。在此情形下,不同步(协调)都属于严格劣选项,但协调时则双方不管选择何种同步选项(同选左行或同选右行),支付是无差异的。

	左	右
左	1,1	0,0
右	0,0	1,1

图 2.1　左右行博弈的标准图式

显然,该博弈有两个纯策略解,具体演化到哪一个均衡完全取决于参与人之间是否选择了相同的行动预期。显然,参与人之间的交互预期必须克服双重偶在性才能整合,如果通过试错式的"认知期望"来达成将会产生效率损耗。交通的左右行与社会风俗习惯有一定关系。但在缺乏习俗的情况下,最好的办法就是通过法律或社会规范建立反事实的稳定的"规范期望",借助规范无条件的有效性进行协调。左右行交通的协调博弈模型经常被作为经典例子来揭示法律或社会规范的协调功能。

2. 分级协调博弈(最小努力博弈模型)

模型如 John Bryant 的最小努力博弈。[①] 显然,在这一博弈中,理性的参与人肯定依然会选择同步调行动,因为独自选择背离不

① 这种博弈的规范描述是:参与人同时选择有成本的努力水平,而支付则由最小努力水平决定。John Bryant, *A Simple Rational Expectations Keynes-type Model*, Quarterly Journal of Economics, 1983, 98, pp. 525 – 528.

会带来收益增加,即不协调也是严格劣策略。但不同于左右行模型的是这些协调的均衡之间是可以进行帕累托排序的,是存在结果等级差异的,这样最终的均衡不仅取决于交互预期的整合,也与支付水平相关。也就是说,这种协调需要同时解决行为冲突和支付冲突。

	左	右
左	2,2	0,0
右	0,0	1,1

图 2.2　最小努力博弈的标准图式

3. 狩猎博弈(stag hunt)

这个类型的经典模型说的是两个作为参与人的猎人,每人只有两个策略,就是打野兔还是打牡鹿,牡鹿只能在两个人都选择打牡鹿的时候才能打到,而野兔各人独自行动也可以打到,但一只野兔的价值还不如分享到半只牡鹿高。① 易言之,如果双方不能形成同步,就会出现打牡鹿一方一无所获,收益更低于都打野兔的情形。

	猎牡鹿	猎野兔
猎牡鹿	3,3	0,1
猎野兔	1,0	2,2

图 2.3　狩猎博弈的标准图式

此情形下依然是两个纯策略均衡,这两个均衡解之间也存在

① 参见[美]道格拉斯·G. 拜尔、罗伯特·H. 格特纳、兰德尔·C. 皮克:《法律的博弈分析》,严旭阳译,法律出版社 1999 年版,第 33 页。

着帕累托效率排序关系,但不同于前两个模型的是这两个均衡解除了支付的外在优劣之分外,还内蕴了风险差异,因为牡鹿的选项虽然收益最高但协同不成就可能收益状况更差。按照著名博弈论学者 Harsayi & Selten(海萨尼和泽尔腾,1988)的定义,牡鹿策略是支付占优的,而野兔策略则是风险占优的。① 于此情形,协调不仅需要解决行为冲突和支付冲突,还需要解决风险偏好冲突的问题。

以上三个模型已经清晰地揭示协调的达成需要解决行为(预期)冲突、支付冲突和风险偏好冲突等多方面的冲突。我们必须认识到,参与人不是处于鲁滨逊·克鲁索那样的孤立的境遇之中,而是处于相互联系的行动选择网络的时代,会受到环境、信息、行动路径、交互策略等多方面的影响。要达成"富有意义的协调",从系统论的视角而言,既需要制度层面提供有效的"结构耦合"机制,又需要参与人之间能动的"反身规制"。可见,协调的微观机理正在于制度因素与策略因素的多样化结合。

首先,结构因素是至关重要的基础。结构,作为规则和资源,既是人的能动作用的先决条件,也是其非预期的后果。② 与行为(预期)冲突关联的参与人选择很大程度上是基于他们的知识与信念,而信念的形成依赖于博弈所处的环境。如果所处的社会环境存在更多的共识、信任和更畅达的信息,多重均衡的不确定性问题就更容易通过精炼得到解决,就不需要更多的额外规制措施介入。所以,张维迎教授认为,规制需求曲线相对于市场信誉状况是一条

---

① J. Harsanyi, R. Selten. *A General Theory of Equilibrium Selection in Games*, Cambridge, MA: The MIT Press, 1988, pp. 151 – 430.

② [英]帕特里克·贝尔特:《二十世纪的社会理论》,瞿铁鹏译,上海译文出版社 2002 年版,第 132 页。

右下倾斜的曲线,①亦即社会的信息共享状态以及诚信环境对于社会协调达成具有根本影响力。

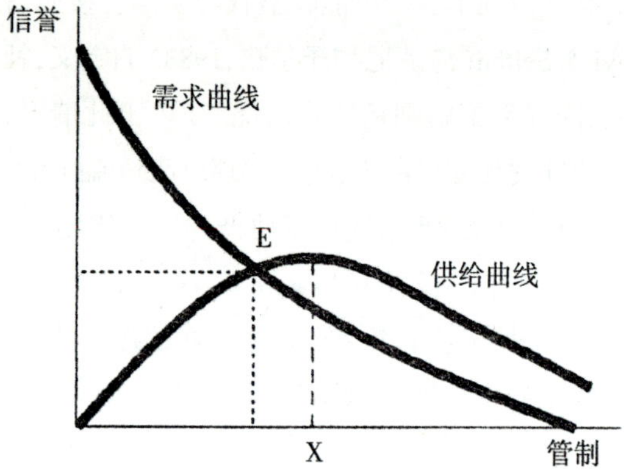

图 2.4　规制需求与信誉状况的关系②

其次,与支付冲突关联的参与人选择则与参与人的集体理性相关。根据博弈论学者 Harsayi & Selten(1988)的研究,要获得支付占优的均衡解更需要集体理性的支撑,当事人之间应当更具合作姿态,识大体,顾大局,否则,非均衡路径上的支付就会显得重要。③ 所以,要寻求支付占优的协调,一方面需要参与人能够内在地反思自身的个人理性而诉诸集体理性信念,即相信其他人也会服从集体理性;另一方面需要一定的外在引导和规制,比如引入双向沟通和第三方调解机制。这一场合的沟通之所以很奏效在于撒

① 参见张维迎:《信息、信任与法律》,生活 · 读书 · 新知三联书店 2006 年版,第 11 页。

② 本书援引此图说明规制需求与市场信誉状态关系,请关注其中的需求曲线意义。转引自张维迎:《信息、信任与法律》,生活 · 读书 · 新知三联书店 2006 年版,第 11 页。

③ 参见张良桥:《协调博弈与均衡选择》,载《求索》2007 年第 5 期。

谎导致的偏离对行为人自己没有好处；而第三方的调解人给出建议就更容易统一所有参与人的步调。①

最后，从狩猎博弈中，我们看到不确定性环境的决策要同时权衡收益与风险两大要素。博弈论研究表明，参与人对于风险优势变化的反应也是十分敏感。现实结果是收敛到支付占优均衡，还是收敛到风险占优均衡受制于多种因素。② 协调的解是有着一定的随机不稳定性，存在协调失败的可能。协调的达成因素不仅包括参与人内在的信念（beliefs）、设身处地地考量对方的收益和风险的交往理性（communicative rationality）和基于对全局考量的反思理性（reflexive rationality），也需要引入一些外在的路径机制，比如沟通机制、第三方引导机制以及规则约束等。从博弈的模拟分析可见，子系统达成“富有意义的协调”不是自然而然的，也不是一蹴而就的，它需要一定的引导和规制的路径机制来促成，子系统的成功整合是存在着“路径依赖”的。

2.2.3 协调、合作与系统论上的协同

上述三个博弈模型阐述了协调过程中的社会互动状态及相关的机理，但协调博弈里“协调”与本书论述的“协同”是不是一回事呢？这首先要从解释协调（coordination）与合作（cooperation）的关系入手。

协调博弈的基本背景是参与人之间不存在利益冲突的情况，是单纯的协调互动问题，是非合作博弈；而囚徒困境下，参与人之

---

① ［美］艾里克·拉斯穆森：《博弈与信息：博弈论概论》，韩松译，中国人民大学出版社2009年版，第38页。

② 张良桥：《协调博弈与均衡选择》，载《求索》2007年第5期。

间既存在协调又存在利益冲突，这样就会带来合作互动的问题。上列的三种对称型的协调博弈要达致均衡，不仅要满足预期的一致性，还要满足行动的一致性，关键是如何克服“双重偶在性”以避免无效率的情形，亦即如何增进社会信任的问题，而社会信任显然与整个社会环境的信用状态相关。而对于囚徒困境之类的合作问题，有可能无效率状态反而会成为均衡，比如囚徒困境下的（坦白、坦白）是唯一的均衡，但社会效果层面却是非效率的。这就需要从非合作博弈转向合作博弈的视角，引导参与人抑制个体理性最大化的机会主义冲动，认同集体理性，兼顾公平和效率。① 笔者认为，协同具有协调问题和合作问题的双重意味。

协同的思想源远流长，与中华古代哲学中的“和”文化相融相通，“和”就是把性质不同的事物结合在一起，产生新的事物。② 但是，协同这个词直到20世纪四五十年代才出现，60年代出现计算机和网络科技后，使用率就显著飙升了。③ 应当指出，协同（synergy）语义的规范来源应是协同学（Synergetics）。“Synergetics”一词来自希腊语，意思是“合作的科学”（Science of cooperation）。从词源上分析，“syn”表示“together”，即在一起引起的协调（同步）和合作，“ergetics”表示“working”，即组织结构和功能。它们联合组成“synergetics”一词，说明系统在发生相变时，由于大量子系统的协同一致引起了宏观结构

① 参见董保民、王运通、郭桂霞：《合作博弈论：解与成本分摊》，中国市场出版社2008年版，第7页。

② 参见郭治安、沈小峰：《协同论》，山西经济出版社1991年版，引言页第1～2页。

③ 参见［美］杰里米·里夫金：《零边际成本社会》，赛迪研究院专家组译，中信出版社2014年版，第18页。

的质变，产生了新的结构和功能。① 协同学作为一门现代学科是从20世纪70年代发展起来的一门新兴的交叉学科，横跨自然科学和社会科学，它研究一个开放系统通过内部的子系统之间的协同合作形成宏观有序结构的机理和规律。协同学创始人H.哈肯对协同学的定义更是直接揭示了协同一词的去中心化整合的系统视角——“协同学是一门横断科学，它研究系统中子系统之间是怎样合作以产生宏观的空间结构、时间结构或功能结构的。它既处理确定论过程也处理随机过程。”而这里说的“空间结构、时间结构或功能结构”，就是属于“自组织”的范畴。② 因此，子系统的整合其实是协同学的本然视角。从这个角度而言，协同并不仅仅是一种结果状态，它还表达一种过程、一种范例、一种方向、一种价值、一种理念，一种模型等，具有极丰富的多维含义。笔者认为，借用托马斯·库恩的创制把协同看成一种范式（paradigm）似更为确切。③由此可见，从词源来看，协同应是包容了协调和合作两个方面的意蕴。而从协同学的视角来看，“协同”是子系统的去中心化整合的目标范式，属于系统论的范畴。这也是本章从卢曼－图依布纳系统功能论切入进行立论的另一基本根据。

① 参见郭治安、沈小峰：《协同论》，山西经济出版社1991年版，引言页第1~2页。

② 吴大进、曹力、陈立华：《协同学原理与应用》，华中理工大学出版社1990年版，第1页。

③ “范式”一词据库恩在著作中的表述为，一方面，它代表着一个特定共同体的成员所共有的信念、价值、技术等构成的整体。另一方面，它指所谓那个整体的一种元素，即具体的谜题解答；把它们当做模型和范例，可以取代明确的规则以作为常规科学中其他谜题解答的基础。[美]托马斯·库恩：《科学革命的结构》，北京大学出版社2003年版，第157页。

2.3 子系统整合的协同路径——结构化

2.3.1 结构化整合的意义

在卢曼系统—环境的二分视角下，由于系统的复杂性总是低于环境的复杂性，在系统和环境之间始终存在一种复杂性的落差。也就是说，环境总是比系统要复杂，环境复杂性使系统面临丧失生存能力的风险，因而使系统需要通过一系列复杂的简化程序对复杂性进行化约。自创生系统是一个结构决定的系统。系统降低环境复杂性的过程中选用各种方式和手段不断发展各种内生机制其实就是一个不断结构化(Konstruktivismus)的进程。卢曼把对复杂性的化约与系统内部分化看作同步进行的过程，即复杂性不断给系统带来维存的压力，系统也只有以内部分化相应增进复杂性才有可能应对，这当然包括包括在程式维度发展更为丰富的程序构造。这种内部分化实际上也就是系统—环境的区分在社会系统内部的一种再入(re-entry)，这种再入使社会系统依据不同原则分化成诸多次系统(次元)。① 而这种化约的过程其实就是结构化，结构化的过程也在增加自身的复杂性，因为"只有复杂性能够化约复杂性"。② 只不过经过结构化的复杂性是有组织的复杂性(organized complexity)。但值得注意的是，系统在面对环境复杂性的同时，也要适应自身的复杂性，即它们必须能够处理内部的不可能性和不

---

① 次系统(次元)是从系统分化的层级意义上的一种指称；而子系统则是从系统内部构成来说，并不强调层级意义。

② Niklas Luhmann, *Social System*, Stanford: Stanford University Press, 1995, p. 26.

充分性。[①] 总之,结构化是系统通过内部分化整合进行再建构以化约复杂性的过程。

从系统论的视角来看,系统是层级建构的,每一个子系统都在一定的层级上,都是元层级的一个子系统(或是上一层级的一个次元)。子系统之间的协同或冲突时可以发生在同一层级的不同子系统之间,也可以发生在不同的层级上。我们可以把同层级的子系统(横向次元)整合形成新的结构与功能称为协同的横向建构;而把跨越不同层级的子系统(纵向次元)整合形成新的结构与功能称为协同的纵向建构。因此,一个系统协同的过程可能同时存在横向整合和纵向整合的建构,这就是系统论法学对规范法学部门化分割的超越之处。因为在规范法学里,部门法的调整对象决定了相关建构的性质,如民法学是专注于横向建构的,而行政法学则是主要关注纵向建构。这种划分当然有助于法律教义学的发达,有助于为完善法的制定与实施提供一种确定的专门的认知模式,一种可以用来初步地便利地识别不同性质的行为标准。包括刑民分界在内的法的部门分化即为构建类似的行为认知结构提供了法的规范依据。[②] 然而,这种人为的划分却同时也舍弃了系统的、整体的视角,使之往往无法对一些交叉的、边缘的行为,尤其是跨越不同位阶法域的行为作出有成效的规范应对。因此,遇到这些复杂的边缘地带的问题,规范法学只能衍生越来越多的具体化规范进行调整,而同时也意味着衍生越来越多的规范冲突。从系统论来看,那就是规范系统的复杂性(熵)反而进一步增强。正如卢曼

---

① 参见杜健荣:《卢曼法社会学理论研究:以法律与社会的关系问题为中心》,法律出版社2012年版,第104~105页。

② 参见张光宇:《刑民界说的价值分析》,载《福建警察学院学报》2010年第6期。

指出的，严格的规范主义阻碍了“学习的法”的产生——缺乏的是“真正的法政策上的概念，而它将允许根据不同的问题解决方案的结果来进行比较，产生批判性的经验，以及比较来自不同法律领域的经验……”。[①] 而诸如刑民交叉、行民交叉之类的存在法域交叠性的行为就属于此类跨界的、边缘的问题，需要从规范法学固化的部门划分回归到系统整合的整体性视角和自我指涉视角（二阶观察）进行认知和理解。这样，就把一个规范法学的边缘问题升阶为系统法学的中心问题，也就将刑民规范的冲突如何消弭的问题转化为系统如何经由结构化路径达致协同的整合问题。

而规制模式的选择从系统论角度来看同样是一个结构化问题。只要把这里的系统和结构化逻辑扩张到社会层面加以运用和演绎，就可以使我们对在公共行政场域[②]习常使用的“规制”概念获得新的认知。因为从广义上讲，任何形式的行为限制都可以视为规制。[③] 而在系统—环境的二分视角下，规制可以被看成目标系统接受外在环境或其他系统的干涉，这样我们可以从结构耦合机制的角度理解规制起作用的条件，可以从结构化整合的进程理解规

---

① 参见[德]贡塔·图依布纳：《反思性的法——比较视角中法律的发展模式》，祁春轶译，载[德]贡塔·图依布纳：《魔阵·剥削·异化——图依布纳法律社会学文集》，泮伟江、高鸿钧等译，清华大学出版社2012年版，第291页。

② “场域”（champ）系布迪厄社会学理论中的重要概念，原指由各种位置所构成的一系列客观关系所形成的社会空间或网络，不同位置之间为了强化或者改变场域中既有的位置之间的客观关系（如支配与等级关系），利用种种可能的资本与策略进行争夺。本书借此用语以凸显对象论域亦具有“场域”特征，比如系统分化生成、规则/符号/代码资源、相对自主性、动态性及斗争性（博弈性）等。参见[法]布迪厄、[美]华康德：《实践与反思：反思社会学理论》，李猛、李康译，中央编译出版社1998年版。

③ Anthony Ogus, *Regulation: Legal Form and Economic Theory*, Oxford: Hart Publishing, 2004, p. 1.

制的运作和发展，可以从协同的角度理解规制的目标和绩效。于是，我们对于规制问题就有了全新的内部视角，也就能够进行反身性的二阶观察。尤其对于民间金融这样具有分散决策和地方化特色的“去中心化”系统，不至于令我们总是先入为主地落入“中心化”规制和命令—控制型模式的窠臼。易言之，子系统整合、结构化以及协同这些理论范式把我们对规制的理解推升到一个更抽象的境界，同时也使我们能更全面地、更理性地考察、评价和利用民间金融的规制工具，帮助我们寻找更好的规制模式和规制进路。

2.3.2 结构化整合的方式

2.3.2.1 命令

“命令”(commanding)是一种传统的整合方式。作为一种纵向整合方式，命令的路径表现出一种强烈的中心威权(centralised-authoritarian)式的上命下从的垂直整合倾向，因而是“中心化”(或者说是“集中的”)的而不是“去中心化”的(分散的)。它与迈克尔·波兰尼在其名著《自由的逻辑》里定义的指挥秩序(commanding order)，或安东尼·奥格斯所称的“命令—控制型规制(command-and-control regulation)”具有相近的意味。20 世纪 30 年代的大萧条之后，这种纵向化的整合手段随着国家干预思潮的泛起并曾经风行一时，但是，规制失灵的现象最终凸显了这种缺乏反思的整合与生俱来的种种缺陷。如果要对应到一定的法律类型或法律理性的话，在诺内特与塞尔兹尼克的法律三类型论里，应该是所谓的“压制型法”(repressive law)[①]或“目的理性”(purposive rationality)。压制

① 参见[美]诺内特、塞尔兹尼克：《转变中的法律与社会　迈向回应型法》，张志铭译，中国政法大学出版社 1994 年版，第 18 页。

型法的核心特征是权力和秩序中心的取向。在卢曼的视界里，权力是一种交往媒介，一种符码指导的交往，能够实现不大可能的选择组合。由于其降低复杂性的本质，权力整合其实也是一种结构化的路径，它的运作在于"取消差异"，①所以，其也能够实现一种高度强化的"协同"。但是，尽管这种整合有时往往凭借公共利益的名义，实质却是干预的一方往往凭借优势的位阶和资源寻求自身次元利益的最大化而导致对方次元或协同后的结构存在一些无法解决的问题，这种强力干预基础上的"协同"并非真正意义上的结构耦合，甚至可能会掩盖或转移实质的冲突。哈贝马斯在其著作《晚期资本主义的合法性危机》中就曾批判福利国家的国家干预并没有真正解决资本主义危机，只不过把危机从一个社会子系统转移到另一个社会子系统中去，带来了理性危机、合法性危机以及与文化冲突带来的动力危机等一系列潜在的问题。②

很多传统的规制都带有较鲜明的命令—控制型的色彩，比如较常见的刑法规制、价格控制（包括利率控制）、事前行政许可（审批）、标准控制之类的规制措施都属于这一类别。尽管有时这一类的规制方式表面上还显得比较温和，但实质上强制性和威慑力都不弱，比如在日本和中国金融规制领域比较盛行的约谈和窗口指导等方式。

随着党的十八届三中全会提出治理现代化的目标，国家的管理方式将由结构性控制转变为反思性控制，尤其在地方事务的管理中，随着中央权力的下放，民众、地方、市场与社会组织等主体逐

---

① 参见[德]尼古拉斯·卢曼：《权力》，瞿铁鹏译，上海人民出版社2005年版，第13~14页。

② vgl. Jürgen Habermas, *Legitimationsprobleme im Spätkapitalismus*, Frankfurt: Suhrkamp, 1973, S. 73ff.

渐进入地方治理中，依靠公权力的命令—控制型规制的空间将日益缩窄。

2.3.2.2 激励

激励（incentive-compatiblity）就是运用经济学上的激励相容原理形成的诱导性机制进行整合的一种结构化方式。从激励的规制机理角度来看，激励是通过外部的规制措施或者法律的责任规则加入社会成本考量强行设置或改变得益（payoffs），诱导（而不是强制）人们内部化个人行为的外部成本，诱导当事人选择符合社会效率的选项，从而达到目的。提供激励（包括正向和负向的激励）在本质上也是一种规制，是有别于直接施加约束的中心威权模式的一种相对间接化规制模式。在美国经济学家史普博看来，规制分为直接干预和间接影响两类。其中，“间接”，就是指通过影响消费者和企业的决策而影响市场均衡。① 显然，前者是中心威权式的，而后者则是激励性的。激励性的本质就在于这一类规制是要通过市场机制起作用，就是通过作用于作为被规制者的消费者和企业并经由他们的选择性行为（供需决策）而产生效应，也就是说这一类规制是通过激励相容起作用的。激励型规制当前甚受青睐，美国著名法学家凯斯·桑斯坦就曾力主“经济刺激应当代替大量已成为我们行政制度特征的命令控制管理方式”。② 对于我国民间金融的规制，激励性规制亦受到学者提倡。③ 而从卢曼的系统理论来

① 参见［美］丹尼尔·史普博：《管制与市场》，余晖等译，格致出版社、上海三联书店、上海人民出版社2014年版，第44~45页。

② ［美］凯斯·孙斯坦：《自由市场与社会正义》，金朝武、胡爱平、乔聪启译，中国政法大学出版社2002年版，第428页。

③ 参见岳彩申：《民间借贷的激励性法律规制》，载《中国社会科学》2013年第10期。

看,激励实质上是使参与者的"认知期望"符合"规范期望",消除双重偶在性并克制他们的机会主义倾向达到协同的目标。

应当指出,激励依然属于纵向整合的方式,因为激励由更高阶的主体提供并且控制。但是,激励路径通常奉行的是事前(ex ante)的效率标准,而不是事后(ex post)的分配标准。[①] 与命令路径不同的是,激励路径对应的法律形式应当是"任意型法"(dispositive law)而不是压制型的法律类型,而其对应的法律理性则显然是效率理性(efficiency rationality)。如同法律经济学上划分刑法管辖和民法管辖范围的标准那样,[②]命令与激励的适用,在一定程度上取决于社会成本与私人成本之间的差异,两者差异越大,越需要适用命令方式;而差异不大的情况下,激励模式往往更加适宜,更应当融入当事者选择权的设计。激励性规制的优势主要在于效率层面,一是较低的信息成本和行政成本;二是能够转移补偿,负向收费所得可用于补偿负外部性受害者,而命令—控制型无法补偿受害者;三是简便易行,确定性强。但是,经济刺激也具有威慑力弱,减损规制者的权威性和缩窄被规制者的"寻租"空间等不利,有时在推行上往往受到各种障碍。

激励作为一种纵向整合措施,其实质是在社会成本不太高的条件所采取的"公法私法化"的路径。比较典型的激励方式有经济刺激和私的规制,另外,声誉机制作为一种隐性激励也应该属于此列。

从规制的角度看,经济刺激是最典型的激励型规制,一般包括

---

① 张维迎:《信息、信任与法律》,生活·读书·新知三联书店2006年版,第79页。

② 张维迎:《信息、信任与法律》,生活·读书·新知三联书店2006年版,第79~80页。

三类：一是对造成的危害行为实行经济处罚；二是对带来效益的行为实行经济补贴；三是交换制度；污染者和造成某些危害的人可以通过这种制度交换他们这样做的“权利”。[①] 显然，这些场合激励机制都是作用于个人利益偏好的，激励相容就是达到个人利益基础上的博弈均衡与社会选择相符合。

私的规制是一种介乎私法与公法之间的消极规制方式，可以理解成一种促进性私法或者引导性公法。它是基于家长主义或分配正义层面的考虑，赋权于私人行动中一方予是否诉诸司法的选择权，除非选择事后诉诸司法才允许公共目标介入改变私益格局。典型的私的规制有三类：一是法院基于公共政策宣布合同无效或不合法；二是责任顺位的法定安排；三是特殊类型合约中的强制性条款，比如瑕疵担保义务、消费信贷合同中犹豫权（cooling-off）、劳动合约中的保障性条款等。私的规制并不像传统规制那样剥夺私人选择，它灵活地允许了公共目标的嵌入，当然也为私益的实现带来了一定的不确定性。

声誉机制一定程度上源于重复博弈的原理，它提供一种隐性激励，促使行为主体着眼于未来的利益而主动抑制短期的机会主义冲动。隐性激励与显性激励之间有一定的替代性，而且相对来讲更节约交易成本。如果当事人基于声誉考量，不仅合同成为多余，节约了缔约成本，而且在嗣后的环节，还会相应减少风险成本、监督履行成本、纠纷解决成本等。[②] 声誉机制的建立提供了一个强大的长期声誉约束框架，如对当事人行为进行长期的文牍化记载，

① ［美］凯斯·孙斯坦：《自由市场与社会正义》，金朝武、胡爱平、乔聪启译，中国政法大学出版社2002年版，第447页。

② 参见张维迎：《信息、信任与法律》，生活·读书·新知三联书店2006年版，第91～93页。

建立综合的反向审视机制,建构社会性信誉评级机制;等等。

2.3.2.3 商谈

所谓"商谈"(democrative discourse)的整合方式其实就是平等协商。哈贝马斯曾建构他的融合民主机制、商谈理性与程序理性为一炉的所谓"超越形式法和福利国家实质法的第三种法律范式"——商谈理论。① 但我们这里的商谈还是与之有所区别的,这里的商谈是局部的,只要局部达成协同即可,并非要完全遵循哈贝马斯商谈伦理中的"普遍性原则"和"商谈原则"②所要求的多边一致同意。商谈方式的核心就是"程序主义的法律范式",因为商谈是需要按照程序展开的。所以,"司法裁决"(quaestio juris)应归入此类。司法无疑是一种强力的国家权力,但因为司法活动的实质是通过构建临时的社会互动以程序化商谈机制达致协同,它的本质是程序主义取向,我们把经由程序性互动最终获得司法或准司法裁决的整合归入"商谈"这一整合方式之中。然而,在司法规制中,刑事规制仍然应当作为命令—控制型规制,因为刑事规制的目的理性和控制倾向特别突出。尤其需要指出的是,民主商谈整合的结果在形式上可能最终会表现为协议(契约),但并不意味着这里所称的"商谈"方式只是适用于横向整合场合。纵向整合性质的

---

① 参见[德]于尔根·哈贝马斯:《在事实与规范之间——关于法律与民主法治国的商谈理论》,童世骏译,生活·读书·新知三联书店2003年版,第241页。

② 普遍化原则(principle of universalization)和"商谈原则"(principle of discourse)是哈贝马斯商谈伦理学的两项基本原则。普遍化原则指"所有受到影响的人都能接受某个规范的一般性遵守所带来的后果和副作用,而这种一般性遵守可以被预期符合每个人利益。"而商谈原则则是指"只有那些能够得到所有受影响的人以其角色作为实践商谈的参与者同意的规范才可以声称具有有效性。"参见Jürgen Habermas, *Moral Consciousness and Communicative Action*, Trans. Christian Lenhardt and Shierry Waber Nicholsen. Cambridge, Massachusetts: MIT Press, 1990, pp. 65-66。

准入契约——公用事业的特许合同,也是要归入此类。目前,契约的适用比以前更加广泛,而且也远远超越了在平等主体之间缔结的一般范式,行政机关与被规制对象甚至行政机关之间也在大量地使用契约。其实,契约的大量使用代表着在现代社会生活日益复杂化的同时,行政化规制等中心威权的控制方式囿于信息能力的"瓶颈"日益衰微,而契约所代表的去中心化趋势正在加强。如民间金融的规制系统中自然存在大量的通过民主商谈进行的局部整合,而如果这种商谈带来过高的成本或者时间的延宕,则需要通过程序性机制凭借个案的司法裁决来解决。我们在第三章阐述"沟通构型"在按照刑事保留期间作出分流的处理方式中,允许个别当事人提出异议,启动商谈程序或者申请司法裁决,解决局部整合问题。

第一,这一民主进路所对应是不同以往的理性逻各斯,它对应的是哈贝马斯提出的理性类型——交往理性。交往理性的特质在于根植于主体间交互范式而不同于传统理性意义上单向的对象范式,它是双向度的,涉及主体间性基础上的平等、沟通与对合。商谈路径的前提是每一个参与商谈的主体在地位上是平等的,每个人的合理愿望都应当得到尊重,而且每个人也都应该设身处地地考虑他人的愿望和要求。第二,它以契约/程序作为它的法理形式。一方面,商谈的原则必然通向程序主义。这里的程序概念,是抽象意义上,是社会互动中为了实现选择性一致性意义上的程序,应当适用卢曼的程序定义——程序是为实现约束性决定(bindende Entscheidungen, binding decisions)这个特定功能而建构的短期性社会系统。① 另一方面,商谈原则作为一种程序化原则,也是所有规

① [德]尼克拉斯·卢曼:《法社会学》,宾凯、赵春燕译,上海人民出版社 2013 年版,第 191 页。

范的辩护原则。契约的优势尤其在于从规范秩序中消除了调整的必要性。因此,意思一致只要得到满足,就具有其自身的理由,不需要假设,也不需要创制规范。① 这一交错互反,正体现了契约与程序的融贯性,成为商谈路径的法理形式,正所谓,"契约的非契约性基础是程序。……程序的非程序基础是契约。"②第三,商谈路径下民主原则的开放性、多元性和非中心性③也开始体现从纵向整合的单边意味和中心化取向走向双边交往与去中心取向的趋势,倾向于着力完成从个人自主走向与他人及至与社会的融合。

民主商谈作为一种横向整合取向的协同进路,当前的趋势是正在不断地渗入纵向整合的领域,比如近年来越来越多的纵向整合采取了契约化的形式和商谈式的进路,从而出现了"公法私法化"的趋势——在公用事业领域的特许契约模式、在刑事司法领域的恢复性司法和刑事和解理念、行政法领域的大量的行政合同以及在民事行政检察领域的调处方式;④等等。而另一个明显的趋势则是非正统的替代性商谈程序——ADR 的兴起,民主商谈的程式要求正在不断的宽松化,自治的程序进路的地位和重要性日益凸显。

2.3.2.4 耦合

这里的耦合(reflexive coupling)一词是借用卢曼的创制。20世纪90 年代后,卢曼开始在其著作中使用"耦合"的概念。众所周

---

① [德]尼克拉斯·卢曼:《法社会学》,宾凯、赵春燕译,上海人民出版社 2013 年版,第 111 页。

② 季卫东:《法律程序的意义》,中国法制出版社 2012 年版,第 160 页。

③ 参见张向东:《理性生活方式的重建:哈贝马斯政治哲学研究》,中国社会科学出版社 2007 年版,第 128 ~ 129 页。

④ 参见张雪樵:《从独白走向对话——检察调处权配置的能动之维》,载《人民检察》2011 年第 2 期。

知，耦合是一个物理学名词，指的是两个或两个以上的体系或两种运动形式之间通过各种相互作用而影响以至于联合起来的现象，比如互感就是线圈之间通过磁场的耦合。前面§2.1.3.3节已述及，卢曼把耦合区分为运作耦合和结构耦合。运作耦合是系统运作中和环境的一种即时性整合，类似于我们前节所讲的对经济刺激之类的外在激扰的回应；而结构耦合则是体现一种建构性、长期性的回应，它与环境之间不是一一对应的关系，它是在结构层面处理环境带来的激扰，是在保持自身独立性、同一性的基础上与环境保持高度选择性的联系并作出回应。如果一个系统总是以自己环境的某些特点为前提，而且在结构上依赖于此，就应该说是存在结构耦合。① 由此可见，作为一种结构化形式的耦合是指目标系统在维持自身独立性、同一性基础上与环境或其他系统之间保持一种相对常态化的、较紧密的联系。如作为共同体（Gemeinschaft）一分子的成员与共同体或其他成员之间的对合关系。

耦合所对应的法理形式和理性类型分别是反身型法（reflexive law）与反思理性（reflexive rationality）。这两个特殊的概念分别来自于卢曼和图依布纳的创制，其所涉的内涵抽象而深刻，是为了适应现代社会功能高度分化带来的复杂性，发展出的一种增进选择性一致化的机制。前面§2.1.3.1节已述及，反身性是指观察者与其观察对象之间的自我指涉关系，就是一种"二阶观察"的内部视角。以此类推到法律类型上，那就是指称那种"规范生成的规范"或"规范制定的规范"。② 比如，关于法律制定的程序和限定条件之

① Niklas Luhmann, *Das Recht der Gesellschaft*, Frankfurt: Suhrkamp, 1993, S. 441.

② ［德］尼克拉斯·卢曼：《法社会学》，宾凯、赵春燕译，上海人民出版社2013年版，第268页。

类的规范。其实,反身型法的规范颇类似于哈特所称的"第二性规则"(secondary rules)[①]对应地,反思理性就是一种超越法的形式理性与目的理性之上的抽象取向的自我规制性质的理性类型,它提供子系统(或规范)整合的框架,而不涉及规范内容本身或者调整的后果。值得注意的是,反身型法和反思理性不仅仅在耦合方式中起作用,它几乎在所有类型的结构化整合中或多或少地起作用,只不过在耦合方式中更加凸显而已。因为在卢曼的子系统去中心化整合模型中,进入整合的子系统都需要抑制自身盲目追求自身理性最大化的内在驱动,这就需要将自己置身于系统整体和它系统运作需要的语境中凸显反身性的反思理性的功能作用。鉴于反身法和反思理性的概念渊源和内涵都极其复杂,而且实际上已超越简单的路径意义,而成为子系统整合的高阶意识,对于破解刑民交叉及其民间金融去中心化规制模式的建构都是至关重要,所以,这里只是提供一个框架性的介绍,我们还将在下面 §2.3.4 节专门予以解析。

从耦合所对应的反身型法与反思理性的观念中显然可以体认到一种"高阶化"的意识趋向,是超越系统自身扩张到系统与环境共存的更高阶层面考量倾向,如果说激励和商谈体现的是一种"公法私法化"的倾向,那么,耦合所体现则是一种"私法公法化"的倾向,它往往是在维持本系统的独立性和同一性的基础上同时嵌入公共利益或公法层面的更高位阶的考量。一般而言,耦合的实践

---

① 按照哈特的两类规范论,哈特的"第一性规则"的功能就是设定义务。第二性规则是规定人们可以通过做某种事情或表达某种意思而引入新的第一性规则,或者废除、修改旧规则,或者以各种方式决定它们的作用范围或控制它们的运作。第二性规则的功能是授予人们以权力,引入或改变第一性规则。参见何勤华:《西方法律思想史》,复旦大学出版社 2005 年版,第 323 ~ 324 页。

模式大致具体存在公共化、一般化(“规则自治”)和实体化三类样态。

1. 公共化

公共化的进路是指融入公共目标和社会责任的考量以建构协同,这当然深具纵向化的意味,因为融入了更高阶的考虑。近年来,私法领域的很多理念更新都属于这个建构进路,比如“私法公法化”、分配正义(Distributional Justice)和家长主义(Paternalism)、[①]合同的社会考量、公司的社会责任等。

比如合同法,现代“合同社会化”的发展传达了公法化的趋势,比如实定法对最低条件的定义和法官对内容的控制就是根本标志。塞尔兹尼克曾在1969年的《法律、社会与工业正义》一文中论述了“合同社会化”问题,他认为,合同作为一种唯名论的形式,削弱了联合与社会参与的意义。其实合同是一种联合,韦伯曾把合同分为身份合同与目的合同,身份合同(如劳动契约)是服从与依附性质的;而目的合同则是交换的经济的,合同的特性是自愿、有限使命、相互性以及合同相对性(界限性)。[②] 塞尔兹尼克合同观里的“联合”与“身份合同”类同于麦克尼尔的关系契约,在契约关系中已然包含着时间维的扩张、当事人的相互依存性、在承诺和期待

① 分配正义与家长主义都是一种基于非经济性目标的规制。分配正义是指为了达到一个“公平”的或“正义”的资源分配而采取的再分配政策,这是一种纳入社会性目标的政策性规制;家长主义则本质上是“对个人行为自由的一种干预,其正当性基础仅仅在于受限制的个人之福利、善、幸福、需求、利益和价值”。就是一种基于所谓“良家父”之良善动机出发的国家干预。关于分配正义与家长主义参见[英]安东尼·奥格斯:《规制:法律形式与经济学理论》,骆梅英译,中国人民大学出版社2008年版,第47~54页。

② 参见沈宗灵:《塞尔兹尼克的法律社会学》,载《中外法学》1990年第3期。

的基础上进行的规划的非一次性结算等因素。① 这样,合同从一时性契约滑向常态化倾向,开始凸显“耦合”的结构化特性。

随着社会的演化,合同的公共化进一步凸显。社会化理念的强化导致了法官和立法者对合同内容更强的控制。但是,基于社会化考量依赖实质理性来解决合同之类的私法问题,会导致去形式化后的法律虚无感,况且正如哈贝马斯所批评的政治—法律的实质理性进路由于理性危机可能很快会达到它潜力的极限,我们必须有意识地加入反思理性的元素。反思的进路将它的注意力不仅放到谈判过程中权力中立化的程序和组织条件上,而且尤其放到基于“公共责任”考量的合同机制上,这些机制使协作的系统对其社会效果变得敏感,如集体合同在法律形式上的塑造。反思元素引入公共化进路中将带来一种兼顾公私益视野的学习性考量,更加注重沟通和程序性的规划和元程序设计,会更容易通向协同。

2. 一般化,也称“规则自治”

这种建构最常见的情形就是不同位阶的子系统发生冲突的情形,如刑民交叉(the penal and civil overlapping)或行民交叉(the administrative and civil overlapping)的情形即属此类。因为从社会功能来看,刑法、行政法与民法并非处于同一位阶。② 图依布纳提出的法律系统对自己周围系统的现实建构与那些系统的运行现实之间的冲突其实也是一种位阶冲突,他将之归结于“子系统与社会

---

① 季卫东:《关系契约论的启示》,载[美]麦克尼尔:《新社会契约论——关于现代契约关系的探讨》,雷喜宁、潘勤译,中国政法大学出版社1994年版,代译序第3页。

② 值得注意的是,这里的刑民非同阶性是从社会功能角度来看的,不是指在法律规范体系中的地位去比较位阶。因为系统整合问题本然地属于功能视角,应该以系统功能论的观点进行考量。

的互搭”(overlapping)。[1] 互搭或者交叉(overlapping)其实指的就是不同位阶子系统的纵向冲突。这种冲突具有深刻的非调和性,要么系统自身的世界建构瓦解,要么是一个高阶系统的运行不确定。这在刑民交叉的情形下表现得非常明显,如果强调刑事打击,那么民事权益的整个建构就被瓦解而难以保障;如果着力保护当事人的民事权益,则刑事的程序和惩罚的执行就可能无法严格贯彻。这类悖谬性问题曾有几种不同的解决方案。例如,为了维持符码,卢曼曾考虑引入政策性和功利性的权宜手段,但这一方案最终将导致法律性被化约。[2] 图依布纳提供的方案则是所谓的“一般性条款”。[3] 这一方案无疑利用了反思理性的抽离特质,就是从某一层级的系统际冲突反身抽离到能涵摄这个系统际冲突的更高层级的更抽象化、更原则性条款,以提高概念和规范的涵摄性去包容冲突的办法,形成一种高阶意识去消弭冲突而建构协同。这样虽会减弱规范的针对性,但并不化约法律意味。

这一运用反思理性“抽离”的进路,形成一种类似于更笼统更原则的“标准”的模式进行自我规制,就是所谓的“规则自治”的模式。“规则自治”最常见的事例是多边协定。多边协定尽管看似是一种民主协商的横向整合方法,但其实多边协定如果就具体条款达成一致化是不可能的,只能就总体的原则性问题达成协同,这样

---

① [德]图依布纳:《法律:一个自创生系统》,张骐译,北京大学出版社 2004 年版,第 115 页。

② 参见张骐:《直面生活 打破禁忌:一个反身法的思路》,载[德]贡塔·图依布纳:《法律:一个自创生系统》,张骐译,北京大学出版社 2004 年版,序言页第 32 页。

③ 一般性条款是指诸如“诚信”(good faith)和“公共政策”之类的条款,参见 Gunther Teubner, *Law as An Autopoietic System*, Oxford: Blackwell Publishers, 1993, pp. 100, 102, 110。

最终结果实际上也就无异于一般化的标准而已。多边协定的结果实际上是要确定一种"规则治理",典型的范例如 WTO 规则。

而存在纵横社会关系的"规则治理"的典范就是经济法。经济法这一法律部门调整对象的复合性和层次性是其典型特征。经济法调整多种社会关系,这些关系具有公私融合性或"纵横统一性",所以,经济法律关系是一个多元体系。它向我们提示了一种理解经济法基本结构的思路:从经济法调整的多元法益,到经济法的复合调整机制,再到综合的经济法调整手段和法律责任形式。这要求我们用复合和多层次的视角去理解、把握经济关系。① 所以,我们在寻求多元多维的多中心治理体系的规则治理上就可以遵循经济法的规制特征。

经济法的规制的一大特征就是在规范形式上更多地使用"标准",而更少使用"规则"。规则就是我们平常意义上简明直接的规范,而标准则是原则性的,比较模糊,涵摄度也大,需要辅以司法裁断予以运用。② 标准在一定意义上与图依布纳的"一般性条款"相类似。比如,国家干预的很多法律规定,往往显得体例松散、逻辑粗放、用语模糊,缺乏系统化和条理性,令人感到"杂""乱"无章。

当然,确定的规则具有减少不确定性而提高司法裁断效率,限制自由裁断而减少腐败和降低信息成本等多方面优势,但并非所有的情形都适合使用规则进行"一劳永逸"调整或规制。一般说来,发生频度高且变化不大的常规行为适合于"规则"调整;而"当

① 史际春:《经济法》,中国人民大学出版社 2010 年版,第 91 页。

② [德]沙弗尔:《"规则"与"标准"在发展中国家的运用——迈向法治征途中的一个重大现实问题》,李成钢译,载《法学评论》2001 年第 2 期。

法律规范的行为类型多且不常发生时,标准则更为有效率”。[①] 也就是说,对于非常规行为更应当使用“标准”进行规制。经济法的一个根本特点就是调整对象的复合性和层次性——它既有横向整合,也包含纵向规制;既有权利的主张,也容纳权力的意志;既认同“条件程式”,也利用“目的程式”。[②] 对于这种具有极大不确定性法域,追求确定的规则并且试图“一劳永逸”,无异于“削足适履”,“相机抉择”的反思性裁断才是正确的选项。民间金融的司法规制为什么会遭遇刑民交叉的困境?答案其实就在这里,因为任何的经济法问题,只要是存在纵横整合的交错,就是进入了交叉的混沌境界,公私法域的交叉岂止是刑民而已,还存在着行民的交叉的加入成为刑、行、民的大交叉,或者如果进一步的细分法律部门,还会导致更多、更复杂的交叉。这些交叉没有办法用确定的规则来解决的,因为“纵横交叉”本来就是一种“非常规”的边缘化场景。如果我们还是必须遵循法律科学上的“规范”进路,也就只能用“标准”的办法,找到更多的可归类的条件模式进行“归化”(结构化),将之与不同的后果相匹配,拟定出一条一条原则性的“标准”,形成一个清单式的所谓“规则”(其实就是“标准”),引导去中心的整合过程,达致系统的协同。

---

① [德]沙弗尔:《“规则”与“标准”在发展中国家的运用——迈向法治征途中的一个重大现实问题》,李成钢译,载《法学评论》2001年第2期。

② 卢曼组织社会学语汇,也译作“条件纲要”(konditionalprogramme)与“目的纲要”(Zweckprogramme)。前者是指,决策必须满足的事前给定条件,其通常的公式是“如果……那么……”,在时间上指的过去。而后者指的是决策要完成未来某个目标,在时间上指的是未来。see Niklas Luhmann, Law as a Social System, Cambridge: Oxford University Press, 2004, Chap. 4. 或参见宾凯:《从决策观点看司法裁判活动》,载《清华法学》2011年第6期。

3. 实体化

“规则治理”是系统结构化的重要进路之一，但另一个重要的非同阶整合进路是“实体化”。所谓“实体化”就是在一个系统中专门分离出一个实体机构专门执掌系统反思功能，对系统进行全面的规划、引领、协调和统驭。“实体化”的进路对于法律关系异常复杂或者法律结构具有多元多维特征的系统具有很高的功效。诸如本文第三章提到的民间金融刑民交叉的“沟通构型”就是典型的例子，里面存在刑、行、民等多重法益的交叠，必须分离出合适的反思实体从事实时的反思性运作，才能达致系统的协同。本书对刑民交叉问题的破解就是基于一种实体化的进路，具体可参见§3.3节的相关论述。

2.3.2.5 共享

共享，同时也意味着共治，是一种引入时间维度，构建“去中心化”网络式长期博弈平台的方法。在互联网模式的影响下，一种改变我们生活方式的新型经济体制已经应运而生，它就是“协同共享”(collaboration commons)。[①] 它是基于目前方兴未艾的平台经济学(或网络经济学)的复杂系统思想而构筑的。复杂系统理论的基本概念是节点、路径、度的幂率分布、网络聚集度、中枢节点、鲁棒性、脆弱性、网络优化等。复杂系统没有中心，但有聚集度的差异性和重要节点。节点的地位不同，连接到节点的linkage越多，这个节点就越重要等。[②] 而互动如果在这些节点与相关连接之间展开，并受到特定的网络外部性的影响，就形成了互动的平台，成为

---

① [美]杰里米·里夫金:《零边际成本社会》，赛迪研究院专家组译，中信出版社2014年版，第1页。

② 钟伟:《复杂系统理论和平台经济学》，载《第一财经日报》2014年4月2日，第B6版。

平台经济学(Platform Economics;Network Economics)的研究对象。从社会规制的角度而言,就是在规制的目标系统中构建和植入中间层(社会组织、行业协会等),把原子化的个体变成一个长期互动的社会网络中的一个节点,构建了一个长期的关系网络作为平台后,这些中间层结构的维权机制、内部的非法律惩罚机制等就可以引导成员的恒常性预期,形成良好行为规范和走向自律。这一机制实际上充分利用了中间层作为节点的信息优势、知识优势、专业水平以及社会连接等诸多的资源,并且最终会促使政府最大限度地与之合作,形成协同共享、社会化柔性治理的鲜活态势。

平台化模式是一种基于子系统去中心化整合思想基础上的协同建构模式。去中心子系统整合的实质是一种通过网络化连接的理念建构协同的进路,互联网的 TCP/IP 协议就充分体现了它的去中心性。[①] 在复杂系统和平台经济学的理路下很容易理解平台化的模式。我们把社会连接类比于一张非中心化的网络。网络世界虽然没有中心,但我们仍然可以借用"中心性"概念去评价节点的地位。中心性指的是连接关系网络中的某个成员在网络中的位置。如果某个成员与其他人有很多相互连接关系,它与整个社会网络的连接程度就会增强,就具有更好的"中心性"。[②] 这些具有"中心性"的节点以及与之相关的连接,就形成具有系统重要性的互动平台。平台无非就是以某种类型的网络外部性为特征的现实

---

① [英]安德鲁·查德威克:《互联网政治学:国家、公民与新传播技术》,华夏出版社 2010 年版,第 55 页。

② [美]尼古拉斯·克里斯塔基斯、詹姆斯·富勒:《大连接——社会网络是如何形成的以及对人类现实行为的影响》,简学译,中国人民大学出版社 2013 年版,第 25 页。

或虚拟组织。[1] 通常的平台化模式有二：一是中介式平台，就是一种信息和行业管理汇聚性的平台，典型的如行业协会等；二是掣肘式平台，就是构建与管理对象形成博弈性互动的组织，达到管束、驾驭和监督等目标，形成一个互动的平台。

中介式平台往往以具有众多 linkage 的中心性节点为核心进行构建，在市场化管理场合，平台的中心节点通常由诸如行业协会等半官方或者私人性组织充当。这些"中心性"节点作为政治与法律的外围性组织在现代社会具有非常重要的缓冲意义。正如卢曼指出，"到目前，法律和政治都一直是社会进化最重要的风险承担者"。[2] 福利国家具有相当强的政治—法律实质理性意义上的控制倾向，但也承担着极大的风险或受到生活世界的抗拒。按照新保守主义的主张，那就是减少规制、回归形式化、私有化。但作为替代的选择，可以采取比较柔和的"外部的去中心化"(external decentralization)，即把公共事务转移给这些半官方或私人的组织，但同时保留公共性并仍须在政治上承担责任。对"法团的"委员会、半官方的协会、对集体合同的当事人，或对地方的社会组织授予全权就是这种"外部去中心化"的例子。我国当前公共管理实践中"政府购买社会服务"等就是"外部去中心化"的典型事例。而这种平台式整合的核心显然在于如何巧妙地构建反思结构和反思机制。这样，通过可以随时调整和修正制度的安排，政治上的总体责任被回撤到法的框架规整，"社会宪章"、内部立宪化，即撤回到参与权和决定程序上了，因为这种社会学习过程的结果往往在政治

---

① 姚余栋、杨涛：《共享金融：大变革时代金融理论有了突破点》，载《上海证券报》2015年9月8日，第9版。

② [德]尼克拉斯·卢曼：《法社会学》，宾凯、赵春燕译，上海人民出版社2013年版，第395页。

上证明是无益的。[①] 这种“外部去中心化”在规制谱系中对应物是“自我规制”的模式。在职业规制领域(如律师协会、金融同业公会等),完全或主要由该职业的从业者组成的机构来行使管理权以及对该行业的规范,已有相当长的历史。[②]

而掣肘式平台则是有目的地建构和发展参与博弈的相对性主体的一种社会性的组织化模式,如劳动法上的工会和消法中的消费者组织。这种模式的中心思想是为规制对象创造一个掣肘的力量,因为受害主体的自我保护的动力是最强的,而且这样的社会化掣肘机制将创造出一个强大的信息网络,形成对规制对象很强的社会监督。这种方式比以前借助法律手段重新安排社会力量更为重要的是,现在更加倚重旨在提高产业冲突中当事人“公共责任”的法律策略,而发展这一策略的根本路径就是发展反思结构和反思机制。比如在集体劳动法中,国家并不直接控制合同的内容,而是通过对劳资联合体的内部组织施加影响,使他们在法律上的认可依赖一定的结构前提,为谈判机制和激烈争论拟定程序规范,拓宽或限制集体活动者的能力。以此尝试通过平衡谈判力量间接调控谈判结果的质量。法律不会天真地明确规定设置“共同福利条款”将公共责任加于集体合同当事人或者集体合同制度本身,从而将社会后果直接纳入行为预期来解决,而是会更多地发展“反思结构”,比如倚重组织规模和内部组织结构的制度性影响,如集体劳动法会偏爱“产业工会制”,而不是带

① 参见[德]贡塔·图依布纳:《反思性的法——比较视角中法律的发展模式》,祁春轶译,载[德]贡塔·图依布纳:《魔阵·剥削·异化——图依布纳法律社会学文集》,泮伟江、高鸿钧等译,清华大学出版社2012年版,第282页。

② [英]安东尼·奥格斯:《规制:法律形式与经济学理论》,骆梅英译,中国人民大学出版社2008年版,第110页。

有符合职业取向工会的去中心的“工会代表制”。易言之,就是公共化的纵向化整合方式被转换成更隐蔽的横向化模式进行,特别是借助网络化的平台模式达到纵向化协同的目的。再如,消费者保护法——设置一个独立的、在对立权力基础上的谈判机制。借助国家—法律的帮助,“人为”地建立自治的公共机构,以其提供消费者信息,或者有效地组织消费者的利益以支持这些利益的经济—政治上的代表等。国家法的作用不在于实质地规制市场过程,而在于对“自治的”社会过程在程序上和组织上进行预先构造。通过组织规范的规定,法律迫使高度专门化的单方面设立的机构,在其自己的决定预期中采纳其社会环境相反的要求。① 像西方的产业工会、消费者组织之类的社会组织其实都在发挥着掣肘平台的功能。

笔者认为,平台化方法和共享模式作为后现代的规制模式,已经促生了一种新的法律形式和法律理性。当代社会,由于功能的高度分化,互联网的出现和社会连接的复杂化,社会复杂性已然大大提升。网络理论已经确证了联系网络中行为的悖论性逻辑,确证了复数的等级性构造之联结在一起的多元性(unitas multiplex)。由于自我再生产极不可能在异质元素联结形成的环境中进行,联系网络就成为自治系统的对立面(counter-institutions)。这样,统一的法律等级体系于是日渐衰微甚至瓦解。唯一现实的选择就是发展一种法律的异构非等级形式(heterarchical forms),这种非等级的法律形式将它们自己局限于在法律的诸断片之间创设宽松的联

① 参见[德]贡塔·图依布纳:《反思性的法——比较视角中法律的发展模式》,祁春轶译,载[德]贡塔·图依布纳:《魔阵·剥削·异化——图依布纳法律社会学文集》,泮伟江、高鸿钧等译,清华大学出版社2012年版,第308~309页。

系。这一点,或许可以通过一种相互联系之网络的选择性程序来达成,此种选择性程序在规范性意义上增强了在诸法律组织之间已经存在的事实上的联系网络:外围层关系法(law-externally)、与社会中间层关系法、内部关系法(law-internally)以及相互关系法。基于联系网络的中介,新的去中心化样态于是形成。图依布纳为这一去中心化的联系网厘定了三项指导性原则,一是简单的规范可兼容性取代法律的等级统一性;二是通过自治法律秩序之间的相互刺激、相互观察以及相互反思来创制法律;三是解决法律冲突的去中心化模式作为一种法律方法。①

按照图依布纳的论述,笔者将这样一种具有去中心化、多元多连接、弱统一性以及自我创制等多方面特征的法律类型定名为协同型法。它的典型形式通常都是一些自主管理协议,即成员约定的自我调节和自我执行的协议,以及相应的惩罚措施,这些协议和措施则构成参与共享的前提条件。哈丁的"公地悲剧"确实是经济学上的一个人所共知模型,但是,哈丁忽略了管理因素。而埃莉诺·奥斯特罗姆(Elinor Ostrom)则注意到了共享本身强大的管理机制,她的《共享管理》一书揭示了协同管理的现象,她发现在管理公共资源时,饲养家畜的牧场、渔场、灌溉系统、森林的管理者往往把社会利益置于个人利益之上,认同对公共资源的长期管理保护优先于个人的短期利益。所有民主化的参与者共同议定是使共享可行的黏合剂,自愿签署自主管理协议。正是持续的协作和反馈一代又一代地造就了社会信任的纽带。所以,协

① [德]贡塔·图依布纳:《组织—冲突:在全球法的片断化中对法律统一性的徒劳追求》,周林刚译,载[德]贡塔·图依布纳:《魔阵·剥削·异化——图依布纳法律社会学文集》,泮伟江、高鸿钧等译,清华大学出版社2012年版,第84~85页。

同型法的实际上是一种地方性的、协同性质的约束模式，从共享的理念中我们可以看到协同型法对应的理性类型应是共同体理性。

共同体理性(community rationality)导源于源远流长的共同体精神(Gemeinschaft)。共同体的契约起源于相互依赖，来源于共同的身份意识，是一种“社会连带和尊重的联合体”。理论上，共同体精神最初为德国法史学家祁克所推崇，后来涂尔干与埃利希分别在社会学与法学发展了这个理念，现今它亦已成为社群主义的重要理念。共同体的精神就在于它的共享意义，它平等地考虑群体中的所有人。共同体的实质就是一个兼具利益包容和精神认同的特征社群，它具有联系网络、利益通约与理性认同三大要素。[①] 协同型法所对应的自主管理精神最深刻的内蕴就是共同体理性，就是一种对共同体维存利益的深刻认同。当社会从原子式的个人归化为一个一个共同体，然后通过联系网络形成一个巨大的大共同体，就形成了“万物并育而不相害，道并行而不相悖”宏大的去中心化协同的社会图景。

2.3.3 结构化的信息基础

在协同的建构中，信息基础(information infrastructure)是极端重要的。因为处于协同建构过程中的子系统信息不对称是一种常

① 塞尔兹尼克将共同体界定为，就一个群体包含许多利益和活动的范围意义上，它就是一个共同体。当一个群体考虑所有人，而不只是考虑那些作出特殊贡献的人的意义上，它就是一个共同体。就一个群体共享承诺的约束和文化的意义上，它就是一个共同体。[美]P. 塞尔兹尼克：《社群主义的说服力》，马洪、李清伟译，上海人民出版社2009年版，第20页。

态,信息对称的情况倒是例外。在隐私保障[①]的基本假设下,信息障碍和信息成本过高往往容易导致协同的失败。一方面,纵向协同往往会受制于高阶控制者的信息能力,哈贝马斯就曾指出,现代福利国家的国家干预存在着一种理性危机,其所依托的政治—法律的实质理性的潜力很容易就会达到极限,在笔者看来,这很大程度上与功能高度分化的现代社会中干预者的理性与信息能力有限已无法应对复杂性的急剧增加息息相关。另一方面,横向建构必须克服协调上的双重偶在性与合作上的机会主义倾向,必须依赖沟通。而沟通的本质无非是信息、信息传递与信息解码。由此看来,协同的建构首先必须具备坚实的信息基础。

多数情况下,协同建构所需要的信息基础并不理想,这时就需要设计一个信息机制去引导或规制信息的生产和传递以改善信息结构。好的信息机制设计理论上应当符合赫维茨机制设计原理的"三个有效性"要求,[②]即信息本身有效性(符合所需信息的维数最小化、精度最小化和解码难度最小化的要求)、经济有效性(机制运行的效果应至少满足帕累托效率)、激励有效性(满足激励相容)。

对信息规制而言,一个首要的方向就是缩窄协同过程的信息不对称程度,因为信息不对称会增加消除复杂性和偶在性的额外

① 隐私是指一个人不能观察到另一个人的私人信息。隐私保障指没有一个经济人能够基于自己无法直接观察获得的经济环境的参数信息进行决策。隐私保障要求其实就是要求信息不仅是可观测的,还必须是可核实的。即便信息可以为其他人可观测到,但若自己不能直接观察获得还是不能进行决策。如果信息只是可观测,而不可核实,还是不能满足隐私保障。隐私保障是机制设计理论对于分散决策机制的基本假定。参见利奥尼德·赫维茨、斯坦利·瑞特:《经济机制设计》,田国强等译,格致出版社、上海三联书店、上海人民出版社2014年版,前言第2、6页。

② 参见[美]利奥尼德·赫维茨、斯坦利·瑞特:《经济机制设计》,田国强等译,格致出版社、上海三联书店、上海人民出版社2014年版,第7页。

成本，甚至导致协同失败。这就首先表现为如何像立法一样通过设置内部规范促进信息披露和信息公开，建立协同过程的规范期望，利用规范无条件的有效性更高效地促成协同。信息规制的具体方法不一而足，我们可以规定信息披露或不披露的后果予以规制，也可以直接规定披露义务甚至规定披露的内容和方式加以规制。① 但是，如果我们无法确认被规制者是否拥有私人信息，就需要寻找其他的替代办法以诱导披露。而限缩信息不对称的另一路径就是建构信息公开机制以促进公共信息的提供，因为公共信息能够增进行为人对“其他行为人所持的信念”的信念等高阶信念（High-order belief）②但公共信息的社会福利价值只有在其比私人信息具有更高精度时才会产生。③ 因此，对于公共信息，不仅要促进信息公开，还要提高公共信息的精度。

其次，我们再考虑信息规制以有利于建构协同的同时，要考虑信息传递可能带来外部性的影响和后果，并采用相应方法以调适这种外部性。比如，纵向协同中对于产生正外部性的被动披露由于“搭便车”效应给予一定的补贴；而对于严重负外部性的披露则要求其承担一定的附加成本，等。

但在有些场合，为协同进行机制设计需要在法律预定的信息

---

① 前者称为告之后果（unraveling result），适用于被规制者确实拥有私人信息且该信息是可核实的场合；后者则称为告之法律。信息规制的法律方法可以参见［美］道格拉斯·G. 拜尔、罗伯特·H. 格特纳、兰德尔·C. 皮克：《法律的博弈分析》，严旭阳译，法律出版社 1999 年版，第 83～182 页。

② J. Harsanyi. *Games with incomplete information played by Bayesian players: Part III, The basic probability distribution of the game*. Management Science, Vol. 14, No. 7, 1968, pp. 486 – 502.

③ S. Morris, H. S. Shin. *Social Value of Public Information*. American Economic Review, Vol. 92, No. 5, 2002, pp. 1521 – 1534.

权利保障框架下提出，比如消费者领域的消费者知情权就是一个法定的前提，因此，在消费者领域建构社会协同就必须考虑法律对于知情权的本然立场以及相关的权利义务配置。

应当指出，§2.3.2.2节提到的作为隐性激励的声誉机制，其发挥作用的前提也是必须有一个有效率的信息传递机制。声誉约束的信息要求是不合作的行为能够很快被发现，信息传输的速度要足够的快。如果不守信的行为不能被及时发现并广为人知，当事人就不会有建立信息的积极性。① 所以，为了声誉机制的运作社会需要建构一个科学的信息制度，比如恒常化的公开征信机构，行为的长期文牍化记载，社会信誉评级，公共信息和信息公开，反向审视制度等。

2.3.4 结构化的高阶意识——反思理性

信息机制是结构化的基础（infrastructure），而反思理性则是结构化的“上层建筑”（superstructure）或“高阶意识”（high-order conciousness）。反思理性在通过结构化建构协同的进程中至为重要。理解反思理性应当从反身性概念及反身型法入手。

反身型法的概念源于图依布纳1983年在“Law & Society Review”上发表的著名论文《现代法中的实质要素与反思要素》（*Substantive and Reflexive Elements in Modern Law*）。在这篇论文中，图依布纳从伯克利学派诺内特和塞尔兹尼克的“回应型法”的实质理性中提炼出了这么一个新的概念和法律类型。而实际上“反身性”（reflexivität，reflexivity）的思想导源于卢曼，自我指涉所

---

① M. Kandori. *Social norms and community enforcement*, Review of Economics Studies, Vol. 59, No. 1, 1992, pp. 61－80.

蕴含的二阶观察(观察观察者)视角就是"反身性"的精髓。早在1972年的著作《法社会学》里,卢曼就将"反身性"的思想运用于他的法律实证化理论——"对于反身性,我们应当理解为:一个过程被运用于自身,或者换句话说,被运用于一个同样类型的过程。而只有这样,它才会最终进行操作。……现在就有了这样一些规范,来制定关于规范制定的规范,比如关于法律制定的程序和限定条件。这样一个规范生成的规范可以——但并非必须——呈现为一个等级制的形式,比如程序法并不必然会被理解为高阶法。在各种情况下它都扩展了可能的规范生成的领域;它以极大的自由促进了在规范—制定和规范—变化中的安全性和可预见性的统一,即将规范结构提升到了一个高层次上但仍然使其置于控制之中。一部'宪法'不会一开始就使自己适用于各种判决,它只是规定了对不同的法律的选择方式。"①从上面的论述来看,这里的"反身性"就是在法律实证化背景下以自我指涉方式对规范生成的规范化。图依布纳则从20世纪法制—福利国家(the welfare-regulatory state)的法的形式理性危机(the crisis of the formal rationality)和法的"再实质化"(rematerialization)造成国家恣意行为回归危机的"两难悖谬"(paradox)中突围,从诺内特和塞尔兹尼克的"回应法型"模型中提炼出一些特别的元素,熔铸成"反身型法"的概念。其实,图依布纳的"反身型法"并没有超越卢曼的反身性范畴,它指称的还是规范的自我限定性,即"回应型法"中不同于实质理性内容的旨在"提供可能和便利"的"制度设计"的那部分规范,也就是规范的自我规范化。通过国家干预主义的概念,反身型法分享了法

① [德]尼克拉斯·卢曼:《法社会学》,宾凯、赵春燕译,上海人民出版社2013年版,第267~268页。

律能动主义的纲要,它试图在社会进程中进行补偿性地干预。但是,为了有利于进行更抽象的控制,它从对具体社会结果的完全责任中抽离出来。① 反身型法其实就是一类介乎形式法与实质法之间的"二阶规范"("规范的规范"),它摒弃了实质法的目的理性特质而分享它的能动性,秉持了"宪章式"的抽象高阶意识。

至于反思理性,"反思"一词在图依布纳的语境中针对的是法律理性,表达三层意思:一是表达法律子系统自身的自我指涉过程;二是表达法支撑其他社会子系统的自我指涉过程;三是表达法律秩序中一种自我指涉性质的规范机制。② 对应上述三点,"反思"可以一般化地阐发为如下三点内涵:一是反身观察,即"二阶观察(观察观察者)"的指涉性内部视角;二是反身规制,即"自我规制以规制他者"的间接规制方式;三是自我规范,即从规范类型上表达规范的自我规范化。这样看来,图依布纳的"反思"一词,就具有"自我观照、自我修整、协同规制"的涵义,与通常语义上表达"自我检讨、自我反省"的意思有区别也有联系。鉴于反思理性概念的抽象性,我们不作更直接的定义,而是从以下三个方面入手与实质理性和形式理性的比较中进一步把握它的特质。

第一,内在价值定位上的程序取向与"宪章纲要"(charternprogramme)模式。反思理性既不像形式理性那样奉行规则中心的条件纲要(konditionalprogramme)模式,也不像实质理性

① 参见[德]贡塔·图依布纳:《反思性的法——比较视角中法律的发展模式》,祁春轶译,载[德]贡塔·图依布纳:《魔阵·剥削·异化——图依布纳法律社会学文集》,泮伟江、高鸿钧等译,清华大学出版社2012年版,第280页。

② 参见[德]贡塔·图依布纳:《反思性的法——比较视角中法律的发展模式》,祁春轶译,载[德]贡塔·图依布纳:《魔阵·剥削·异化——图依布纳法律社会学文集》,泮伟江、高鸿钧等译,清华大学出版社2012年版,第281~282页。

那样追求目的中心的目的纲要(zweckprogramme)模式,[1]它是一个协调半自主的社会子系统内部及其相互之间行为的系统,它只是旨在在制度结构和社会结构之间制造一种“和谐适配”(harmonious fit),而并不影响社会结构本身。所谓的“和谐适配”,其实就是追求结构耦合,在维持自身独立性、同一性的基础上对与环境保持高度选择性的联系并作出和谐的回应。因此,反思理性存在着程序取向,倾向于组织规范、程序规范、职权规范以及自我调整的原则和逻辑等,如同规定行动或者一个组织的“纲领”(宪章)那样,具有元话语/元程序[2]的性质,笔者将之对应地称为“宪章纲要”(charternprogramme)。

第二,规制方式上奉行一种“学习性”的能动主义间接规制进路(自我规制以规制他者)。尽管反身型法通过国家干预主义的理念分享了法律能动主义的精神,试图在社会进程中进行补偿性地干预;但反身型法更认同形式法那样的自治性方式。与形式法不同的是,它并不承认“自然的”主体权利,而试图通过重新界定和分配财产权利来指导人类行为;反思法体现的是一种“受规制的自

---

① 在组织社会学中,纲要通常又被称为“计划方案”。存在两种模式:条件纲要是指,决策必须满足的事前给定条件,其通常的公式是“如果……那么……”,在时间上指向过去;目的纲要是指决策要完成未来某个目标,在时间上指向未来。一般形式法及形式理性采取条件纲要,而实质法及实质理性采取目的纲要。参见宾凯:《从决策观点看司法裁判活动》,载《清华法学》2011年第6期。

② 元话语与对象话语的划分是欧洲结构主义语言学的一条重要方法论原则。元话语(Metalanguage)的直译为“最终的、最后的语言”,实则具有“规则、本原、体系”的含义,在塔斯基理论中也被译为“上层语言”。如果说对象话语是用来谈论外界对象性质及相互关系,那么元话语就是用来谈论对象话语的话语,包括指称对象语言的名称以及指称对象的谓词。元话语通常具有“规则、本原、体系”的含义。参见李子荣:《作为方法论原则的元语言理论》,黑龙江人民出版社2006年版,第3~5页。

治"(作用于自我规制的规制)，就是促进积极地自我规制的"学习的"社会系统并尽量通过值得协调各种循环决定的社会合作形式来体现其正当性。这样，在反思理性的观照下，司法将创造性地解决其能动主义与克制主义的内生张力，这个创造性解决的关键点在于反思理性对于功能与功效之间冲突的缓解。司法的功能是"普遍性规范期望的一致性稳定化"，①而它的功效则在于解决纠纷，这两者之间本来具有紧张关系。但司法可能在纠纷解决过程中产生规则，而这些规则被证实不能完全一致地一般化，因为社会对于功能系统来说既是具有支配性重要意义的系统，也是社会环境。反思机制于是通过给司法内部能力设置限制，缓解了功能与功效之间的张力，也就从本源上解决了 § 1. 2. 3 节提及的能动主义与克制主义的内生冲突。易言之，反思理性能够有效调和司法内生的克制与能动的关系。

第三，外在社会功能定位上发挥一种"高层意识"，提供系统整合的框架(外部宪章)，因而在系统的运作中主要发挥建构功能。它不像实质理性那样直接作为规制的工具，也不像形式法那样只是作为市场运作的语境式的"底规模"基础(infrastructure)，它的社会功能是定位于系统的上层建筑(superstructure)，专门并且仅仅负责高层意识和高阶思考。它的作用是建构和重构半自主的社会系统(包括协同的横向建构与纵向建构)，其手段是形塑它们的内在话语程序和它们与其他社会系统相协调的方法。它不是传统视角中通过投射共同规范和价值，以权威方式为社会所有子系统进行的"规范性"整合，而是通过提供"外部宪章"，支持自主的社会子系

---

① Niklas Luhmann, Law as a *Social System*, Cambridge: Oxford University Press, 2004, Chapter3.

统内的整合机制，为社会的“去中心化”整合界定法的结构前提。这样既尊重了它们自身的规律性，也让它们承受社会的制约。具体而言，反思理性具有如下特点：一是抽象性。反思理性秉持超越条件纲要与目的纲要二分法之上的非直接的、更为抽象的程序纲要，退回到规制过程和组织结构的元层面上，退回到分配和重新界定控制权和决定权限上，其仅仅着意于决定未来行动的组织前提、程序前提以及控制决定权限，依赖那些对过程、组织、权利与权能的分配予以规制的程序规范对社会行为实现间接而抽象的控制。这样，它只把自己的作用限制在对民主的自调整机制（self-regulatory mechanisms）的定位、矫正和重新阐释上，为诸如交涉、分权、计划和有组织的冲突等自我规制事宜提供结构性的机制。二是非实体性。反思性规范指向不是从内容上进行行为调控，更不是亲自作出内容上的决定，而是仅仅规定组织、程序和职权范围，决定组织上和程序上的决定前提。三是非结果性。为了有利于进行更抽象的控制，它并不负责对社会进程的后果予以规制，更从对具体社会结果的完全责任中隐退出来。

这样，我们可以把法的形式理性、法的实质理性与法的反思理性依照其内部、外部和规范理性三个维度作出比较列表如下。在这样的比较框架下，我们就知道反身型法无非是在法律体系中负责为结构化整合提供“可能和便利”的中间性、指涉性规范；而反思理性则是完成反身型法功能所必需的一种抽象化、程序化和协同化的高阶理性类型，其核心就在于“自我观照、自我修整、协同规制”。

表 2.1　法的三种理性比较

维度	法的形式理性	法的实质理性	法的反思理性
内部理性（价值取向）	规则取向，条件纲要	目的取向目的纲要	程序取向，“宪章纲要”
规范理性（规制方式）	克制主义（消极、放任）	能动主义，直接规制	能动主义，间接规制
外部理性（社会功能）	提供市场运作的规范基础（**infrastructure**）	提供市场失灵的修正工具	提供系统整合的“外部宪章”（**superstructure**）

2.4　本章小结

本章在第一章民间金融充满冲突的规制困境中开始寻找走向协同的理论路径。在地方监管缺失和法律准备不足的语境下，作为替代性规制力量的司法规制遭遇了刑民冲突的困境。其实冲突的本质在于规范结构的社会性敞开不够和功能性视角的缺失。正如卢曼指出的：“在全社会之下的系统层次上，由于法律的实证性，一个新的社会复杂性的阈限已经达到——在此之上，那些旧有的问题解决模式，比如那些过时的法学教条，已经变得不恰当了。问题已经到了一个不同的维度。这种组织的法律形成的不可避免性和风险性使原先的问题解决框架已不敷使用——这一框架是通过财产支配权、契约的约束力和免于解雇保护权的限制方式来进行的。社会及其法律的更高复杂性、对更多的它种可能性的支配力都必须被制度化，以作为更新和更加强烈的一般化的问题解决方式的基础。在此形势下，法律政策必须依赖于法律政策中的动态的而不是静态的确定性，不是对那些现存法律的保护和对现状的维持，而是要对其他可能性予以充分地去中心地利用。”①

我们沿着卢曼－图依布纳的路径前进。它首先使我们的视野从分割取向的规范法学中拔出来转向系统的、功能的视角，得以从系统功能论的整体视角俯瞰功能高度分化社会的复杂性和各种冲突。而在系统功能论法律和社会的共变视角下，我们看到了从局部分割到系统化分层再到去中心的功能化的演化进路，而实际上金融监管也是演绎了从分割监管到中央监管再到去中心化监管的历程。“功能分化要求社会整合机制从整个社会转移到子系统层面。”——卢曼深邃的洞见开启了本书子系统去中心整合的理论路向，继而我们借助协同学的视角认识到子系统整合的目标范式就是协同。而协调博弈的模型则提示我们着力寻求协同的路径。我们归结了命令、激励、商谈、耦合和共享五种达致协同的结构化整合的方式，其实也就是五个大类的社会规制手段。这些结构化整合的方式可以单一地使用，而更为一般地则是被结合在一起综合使用。但总体上，这些方式之间主导性差异或是理性类型的不同还是易于区分的。这里总结性地列表如表2.2所示：

现代社会的功能分化已经使整合的复杂度大大增加，整合往往是纵横交错进行的。如果我们希望把一些涉众的、现代型诉讼问题的复杂权益分配试图用具体的规则一劳永逸地解决，是不切实际的，这就决定了有时候我们往往需要使用兼用多种工具的综合性整合的路径去结构化地建构协同。比如，在第三章中阐述的“沟通构型”中，我们运用刑事保留期间先是总体笼统的划定分流，然后再通过个案协商、裁决来调整的思想，其实就是利用了“一般

① ［德］尼克拉斯·卢曼：《法社会学》，宾凯、赵春燕译，上海人民出版社2013年版，第307～308页。

化"与个案民主协商进路的结合。

表 2.2 子系统整合达致协同的基础路径

	命 令	激 励	商 谈	耦 合	共 享
基本取向	中心威权化	市场化	程式化	结构化	去中心化
法律形式	压制型法	任意型法	契约/程序法	反身型法	协同型法
理性类型	目的理性	效率理性	交往理性	反思理性	共同体理性
主导性质	公法	公法私法化	公私调和化	私法公法化	社会化法
具体工具	(1)刑法规制 (2)价格控制 (3)审批控制 (4)标准控制	(1)经济刺激 (2)私的规制 (3)声誉机制	(1)契约化 (2)ADR	(1)公共化 (2)一般化 (3)实体化	(1)外部去中心化 (2)掣肘化

由此可见，系统功能论已经为我们的研究目标提供新的理论视角、解析方法和思维路向，我们找到了在冲突中建构协同的理论路径。那么，协同如何建构呢？总之，任何社会协同，甚至全人类作为一个整体，都要求系统中的成员必须用"自我约束"代替无情的"自行其是"。① 也就是说，立足于系统，在结构化中消弭冲突并建构协同。——于是，去中心整合范式、结构化进路和协同目标这三个关键词就确立了全书的中心结构。

① 曾健、张一方：《社会协同学》，科学出版社2000年版，第187页。

3 民间金融司法规制生成的交叉构型及其系统论解析

3.1 从法律关系分析到系统分析的方法切换

3.1.1 交叉情境下的方法与视角问题

通过前一章的引介和论述,理论视角和理论工具已经得以转换,但民间金融的规制模式不可能从理论中推演出来,而只能是“实践”生长的产物。因此,研究民间金融的规制模式,首先必须将目光转向现实,寻求一个可供展开制度演化的现实出发点。而本书第一章已然述及,这个现实出发点就是司法规制。

至于司法规制,目前在各地业已成为我国在民间金融领域制度供给缺乏和法律准备不足情境下应急性规制的首要选项,尤其是在民间金融出现危机化倾向时。因为司法作为裁判各种法律纠纷的机制是现代社会的标准配置,又具有权威性和终局性的特点,通常在处理大规模的债务纠纷时往往相当犀利有效。但是,在民间金融场域,却因为刑民交叉问题遭遇了严重的挫折,在处置方法和处置效率上都陷入了困境。其根本原因在于民间金融场域的债务一般都是涉众型的,具有规模化的特点,而在中国当前的金融法律制度和刑事法律制度的背景下,涉众性融资的债务人往往很容易触犯刑法上关于非法集资的一类犯罪,从而形成一种比通常情形更复杂的刑民交叉。

在刑民交叉情形下,其实涉案事实是同一个事实,同一事实本来无所谓交叉不交叉的问题,只是由于刑民和民事法律都可能对该同一事实作出认定,才导致两种角度认定的结论可能有交叉。这样看来,刑民交叉问题的症结还是在于对法律事实的规范认知的矛盾。

在规范法学的背景下,我们常常通过法律关系的分析来把握法律问题。也许法律关系分析法可以算作常态情形下法律分析的"利器",但笔者认为,不能僵化地将其作为一般方法而忽略它的适用局限,尤其对于像刑民交叉之类存在法律结构"互搭"(overlapping)的边缘化的复杂情形。这正如牛顿定律适用于普通低速的非惯性系,在微观世界中并不适用;而宏观低速的牛顿物理学中,对应的空间可以近似看成欧氏空间,而涉及广义相对论效应时,时空就要用黎曼几何刻画。第一,法律关系分析是以法律规范为前提,这使相关的分析囿于视角所限,不免落于规范法学的"抽屉式分割"的窠臼。正如德国经济法学者威特豪特指出,法律关系在事实上(在德国从萨维尼的时候开始)就既不是纯粹的评价的客体也不是纯粹的客体的评价。它们总是预先考虑的一般决定,在事实被作为针对社会问题的法律反应的一个条件而被引入的过程中被分配给一个特定的法律的方式。[①] 第二,法律关系的分析思维难以适应多重法律结构交错的多维格局。因为在多维格局下,法律关系的客体和内容形成在指涉上就容易形成难以调和的纠葛和冲突。这种“内卷化”(involution)[②]格局不可能依赖一维的、线状的法律关系分析予以拆解;第三,这种基于简单化的“隔离法”分析进路,在复杂利益格局情况下无法将系统诸多的关联性纳入考虑,导致视角的偏狭。现代社会特别是互联网时代的信息格局已经使社会关系和法律关系都在发生深刻的变化,单一单向度的关系已经在“大连接”时代被复杂的关系网络所代替,这些连接的复杂性也促生了法律分析方法的深刻变革。那么,我们应当如何思考刑民交叉呢?

笔者揣度,这里存在的问题可能还不只是伯恩·魏德士讲的形式化分割的缺陷,更为关键的首先会是视角问题,也就是卢曼提出的视角盲点问题。这涉及卢曼的重大理论贡献——自我指涉性。对于平常的法律问题,规范法学的工具是非常犀利的,因为法

① R. Wiethölter. *Social Science models in Economic Law*. In T. Daintith and G. Teubner(eds.), *Contract and Orgnisation: Legal Analysis in theLight of Economic and Social Theory*, Berlin: de Gruyter, 1986, p. 66.

② “内卷化”一词源于拉丁语 involutum,滥觞于康德、戈登威泽,由吉尔兹系统化。康德区分了其与“演化”从内涵到外延的不同,主要含义在于内卷、内缠、纠缠不清的事物,以及退化复旧等意。戈登威泽用其指一种文化模式达到某种最终形态以后,既没有办法稳定下来,也没有办法使自己转变到新的形态,取而代之的是不断地在内部变得更加复杂,即系统在外部扩张条件受到严格约束的条件下,内部不断精细化和复杂化的过程(结构化)。吉尔兹用其分析了爪哇农业无法外向化发展的原因。参见刘世定、邱泽奇:《“内卷化”概念辨析》,载《社会学研究》2004 年第 5 期;计亚萍:《“内卷化”理论研究综述》,载《长春工业大学学报》(社会科学版)2010 年第 3 期。

律关系是单一的，即便涉及多个法律关系，法律关系之间也是平行或分立的，不存在交叉指涉关系。而在刑民交叉场合下，一个法律部门规范下的法律事实同时交叉到另一法律部门规范，而这两个部门规范是存在着诸如法律构成、法律后果和法律程序等多方面差异的，从而会形成一种交叉指涉的悖论。

"悖论"(paradox)的词源来自希腊文，是一个合成词，para 意味"超越"，doxos 则意指"相信"。悖论意思就是指从一个自明的出发点导出自相矛盾的结论。其实，我们可以在欧洲结构主义语义学的投射下理解悖论原理。结构主义语义学在语言意义层次上区分元语言与对象语言，元语言的层级是无尽头的。悖论出现并无法自洽的根本原因在于没有区分对象话语与元话语而在同一逻辑层次使用它们。在规范法学下，我们平常的法律适用是秉持外部视角的，无须反身自我适用，按照这一部门法的逻辑就能够解决真伪判断；而在交叉情形下，你在秉持外部视角适用某一部门法律规范的同时，必须反身考虑与之交叉的法律部门规范的适用问题。因为在卢曼的社会理论里，并非仅仅"主体"是观察者，社会诸系统本身也是真实的观察者，是诸多具有自我指涉能力的，不断从事着意义再生产的"活的系统"。① 这样，如果再秉持规范法学的部门划分或法律关系思维等这些外部视角的进路，其必然导致骑驴找驴、顾此失彼的悖谬。在笔者看来，目前解决刑民交叉问题的各种方案，无论是司法实务界的各种司法解释或指导意见，或是学术界的理论研究成果，都存在着或多或少的内在矛盾或者流于简单化处理，即便是最新颁布的最高人民法院《关于审理民间借贷案件适用

① 参见宾凯：《作为观察者的法哲学和法律社会学》，载[德]尼克拉斯·卢曼：《法社会学》，宾凯、赵春燕译，上海人民出版社 2013 年版，代译序第 3 页。

法律若干问题的规定》这一司法解释，在涉及刑民交叉的很多规则设计上，仍然存有很大的值得进一步商榷的空间，难称全然解决刑民交叉问题。笔者认为，可能并不需要在规范法学里面兜圈子，作徒劳的努力。因为像刑民交叉之类的存在交叉指涉的法律现象，其实前面的分析已经暴露出存在自我指涉问题的端倪，这正提示我们应该转向卢曼－图依布纳的系统功能论视角去悖并遵循从冲突到协同的理论路径的指引建构新的解决方案。

3.1.2 跨越部门法分际的通约因素——法益

当理论的视野从规范法学移离而转向系统论法学时，部门法的分类将不再具有根本意义。① 这样，就需要从刑民法律构成的基本要素中进行提炼、抽离以寻求一种更能够统合刑民的法律“公因子”。而且，这个“公因子”能够横跨规范法学与系统功能论两大法域，形成一种融贯，但应该存有规范法学的渊源，不至于使法律和规范因素化约于系统论的“汪洋”而无法复归。笔者认为，可以充当这样的“公因子”的概念就是“法益”，它将破除规范法学背景下形式化分割的藩篱而提供一个具有系统功能意义的“统一的视角”。

法益概念和理论的历史悠远久长，通常被认为是一个刑法学上的概念。但问题是法益仅仅是一个部门法概念吗？如果把法益理解成一个实定法概念，就无法脱离部门法的窠臼，如宾丁

① 泮伟江：《图依布纳法的系统理论评述》，载［德］贡塔·图依布纳：《魔阵·剥削·异化——图依布纳法律社会学文集》，泮伟江、高鸿钧等译，清华大学出版社2012年版，第24页。

(Binding)的“状态说”。[①] 但也有学者如李斯特(Liszt)的“利益说”,从涵盖面极广的生活利益的角度切入,并认为正是因为这些生活利益被法律保护而升阶为法益(Rechtsgueter)。[②] 显然,这是从前实定法角度的,这里的法益是一个跨越性的、通约性的概念,不囿于刑法,而是从所有法域中抽离出来而一般化了的概念。[③]

而在普通法传统下,法律经济学的发展也衍生了救济视角下的“法益(legal entitlement)”概念。1972 年卡拉布雷西(Guido Calabresi)和梅拉米德(Douglas Melamed)在《哈佛法律评论》上发表了《财产规则、责任规则与不可让渡性:“‘大教堂’的一幅景观”》,提出了著名的“卡–梅”框架。“卡–梅”框架下的法益概念的独特性系于纯粹的救济视角,无救济则非法益,非法益则无救济。但是,这里的“法益”和救济的涵盖面都极广。法益指的是所有受法律保护的权利和利益,比通常意义上的“合法权益”含义还要广泛。救济则包括各种不同性质和途径,可以是司法的或非司法的,司法的救济则包括民事、刑事和行政等。所以“卡–梅”框架的理论贡献在于从法益保护的效果模式出发,提供了用以理解整个法律体系的“一个统一视角”。[④]

综合起源于刑法学的大陆法系法益理论与普通法传统下法律

---

① 该学说主要是认为法律规范禁止某些行为,在于这些行为可能造成的状态与法的利益相矛盾;而行为前的状态与法的利益是一致的,不应该通过变更被排除的法的这些状态,就是法益。可见,宾丁的法益是权威主义取向的实定法概念,这与法益原初的“法的财”(rechtlich Gut)涵义相通。参见张明楷:《法益初论》,中国政法大学出版社 2000 年版,第 29~34 页。

② [德]弗兰茨·冯·李斯特:《德国刑法教科书》,徐久生译,法律出版社 2000 年版,第 4 页。

③ [日]伊东研祐:《法益概念史的研究》,成文堂 1984 年版,第 68 页以下。

④ 参见凌斌:《法律救济的规则选择:财产规则、责任规则与卡–梅框架的法律经济学重构》,载《中国法学》2012 年第 6 期。

经济学上法益学说，可以看出法益概念的如下特质，适合其作为通约因素的要求。

第一，法益概念具有极强的抽离度，足以抽象和通约各个不同具体法域的共同特质，这不仅提供了一个“统一的视角”，更为整合和消弭部门法分割体系之下的规范冲突创造了基本条件。正如我们在§2.3.2.4节所述及的，一般化是一种子系统整合的方式，比如使用诚信原则或公共政策之类的“一般化条款”对源自不同位阶系统之间的冲突进行纵向化整合，从而超越系统间的位阶差别。而法益概念早已超越刑法部门而属于一般化的法理概念，这已是一种共识。使用法益作为“公因子”，不仅是解决刑民交叉问题刑民部门规范冲突的理想进路，甚至是能够从整体上跨越处于不同位阶的刑事、民事和行政等各个具体法律部门进行整合，为解决其他的规范交叉问题（如行民交叉）奠定基础。

第二，法益概念有助于引领从规范法学到系统功能论法学的跨越。一方面，从功能角度来看，法益凸显了功能取向。所谓功能，就是指循环性行为在社会生活中发挥的作用以及在维持组织结构连续性过程中所作的贡献。[①] 功能主义的基本命题就在于考察各种社会安排在多大程度上能够满足由一个至高共享的规范体系所限定的各项功能要求。大陆法系的法益概念中的“保护”也好，还是普通法系“卡－梅”框架下法益概念中的“救济”也好，都是一种社会功能机制。“无救济则非法益，非法益则无救济”，将法益的概念从救济这一社会机制中导出，本来就具有鲜明的功能化取向。另一方面，从系统角度来看，法益是系统整合的基础。系统理

① 杜健荣：《卢曼法社会学理论研究：以法律与社会的关系问题为中心》，法律出版社2012年版，第39～40页。

论的核心问题在于整合。法益概念超越法律部门据以分类的行为模式标准而转向效果模式，从而使即便存在位阶差异的法律系统也能够在功能意义上进行整合，这就是一种独特的整合模式，体现了它的系统化特色。所以，法益作为一个从规范法学上抽离的概念，与系统功能论法学却具有高度的融贯性。

第三，法益概念天然地具有规范上关闭和认知（审理）上开放的自我指涉性，具备打破循环性禁忌、化解交叉悖谬的基本条件。法益概念特殊性正在于尽管经由实定法确认并且适用实定法才能实现法益，亦即法益的运作必须依赖规范上的关闭；但法益的内容即利益本身是在实定法之前就已经存在的，作为前实定法概念完全可以超越规范体系的封闭进行开放性认知。这充分说明了法益概念内在的自我指涉性，可以架设从规范法学到系统功能法学的观念通路。

3.1.3 民间金融刑民交叉的多维法益构造

在分析了法益的通约性的基础上，对于诸如民间金融刑民交叉问题之类的复杂的跨部门法冲突，就提示我们不必再纠结于刑民部门法律规范的矛盾，转而回归到法益层面进行分析，在认知和把握法益构造的基础上寻求新的解决路径。

我们先来看正常的涉众型民间融资的利益格局。这个利益格局如果用图来表示的话，就是一个以债务人为中心的平面发散的同心圆构造（如左图 3.1.1 所示）——债务人和诸债权人之间的一个个债务关系基本上是平行的，互不纠葛的；而如果存在违约，各债权人均就自己指向债务人和担保人的合同关系独立求偿，形成一个反指向中心的平面汇聚的同心圆格局。鉴于每一笔债务都是各自独立，是平行关系而不存在交叉的。如果从法律关系来讲，债权人、债务人和担保人这些关联人之间形成的是一种多元一维的法益格局(单一的法律关系)。

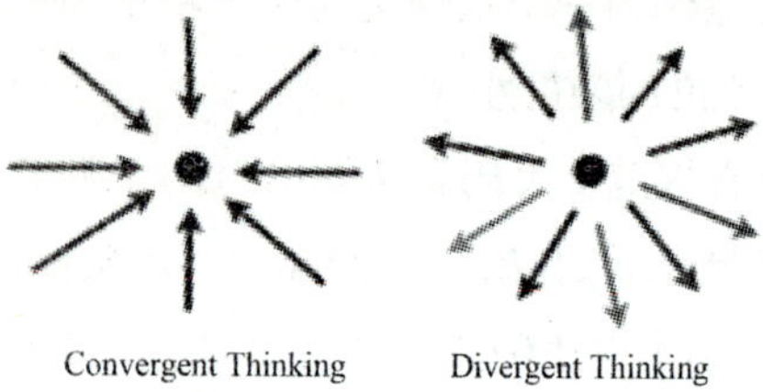

图 3.1.1　刑事评价介入前

图 3.1.2　刑事评价介入后

图 3.1　涉众民间融资行为刑事评价介入前后法益构造对照图

而当刑事介入后,利益格局就会出现根本的改变。因为债务人可供分配的财产有限,关联人(包括债权人、或然债权人、追偿权人等)之间就形成竞争性博弈关系,各关联人之间的行为遂存在决策依存关系,从原来各自独立的、线性的单一法律关系转变成交错勾连的复杂格局。而且,这些关联人各自的程序进程和实体利益不一。一部分关联人可能已经通过民事诉讼获得救济,而另一部分关联人可能还在民事诉讼中;一部分关联人希望法院不审理移送刑事处理,而另一部分关联人则希望法院尽快审结、尽快受偿而回避漫长的刑事处理过程……一个更为重要的变化是,利益格局已从正常状态下的平面式格局演化成为立体分层格局(如右图3.1.2所示)——因为除了债务人之间的私益之外,还必须考虑关联人的整体性利益(集体利益)和由于民间金融外部性和金融风险传导涉及社会整体利益。因此,整个利益格局应当是一个多层(阶)塔式的法益构造。在这种情况下,法益格局就趋于复杂,已从多元一维的简单法律关系演化为多元多维的复杂法益构造。

3.1.4 刑民交叉的系统论本质——“系统际冲突”

法益分析作为连接规范法学和系统法学的桥段，刑民交叉在两个法学领域各自投射出不同的图景。在规范法学层面，它投射出存在位阶等级差异的立体构造，揭示了刑民交叉是一个二维乃至多维的法律构型；而在系统功能法学层面，刑民交叉投射为一种系统际冲突。由此启示我们，如果我们固守平面化的法律关系思维必定会难以解开刑民交叉之结的。我们现在回头从相对简单的一般刑民交叉入手展开分析。

按照笔者在绪论中提出的“法律结构竞合说”，刑民交叉并非法律事实交叉，其实是同一个事实涉及刑民不同法律部门规范的评价交叉的问题，就是同一事实所涉不同法律结构之间的竞合关系。对于一般刑民交叉，只要存在交叉（交叠、互搭），必然也是一种多维的立体构造，只不过它不具有涉众性，相较民间金融刑民交叉，属于一种一元二维的法益构造。我们先就这个较为简单的二维模型展开分析。

按照竞合关系的认知结构以及“刑法看行为，民法看关系”的经验法则，刑民交叉其实也无非就是两类样态。

一是民事性质的行为结构中若干要件交叉到刑事构成要件嵌入刑事评价从而生成刑民交叉，本书称之为“民中嵌刑”类型。这一类型在实务中非常常见，比如交通事故民事侵权后果达到犯罪的严重程度，或民事行为中存在欺诈且因目的触及非法占有故意涉嫌诈骗等。这一类型在实体上的核心问题在于刑事评价的介入能否阻断民事行为的预期后果。

二是刑事性质的行为结构中存在一定的合意或其他性质的民事关系从而生成刑民交叉，本书称之为“刑中嵌民”类型。实务中一些著名的争议案件常常涉及这一类型。比如许霆盗窃案，许霆确属恶意取款，但信用卡规程中又预设有凭密码交易的合法性约定。① 再如帅英骗保案，帅英虚报母亲年龄投保，但当时保险法规却对保险人解约设有除斥期的限制。② 这一类型在实体上的核心问题在于嵌入的民事关系（诸如相关的约定或者被害人的同意）能否阻却刑事评价。③

下面，我们结合两类样态作一个综合分析。

第一，考虑到存在二维的法益构造，我们首先需要有一个分层的位阶意识。张明楷教授提到刑民分界时曾认为是一种"特别与普通"的关系，在笔者看来，说的就是指刑民之间存在层次位阶差异的问题，而不是平面意义上的简单划界。④ 既然一般刑民交叉是一个二维构造，我们必须立足于上述分类下立体的互嵌式位阶关系进行分析。

---

① 2006年4月21日，许霆输入自己银行卡密码取款发现银行自动柜员机出错，遂于当日及次日共取款171笔，金额达17.5万元。此案进入司法程序后，引起舆论的强烈反响。2007年广州市中级人民法院一审以盗窃罪判处无期徒刑，广东省高级人民法院发回重审；2008年广州市中级人民法院重审判处有期徒刑5年，广东省高级人民法院裁定维持。此案中，律师曾提交《广州市商业银行羊城借记卡章程》，以其中"密码相符的交易均视为持卡人合法交易"为由辩护许霆行为之合法性。参见广东省高级人民法院〔2008〕粤高法刑一终字第170号刑事裁定书。

② 1998年和2000年帅英为母亲投保康宁终身保险而虚报年龄，2003年母亲病故后获得27万元理赔金，后因触犯《刑法》第198条保险诈骗罪被捕，但一审法院以帅英因修改前《保险法》第54条保险人解约权的2年除斥期受民事法律保护而为由宣告其无罪。此案在达州市中级人民法院和四川省高级人民法院分歧很大并上报最高人民法院，最终二审法院宣判有罪。参见何海宁：《难道法官的骗保案》，载《南方周末》2005年4月14日。

③ 参见郑小窗、宋风苓：《刑民结合案件中新理论的应用——试论"危险接受理论"》，载《法制与社会》2006年第6期（上）。

④ "所谓的民事违法与刑事犯罪的界限，基本上是一个假命题……二者之间不是界限问题，基本上是特别与普通的关系问题。"参见张明楷：《〈刑法〉分则解释原理》，中国人民大学出版社2011年版，第240～241页。

第二，在位阶意识下，我们要正确厘定刑民位阶关系与观念差别。前面§2.1.2节已引述了梅尔克创立并由凯尔森发展的法律秩序位阶结构说，法律秩序的“位阶结构”原理是在出现价值评判矛盾（规范冲突）时，上位阶的法优于下位阶的法。[①] 一方面，正如英国著名的公法学者安东尼·奥格斯把市场和私法（民商法）仅仅视为规制的语境，[②]民商法及其所决定的法律关系确实处于相对较低的、较基础的位阶。它与居于其上的法律结构皆存在各具特色的关系，民商法的评价需要考量具体的关系。而刑法则处于较高的位阶，它是二次评价的，是以保障法、事后法和制裁法的身份出现在私法领域中。[③] 如果说宪法是诸法之首，那么刑法就是诸法之后盾；刑法是保证诸法（包括宪法）之得以实现的铁的手腕。[④] 鉴于宪法具有一定的反身型法（规范的规范）特性，实体规范中刑法属于高位阶，尽管在立法层面需要考量前置法的规制能效而衡量刑事介入之必要，但司法上刑法判断是属于相对自在的高阶判断，它并不需要仰赖与前置法关系的考量，它只关注行为本然的可罚性。所以，“刑法看行为，民法看关系”这一刑民关系的经验法则从法律秩序的位阶原理来看也是具有一定合理性的，可以作为我们分析刑民关系的基本指引。

在绪论中已述及，实体上刑民关系具有违法性上的层递关系。

---

① 参见［德］伯恩·魏德士：《法理学》，丁晓春、吴越译，法律出版社2013年版，第118页。

② 参见［英］安东尼·奥格斯：《规制：法律形式与经济学理论》，骆梅英译，中国人民大学出版社2008年版，第15～28页。

③ 杨兴培、田然：《刑法介入刑民交叉案件的条件：以犯罪的二次违法性理论为切入点》，载《人民检察》2015年第15期。

④ 冯亚东：《理性主义与刑法模式》，中国政法大学出版社1999年版，第123页。

民事上的完全合法的行为，刑事上也不可能构罪；然而，民事上的不法行为如进一步触动刑事要件就可能构罪。易言之，刑民交叉时，刑事认定作为自在的高阶判断应该根据自身的性质和目的按照犯罪构成原理独立进行“可罚性”判断，有关刑法上的要件判断不受民商法思维的影响或按照民商法的概念和逻辑框架进行解释。应当注意的是，规范法学下法律概念或观念是具有“场域依存性”①的，民事场合的概念或观念不一定适用于刑事判断。比如，单就所有权这一概念而言，依照刑民法律各有不同的规制目的会存在不同的解释路径。日本刑法学者佐伯仁志与民法学者道垣内弘人在其著作《刑法与民法的对话》就曾结合日本最高裁昭和 61 年 7 月 18 日决定的一个案例为素材阐明刑民关系。这个案例是关于被告人毁坏自己先前已设置抵押的房屋抗拒执行，但该抵押依法早已被撤销。那么，是否要根据民事关系（抵押撤销）判断成被告人是毁坏自己的所有物而不构成损坏建筑物罪。这里就是涉及对所有权问题的在刑民不同体系下的认知问题。其实，规范法学下，所有权概念的运用是具有场域依存性的，民事法上要着力从为经济流转秩序提供产权基础和权属指引的角度去理解，刑事法上则应着意维护既定的权属关系。② 从经济学上的交易费用原理看，民事法律制度的功能主要在于降低内生交易费用，抑制经济运转中机会主义的寻租行为；刑事法则着力于固化既定归属，降低外生交

① 所谓“场域依存性”系笔者借用布迪厄创制的“场域”概念用于喻指法律概念在不同的法律领域需要因应其所在“场域”作不同的理解。实体法和程序法上都存在此类“场域依存”的现象。参见童伟华：《日本刑法中违法性判断的一元论与相对论述评》，载《河北法学》2009 年第 11 期；张卫平：《论讯问、询问笔录在民事诉讼中的证据效力》，载《清华法学》2011 年第 1 期；等等。

② 参见审理该案的长岛法官的评述。［日］佐伯仁志、道垣内弘人：《刑法与民法的对话》，于改之、张小宁译，北京大学出版社 2012 年版，第 170 页。

易费用。[①] 所以，刑法意义上的所有权更加抽象，且着眼于“既存”秩序的维护；而民法意义上的所有权则是一个具象化的概念，需要放置到具体的法律关系中加以理解，而着眼于提供产权分际以便构建关系前提。作刑事判断时不可盲目援用民法上的所有权概念与相关思维框架作为根据。

这样看来，上述第二类模型——“刑中嵌民”所致的刑民交叉很可能是一种“伪交叉”。因为刑事作为背景而且刑事判断又具有高阶判断的独立性，这显然是低阶的民商事规范或约定难以阻却的或产生干扰的，其实我们的困扰只是在交叠的观念层面。——民商事上权益是一种具象的法益，它必须安置于特定的关系层次和关系格局中才有意义，这其实就是“民法看关系”的本然之义，而刑法要保护的法益则是一种一般的、抽象化的法益。或者一定程度上也可以说，刑法之法益是“先天的”（抽象未成形的），民商法上之法益是“后天的”（具象的、已成形的）。既然民商事的合法性是具象意义上的，只是某一个向度或者层次上的合法性，则未必能证成抽象化的刑法层面的合法性。因此，第二类模型其实是低阶的民事关系无法阻却高阶的刑事评价（民不抵刑），难以形成真正显著的交叉，大多具有刑事责任倾向。[②] 但即便是第一类模型，刑事的高阶判断也明显更重要。

第三，刑民交叉，特别是作为常见类型的第一类交叉，在作出

---

① 内生交易费用指交易中由机会主义的对策行为所引起的交易费用，外生交易费用则指在交易过程中直接或间接发生的那些费用。参见杨小凯、张永生：《新兴古典经济学和超边际分析》，中国人民大学出版社2000年版，第90～100页。

② 正如有学者指出，“因侵权而犯罪”具有民事责任倾向性，“因犯罪而侵权”具有刑事责任倾向性。参见李兰英、蒋凌申：《论“因侵权而犯罪”与“因犯罪而侵权”》，载《现代法学》2012年第5期。

刑事评价后仍要综合考量具体情形作出民法上的评价。正如最高人民法院 2015 年 8 月法释〔2015〕18 号司法解释第 13 条的表述——(涉罪合同)“并不当然无效”。但问题是“不当然无效”包括了有效、可撤销(有条件的无效)、无效三种可能的民事评价情形,其间又该如何划界呢?该司法解释第 14 条提供的标准为“违反法律法规效力性强制规定”,再加上原有的《合同法》第 52 条和《民法通则》第 58 条确实构成了一个无效认定的规范依据。但问题是,现行法律、行政法规的效力性强制规定非常稀少,这是否意味着刑民交叉情形下大量的涉罪合同民事上都会倾向于有效的认定呢?除了司法解释明确罗列的几类情形,大部分的刑民交叉合同司法上效力认定起来还是很模糊、很困难的,我们似乎有必要进一步探究刑民交叉下涉罪合同的效力划界的一般准则。

从系统功能论角度看,刑民交叉的本质是一种存在于不同位阶系统之间的系统际冲突。刑事高阶判断后的民事评价是要根据民事系统其与之关联的周围的法律系统的运行状态的关系作出。正如图依布纳指出,系统际冲突的结果是要么是系统独特的自身世界的建构瓦解,要么是一个高层次(高阶系统)的运行不确定性。① 对于民商法的私法系统而言,“自身世界的建构瓦解”的实质上意味着私法的调整和市场机制的失灵,表现为相关法律行为的连接性(效力)的断裂,就是法律行为无效;而“高层次运行的不确定性”则意味着处于比私法系统更高阶的行政法或经济法系统的运行模式和秩序的异化。前面§2.1.3.1 节已述及,对一个再生产自己的系统来说,系统的符码必须保持同一,而结构或过程则可能

① [德]贡塔·图依布纳:《法律:一个自创生系统》,张骐译,北京大学出版社 2004 年版,第 114 页。

被改变。系统符码的改变标志着以它自己的特定符码为基础的运行的终结。由于这个原因,仅有的可能解决方法采取非常不令人满意的妥协形式,也就是使系统自己的符码不受触动,而尽可能在该符码的限度内使程序适应于别的系统的自我描述。这个方法预先假定在符码与程序之间有一个清晰的区别。① 但是,这个方法有一个代价,即程序变得不确定。它必须努力符合社会环境的确切要求,而又保持与它自己的符码兼容。所保持的全部就是要以一种使普遍化得以可能的特别方式适应特定的情形。② 易言之,刑民交叉下,民事层面的"不当然无效"通常带来刑事处置程序的异化。这一现象在非法集资处置的实践中已凸显出来。

因此,按照图依布纳的系统际冲突理论,刑民交叉的结果是要么涉罪合同全然无效,要么改变高阶规制的结构或程序。显然,权衡之下,一般都会倾向于尽量避免私法调整的崩解而乐于采取"不当然无效",即维持有效/无效的效力符码机制的立场,通过结构化和程序再造的路径建构协同去破解刑民交叉的冲突。认识到刑民交叉的本质是系统功能论下的一种系统际冲突,使我们认识到对于这样一种的混沌状态其实没有必要也没有办法对涉罪合同的效力进行理论上的统一划界。一方面,作为比较简单的一般刑民交叉,我们除了可以用司法解释第 13 条、第 14 条以及《合同法》第 52 条、《民法通则》第 58 条等既定规范工具进行效力评价外,实际上也可以运用结构化的路径来判定,比如我们对于不同位阶的系统

---

① Niklas Luhmann, *The Coding of the Legal System*. In A. Febbrajo. and G. Teubner(eds.), State, Law, Economy as Autopoietic System: Regulation and autonomy in a new perspective Law. in new perspective. Milan: Giuffrè, 1992, pp. 145 – 186.

② [德]贡塔·图依布纳:《法律:一个自创生系统》,张骐译,北京大学出版社 2004 年版,第 116 页。

冲突，就可以用“耦合”路径中的“一般化”方法，就是运用“诚信原则”以及“公共政策”一类的“一般性条款”来进行反思性判断。比如，甲对乙之财产进行无权处分转卖于丙构成诈骗，甲丙之间合同虽然涉罪，但因丙系成立善意第三人，如判断甲丙合同为无效则不符合“诚信原则”及“公共政策”等一般性条款的高阶约束。而担保类的涉罪合同如果债权人没有参与串通，单以债务人涉罪判合同无效同样也存在“使过错方得利，无过错方遭损”的格局，也因可视为违背诚信原则而维持合同有效。最高人民法院公布的很多案例都是体现这一处理方式。① 但是，一般化的同时，也必须警惕把政治权宜、经济功用等无原则地引入法律系统，造成法社会学化约论（Reduktionismus），从而迷失了“法”现象本身。另一方面，对于涉众的民间金融司法规制形成的更加复杂的刑民交叉，是无法通过司法解释第13、14条进行逐一判断的，我们可能只能转向用前章论述的结构化路径或程序创新路径破解，下文将进一步展开分析。

3.1.5 作为分析对象的“沟通构型”

考虑法律关系的元数和维数，主要是为进行系统分析奠定基础。前已述及，同一对主体间形成的法律关系计为“元”，而法律关系之间存在的位阶计数为“维”。在多元多维法律关系情形下，秉持规范法学下法律关系及其三要素的分析进路已经显得意义不

① 参见最高人民法院〔2012〕民再申字第212号“岳阳友协置业有限公司与交通银行股份有限公司佛山南海支行及吴荣华、佛山市友协国际贸易有限公司、常谦进、徐可明借款合同纠纷申请再审民事裁定书”（裁定日期：2013年4月22日，审判长陈宜芳，代理审判员刘小飞、潘杰）；再如，〔2013〕民二终字第136号“某银行与某运输公司等借款合同纠纷案”，见《中国农业发展银行通辽市科尔沁区支行与大连利丰海运集团有限公司、通辽经济技术开发区万通粮油有限责任公司金融借款合同纠纷二审民事判决书》（审判长王宪森，审判员殷媛、杨征宇）。

大，应该寻求新的分析方法。民间金融刑民交叉就是一种典型的多元多维格局，如果运用规范法学及其法律关系分析方法会受到极大的挑战。为了寻找新的解析方法，需要把这个由多元多维法律关系交错形成的关系网络模拟为抽象的"实体"，并首先厘清它如下三个方面的根本属性。

第一，法律观念的实证化。我们注意到民间金融刑民交叉的多维关系是一种立体的法益结构，它融合了法益的功能视角、自我指涉性以及抽象整合等诸多特质，形成一种多元耦合的内生互动系统。这种内生互动系统在规范冲突的背景中生成，其复杂性又转而瓦解规范体系的等级秩序和运行逻辑。这样，借以生成这个互动系统的法律规范在该系统的运作中反而不能被机械地理解、执行和实现。其原理正如法国法学家皮埃尔·勒格朗所指出的那样，同一法律规则在法律的移植中会导致意义的异化。[①] 易言之，这个互动系统中所涉的法律规范应作一种文化背景意义上的运用，并按照这个系统运作的逻辑和秩序进行解释和执行。这样，它已经偏离了那种以法律规范为前提的法律关系的含义。考虑到它的立体化，我们似乎可以改称其为法律结构，但应当强调的是，这里的法律必须做别样的理解——那就是卢曼所谓"社会系统的法"的理念。卢曼理论中的法律，不同于规范法学意义上的法律，但也不是一如那些高度化约于社会学的法社会学理论那样把"法律"置换成"与法律有关的现象"，成为一种"没有法律的法律社会学"。[②] 卢曼的

---

① Pierre Legrand, *Comparatists-at-Law and the Contrarian Challenge*, Inaugural Lecture, Tilburg University, 1995, n. 33; Pierre Legrand, *The Impossiblility of "Legal Transplants"*, 4 Maastricht Journal of European and Comparative Law, 1997, p. 119.

② 杜健荣：《卢曼法社会学理论研究：以法律与社会的关系问题为中心》，法律出版社2012年版，第100页。

法律是高度实践面向，是一种嵌入并依存于社会系统的“规范结构”，强调的是对于规范性预期的一般化统合，是定位于“实效”意义上的。这正是我们前面提到的他的“实证法”概念的精髓所在。这样看来，在这个互动系统中，实定法必须被置于互动实践的语境中作为一种达致预期在工具意义上被运用，而不再是必须不折不扣被执行的圭臬。正如卢曼1993年的巅峰之作就定名为《社会的法律》，可见卢曼意义上的法律是带有强烈的社会面向和实践面向的，是一种与社会共变演化的实证化的系统结构。

第二，关系模式的有机化。这种内生互动系统的关系模式不再是单一单线的法律关系，也不是一种静态的、僵固的法律结构，而是一种活化/有机化的立体关系构型。作为以法益立体交织构建的关系构型，这是一种自我生成的、自我维持的、动态的、多元耦合的沟通过程，其内涵的系统论特性已然无法为传统法学上的法律关系或其他任何概念所涵摄。图依布纳2006年在《现代法评论》(MLR)发表的一篇论文中将一种自我创生、自我维持的沟通过程定名为“匿名的沟通魔阵”(anonymous matrices of communication)。[1] Matrix的本义是子宫、母体、孕育生命的地方，同时在数学上既表示矩阵，也可以表示统计数据等方面的各种有关联的数据。笔者揣测，图依布纳创制这个概念同时借用了生物学和数学的含义，其意兼而有三：一是如“矩阵”般多元多维且可通过不断变换转置进行结构化与再结构化；二是表达内在各种关系的交叉关联的有机沟通；三是表达其生命特质，即能够自我生成(autopoietic)和时序演

① See Gunther Teubner, *The Anonymous Matrix: Human Rights Violations by "Private" Transnational Actors*, The Modern Law Review, Vol. 69, No. 3, 2006, pp. 327 – 346.

化生长。总之，Matrix 无非是卢曼－图依布纳系统功能论体系中一种动态的沟通构型，它以沟通为基本元素，满足系统功能论应具备的自我指涉、共变演化以及自我生成等反身性的特质，强调沟通基础上的耦合。[①] 笔者认为，“魔阵”（Matrix）的译法过于抽象，主张基于凸显“沟通”作为自我指涉系统的基本单位这一特质改称其名为“沟通构型”（communicative matrix），或从其内在关系多维交叉的复杂状况命名为“交叉构型”（overlapping matrix），似更为平易而传神。

第三，“沟通构型”属于经济法性质。民间金融刑民交叉是一种典型的多元多维的法益构造，跨越不同的位阶，存在着私益、集体利益以及公益的交叉。如果按照规范法学的思维，应该属于经济法律关系。因为公私益的交错牵涉到公共经济关系，而经济法是调整公共经济关系的法律，经济法的本质即为公共经济法。[②] 我们可以认为民间金融刑民交叉生成的法律关系是经济法律关系。这里值得一提的是，在法学领域，所谓“经济法律关系”是指经济法规范调整特定主体的行为而形成的权利、义务关系，而不能误以为是指“具有经济内容的法律关系”。[③] 这样，如果基于系统功能论层面的理解，也同样可以说这种“沟通构型”具有经济法性质。

下面，笔者将摒弃传统法律关系分析的三要素法，转向系统分析的方法。前面 § 2. 1. 3. 1 节已述明，卢曼系统论是适用符码、结

---

① 参见［德］贡塔·图依布纳：《匿名的魔阵：跨国活动中“私人”对人权的侵犯》，泮伟江译，载［德］贡塔·图依布纳：《魔阵·剥削·异化——图依布纳法律社会学文集》，泮伟江、高鸿钧等译，清华大学出版社 2012 年版，第 182 页。

② 单飞跃：《公共经济法：经济法的本质解释——兼与李曙光〈经济法词义解释与理论研究的重心〉一文商榷》，载《政法论坛》2006 年第 3 期。

③ 王果纯：《现代法理学：历史与理论》，湖南出版社 1995 年版，第 204 页。

构和程式的三维分析法。这样，就可以从系统论角度开辟不同于传统法律关系分析法的另一进路解析民间金融刑民交叉生成的“沟通构型”。

3.2 民间金融司法规制生成法律构型之系统论解析

3.2.1 符码维度

什么是符码？卢曼指出，符号体系（code，符号、符号代码）必须理解为以简化形式表达的非常复杂的结构的互动处境，因此作为一个单元被体验。为意指在某种位置上的结构，（需要）为在它的指称范围内的任何项目寻找并赋予不同的互补项目，形成诸如“正确/错误”，或“有意义的/无意义的”之类的二元图式。符码因而表达一种稳定的可能性，如果进一步条件产生的话，作为可能有生产性的系统的自动催化剂之预备。在机会需要时（尽管不依赖机会的分布，除非考虑到过程的延续或可能性），符码生产出系统的结合特征，作为进一步起作用的先决条件。① 由此可见，对于一个运作时关闭/认知时开放的自我指涉的系统，符码的作用就是维持系统的运作封闭，以二元图式化方式维持自身的统一性。②

那么，对于民间金融刑民交叉生成的“沟通构型”，应当使用怎样的二元图式作为系统的符码呢？笔者认为，最合适的符码显然应当是合同的效力，用二重范式表达就是合同有效/无效。因为通

---

① 参见[德]尼古拉斯·卢曼：《权力》，瞿铁鹏译，上海人民出版社2005年版，第35~37页。

② 杜健荣：《卢曼法社会学理论研究：以法律与社会的关系问题为中心》，法律出版社2012年版，第171页。

过 § 3.1.3 节的法益构造分析，不难看到这一个复杂的“沟通构型”本质上就是通过合同关系建构的。我们通过法益的通约性打破规范分割的藩篱从而已然建构一个功能系统，而法益本质上又系于对利益救济的社会功能。我们在规范法学层面早就能够理解，合同效力问题会从根本上关系到救济的方式和程度，因而是一个牵涉到系统维存的根本性问题。而事实上，本书的文献综述部分与第一章亦已经表明，对于民间金融刑民交叉下合同的效力问题已经引发了理论上和实务上最激烈的分歧。可以说，抓住了效力问题，就抓住了整个“沟通构型”的中枢。而首要的问题就是，效力到底是什么？有效/无效取决于何者？效力的渊源或者基础是什么？

3.2.1.1 效力的系统意义

在规范法学的视野里，效力问题并不关乎法律规范或者契约条款的质量，尽管我们不排除宣布违背公序良俗的合约或者违背宪法的法律不具有法律效力，但这绝不是因为这些规范或者条款内在质量，而是由于存在规定法律效力条件的现行法律。在我国，《民法通则》第 58 条和《合同法》第 52 条就是这一类的效力性规定，可称之为“适法规范”。[①] 因此，在规范层面，似乎效力的基础就在于这些“适法规范”，我们解决效力冲突就是要强化这些“适法规范”的教义学解释或者优化这些“适法规范”适用性。笔者把对效力基础的这一认知理路称为“适法性”进路，即效力的基础取决于既定法律秩序下具体的、实定的法律规范的确认。需要注意的是，这里的适法性是指合法律性(legality)而不是指合法性(legitimacy,

① 谢鸿飞：《论法律行为生效的“适法规范”——公法对法律行为效力的影响及其限度》，载《中国社会科学》2007 年第 6 期。

正当性或合宪性)。① 但问题远不是这么简单,仅仅诉诸规范即可。

我们先从分析民间金融刑民交叉发生的效力冲突这样一个具体的样本入手。因为涉非法集资犯罪的合同有效还是无效关系到诸多关联人(包括债权人、担保人等)在司法处置中的根本利益,而法律上效力条款应用到具体语境尚存在争议的空间,从而形成尖锐的效力冲突。从这类问题早期司法处置中基于我国民法实践中长期的"违法 = 无效"简单化公式出发的"当然无效论"到 2011 年最高人民法院公布浙江德清法院的指导性案例的"不当然无效论",从各高级人民法院指导意见的分歧到 2015 年最高人民法院关于民间借贷的法释〔2015〕18 号司法解释正式确立的"不当然无效"论,刑民交叉合同效力问题目前似乎已经从意见摇摆期进入一致化的状态,问题似乎已然解决。但笔者对此并不认同。尽管最高人民法院司法解释一定程度上弥合了合同效力的冲突,但仍然存在未解决的问题甚至带来了新的问题。笔者当然也认同该司法解释第 13 条涉罪合同"不当然无效"的规定,因为法律创设合同效力制度就是为了调适私益与公益的冲突,在个体与社群之间寻求一个合适的群已界限或者说寻求均衡。显然这个均衡是复杂的,而不可能是非黑即白那样的分明,"当然无效"秉持了公益绝对化的立场,而"当然有效"则强化了私益的优先地位,在现代社会如此复杂的语境下,在公私益分界的问题上已很难再坚持一个绝对化

① legitimacy、legality 是两个在政治学、法学和社会学领域常见而又易生歧义的学术名词。在一些译著里将 legitimacy 译为正当性或合宪性,legality 译为合法性;有的又都译为合法性。从二者关系来看,legitimacy 强调的是该法律或统治秩序的正当或适当与否的评价;而 legality 则指在该法律秩序下的行为或制度是否符合于具体的法律规定的确认。鉴于此,本书将 legitimacy 译为合法性,legality 译为合法律性以示区别。

的取向。但是,仅仅有“不当然无效”这样的原则性表述是不够的,必须还要具备可操作性。该司法解释又将涉罪合同效力的判定委诸《合同法》第52条和该司法解释第14条列举的无效情形,笔者认为在实务层面其实并不妥适。民间金融司法规制中处理涉罪合同效力主要是为了妥善解决涉案财产便捷公平的处理,但实际上该司法解释第13条、第14条规定的路径对于实务上解决集资案件中刑民交叉以及相应的财产处理问题的作用会依然十分有限。第一,非法集资案件所涉及的人数和债务笔数通常十分巨大,“‘不当然无效’原则+合同法第52条+该司法解释第14条”的判定方法对于单个案件界定尚属可行,但对于涉众型的民间融资刑民交叉时如果按这个依据逐笔界定涉罪合同效力,因为涉案债权人或其他关联人人数往往具有几十人甚至几百人之多,其证据采集、核实工作量之浩大将使司法部门不堪重负。比如温州地区涉案金额巨大的立人教育集团非法集资案,在官方主持的债权登记中,共有5207人申报对立人教育集团的债权,温州中院立案审理该案后264位债权人已向温州市中级人民法院提起刑事附带民事诉讼,可见涉及刑民交叉的需要鉴别效力的合同的数量之巨。第二,第14条无效的情形很大程度上立足于出借人或借款人“事先知道或者应当知道”,而这一类主观事实的取证、认证通常也是极为困难。而由于关联人之间对于债务人有限财产的分配是竞争性的,对于“事先知道或者应当知道”之类的事实之指摘、举报和控告势必相当踊跃,给力量投入有限本已穷于应付的司法处理带来更大的压力。第三,该司法解释第14条的规范结构的合理性值得质疑。该第14条列举情形其实并不能为作为兜底的“法律、法规效力性强制性规定”所涵盖,比如公序良俗与“事先知道或者应当知道”之类的事由被纳入，这不符合“同类规则（*Ejusdem Generis*）”①。实际上，专门的效力性强制性规定极少——因为私法上自身的效力性规定多为相对无效，即德国法上的“不生效（Unwirksamkeit）”而不会是“绝对无效”（Nichtigkeit），②而现代公法的强制性规定亦通常不会附加针对私法的效力条款。以该第14条与第13条一并观之，刑法规定亦并非效力性强制性规定，因为“不当然无效”。这实际上已经意味着，在民间融资处置的司法实践中，大量的涉罪合同将被司法部门认定为有效，因为能够判定无效的规范根据的空间极度缩窄。而这与司法实务处理的实际情形相去甚远，比如实务中进入刑事处理的借贷合同一般是不会计算利息的，只是单纯计算本金。而如果是有效的借贷合同，利率上限以内的有效约定为什么不计算利息？而一旦计算利息，司法的处置和分配又会大大复杂化。

从上面的分析可以看出，优化“适法规范”是十分困难的，因为你必须首先有针对性地从实质上界定有效性并形成具备可操作性的规则。而“适法规范”是十分特殊的，它不同于一般的法律规范。如果按照卢曼的看法，它甚至根本就不是一种规范，因为规范被定位为对抗现实而稳定化的行为期望这样的功能概念。③ 而“适法规范”的真正作用在于使公法与民法对接，它最集中的体现了私法领

① 同类规则指在通称语言之前的特定事项是否属于同一类别。各项特定事项一定要拥有一些共同与主要的特征。同类规则虽然一般适用于合约的解释，但作为比缔结合约更为重大和正式的立法，在立法逻辑和技术上亦更应当遵循。参见杨良宜：《合约的解释》，法律出版社2007年版，第188页。

② 相对无效指法律行为或处分相对地不发生效力，如对特定的人或在特定的方面没有效力，“不生效”不会带来任何法律上的不利后果，甚至也不妨碍当事人将该行为看成有效的，只是不能运用法律的强制力来实现这些行为。参见［德］迪特尔·梅迪库斯：《德国民法总论》，邵建东译，法律出版社2000年版，第372页。

③ 参见［德］尼古拉斯·卢曼：《社会的法律》，郑伊倩译，人民出版社2009年版，第52页，第68页。

域内的管制与自治的冲突。[①] 所以,“适法规范”实际上只是一种法律运作中的一种连接标志。这正如卢曼所阐述的那样,效力不是别的,它无非就是在一切运作中共同起作用的连接标志。[②]

“适法规范”不是规范的说法似乎很难令人接受,毕竟它具有规范的形式,我们为此会需要理论上的解释。那么我们是不是可以把它看成凯尔森(H. Kelsen)意义上的“基本规范”(Grundnorm, basic norm),就是认为“适法规范”是一种赋予其他规范以效力的更高规范?[③] 或者把它视为哈特(H. L. A. Hart)意义上用于指涉或改变设定义务的“第一性规则”之上的“第二性规则(secondary rules)”?[④] 亦即转向等级制的规范效力理论,就是把“适法规范”作为一类特殊的规范看待,即作为比普通规范更高阶的一类规范看待。但是,一个显而易见的问题就是“适法规范”本身存不存在效力问题呢?如果也存在效力问题,那就会导致无穷的追溯。“高阶规范”这一解释进路看起来也未必能行得通。

所以,效力问题不属于一个法律系统(或“沟通构型”)的结构

① 谢鸿飞:《论法律行为生效的“适法规范”——公法对法律行为效力的影响极其限度》,载《中国社会科学》2007 年第 6 期。

② [德]尼古拉斯·卢曼:《社会的法律》,郑伊倩译,人民出版社 2009 年版,第 53 页。

③ 按照凯尔森“纯粹法学”,规范的效力理由不能用道德或社会事实来加以论证,而只能由另一规范来加以论证。为避免无穷地追问下去,只能在某一点上停下来,假设一个作为整个国家法律制度最终效力理由的规范,这就是基本规范。基本规范的功能在于授予宪法以法律效力,使创制历史上第一部宪法的行为成为一个合法行为。参见何勤华:《西方法律思想史》,复旦大学出版社 2005 年版,第 318 页。

④ 按照哈特的两类规范论,哈特的“第一性规则”的功能就是设定义务。第二性规则是规定人们可以通过做某种事情或表达某种意思而引入新的第一性规则,或者废除、修改旧规则,或者以各种方式决定它们的作用范围或控制它们的运作。第二性规则的功能是授予人们以权力,引入或改变第一性规则。参见何勤华:《西方法律思想史》,复旦大学出版社 2005 年版,第 323 ~ 324 页。

（实体规范）部分，它是一个符码（连接标志），是属于作为一个整体之系统的一种性质。① 因为法律效力标志作为法律的统一性标志超出了认知性（审理性的）和规范性的问题之分。② 正如卢曼指出，实证法的有效性并不是因为存在着授予其效力的更高规范，而是因为其选择性实现的一致性功能。③ 看来，效力冲突是不可能通过“适法规范”的教义学解释或者任何规范路径得以解决。

在系统功能论的视角下，效力与运作的系统之关系投射到语言学上其实类似于元话语与对象化话语的关系。效力是一种更高阶的表征系统整体特性的连接标志，是抽象的元话语/元程序，它与系统的具象结构不在一个位阶层级上。卢曼曾形象地用“词形变化”（shifter）来解释它。——这里所涉及的是一种符号（语言学上最好的例子是人称代词），这种符号只有在与使用这一符号过程相关时才可以使用，因此，它随时随地都在变换它的对照，这就必须要求放弃固定的外部对照，但恰恰以此表达了系统内存在着的一种固定关系，即那种通过这种变换在与环境相区别中以有控制的动态形式建构自己的固定关系。④ 不难看到，这个符码是依存于时序演化过程的，是系统内生的、体现系统整体特性的一种固定关系，并成为其他建构的基础。这也就揭示了效力的标签功能，一方面，系统的整体特性与实时性状抽离向外投射为凝练的标签；另一方面这个标签又成为涵摄、指导系统新发展的出发点。这样，这个

① Alf Ross, *On Law and Justice*, London: Stevens, 1958, p. 36.

② ［德］尼古拉斯·卢曼：《社会的法律》，郑伊倩译，人民出版社2009年版，第51页。

③ ［德］尼克拉斯·卢曼：《法社会学》，宾凯、赵春燕译，上海人民出版社2013年版，第245页。

④ ［德］尼古拉斯·卢曼：《社会的法律》，郑伊倩译，人民出版社2009年版，第54页。

符码本质上是与时间连接的。正如卢曼指出，唯一的、必要的效力基础就存在于时间之中，更具体地说，存在于社会及其环境的一切实际运作的同时性（Gleichzeitigkeit）①之中。因为现实发生的一切都是发生在现在——而不是发生在过去和将来。现实性是随着当下而不断变换的，而同时性则是一种人的认知难以捉摸的偶在。故只能在给定的时刻中由法律系统及其社会的和心理的环境的其他运作来证明效力标志。唯一的效力检验也就在系统效力状态成功的不断变化之中，在从运作到运作的不断接续之中，在系统的自我生成之中。②

那么，有效无效的关系如何呢？卢曼进一步指出，虽然效力不是规范，不是基本准则，也不是超准则，但它是一种形式。效力标志作为形式表明了两个方面的差别：有效与无效。在任何一种情况下，都只存在作为两面形式的形式，而且在任何一面都不能没有另一面的存在。在任何一种情况下两种表述，即正面的表述和反面的表述，都是系统内部运作的结果，并且与内部状态有关联。即使无效，例如某个合同或某个法令的无效，也是法律系统的一种状态，而不是其环境的状态。……此外还应该注意，效力标志是对法律系统自己的活力的反映，并且只有当法律系统分立到能够自己改变自己的时候才需要效力标志。③

综合卢曼对效力的论述，我们可以看到，卢曼的效力概念是动

---

① “共时性”见于索绪尔的语言学和荣格的现象学。在前者指同一集体意识感觉到各项同时存在并构成系统要素间的逻辑关系和心理关系；在后者指“有意义的巧合”。卢曼在此运用可能兼具两者的意味。

② ［德］尼古拉斯·卢曼：《社会的法律》，郑伊倩译，人民出版社2009年版，第55页。

③ ［德］尼古拉斯·卢曼：《社会的法律》，郑伊倩译，人民出版社2009年版，第52页。

态的，它是作为一个循环性标志而存在，系统以其来标志自己的瞬间状态。效力的深层基础在于系统的各种实时选择汇合而呈现的一种总体上的性状，而效力状况在这方面或另方面应该有所改变的话，就必须以此作为出发点。① 故笔者认为，效力的实质就是描绘系统实时状态的结构化标签。效力的基础和渊源就是系统的当下性状。

3.2.1.2 民间金融的时序演化过程与涉罪合同效力

在确立效力是系统实时性状的标签之系统论认知后，我们就要分析民间融资过程实时性状的演化特征。民间融资时序演化过程实际上在非法集资案件的审理中也得到了司法部门的肯认。下面，我们引用温州市著名的非法集资案件钱月珍集资诈骗及非法吸收公众存款案的法院判决情况来说明。尽管本案只是一个地方性中级人民法院的案例，本案的〔2013〕浙温刑初字第27号刑事判决书也并非最高人民法院的指导案例，甚至也并非终审判决，但本案检察机关与法院对于融资过程性质的不同理解以及法院处理本案的认知和思维路径是值得深入分析的。

1. 民间融资的时序演化过程与涉罪合同效力

对于钱月珍非法集资这一案件，温州市人民检察院是以全案构成集资诈骗罪提出指控的。具体指控内容为：2007年起，钱月珍虚构投资和盈利事实，以高利息为诱饵，伙同徐×、陈××等人（均另案处理）以私人或其所办担保公司名义，向被害人杨朝明等172人非法集资人民币57,431.6万元，并支付利息人民币11,405.9565万元，2011年9月逃离出境前仍从事集资活动，隐匿账本且逃避返

---

① ［德］尼古拉斯·卢曼：《社会的法律》，郑伊倩译，人民出版社2009年版，第298页。

还。检察机关遂认为被告人钱月珍的行为已触犯《中华人民共和国刑法》第 192 条之规定，应当以集资诈骗罪追究其刑事责任。

但温州市中级人民法院没有认同检察机关的总括性认知，而是对集资过程的性质演化作出了更加精细化的分段认定，其经审理查明的事实亦是根据行为性质的不同明确地予以分段表述的。

判决书对钱月珍从事民间融资分为三个时段分别展开表述。第一时段表述是关于钱月珍创办民营企业从事正常经营 10 余年的情况，时段为 1998 年到 2007 年、2008 年年间的 10 余年时间。判决书陈述，自 1998 年起，钱月珍与其子徐 × 、儿媳陈 × × （均另案处理）陆续创办温州市东泰制冷有限公司、温州市鑫源冷冻有限公司、温州市金泓信用担保有限公司、温州市亚杰工贸公司等企业，相继购买温州市灰桥路 14 号、株柏路 75 号、株柏路 20 号等拆迁地块以及温州平阳鳌江厂房、解放路店面、东方大厦一层店面、湖北丹江口厂房、宁波溪口厂房等房产，并投资湖南衡阳房产、芬兰中国城、红木等项目。这一段主要表述钱月珍的投资办企业的情况；随后第二段表述的是关于钱月珍非法吸收公众存款的事实，时段为 2007 年、2008 年年间到 2010 年年底的两三年时间，因为盲目投资过大过多造成资金链紧张，遂以私人和所办担保公司名义向社会不特定对象融资，非法吸收公众存款金额达人民币 2. 7 亿余元，未归还额度到案发时仍有 1. 8 亿余元；第三段是表述关于钱月珍实施集资诈骗的事实，时段为 2011 年 1 月到 2011 年年底近 10 个月的时间，这个阶段钱月珍明知没有偿还能力仍然虚构投资及盈利事实，用于补亏和付息，集资诈骗金额为 3 亿余元，案发时无法归还额达 2. 7 亿余元。

温州市中级人民法院判决主文明确地发表了对非法集资过程性质阶段演化的观点。“被告人钱月珍在非法集资过程中并非一开始就具有非法占有的目的，因此，应当只对其非法占有目的支配下的非法集资犯罪行为以集资诈骗罪定性处罚，公诉机关指控全案构成集资诈骗罪不妥，应予纠正。……”法院以非法吸收公众存款罪和集资诈骗罪对钱月珍数罪并罚的内容作出刑事判决。

钱月珍案件的司法处理清晰地展示了集资行为性质演化的过程特征，就是从正常借贷到非法吸收公众存款再到集资诈骗。如果认同效力就是系统实时性状的结构化标签，那么，这个过程所涉及的不同阶段缔结的融资借贷合同的效力似乎应该作出分阶段的认定。易言之，民间融资行为及其性质判别需要纳入相应的时空结构的考量。

2. 规范视角下的涉罪合同效力

2011 年 11 月 10 日，最高人民法院公报〔2011〕第 11 期登载浙江德清法院吴国军诉陈晓富、王克祥及德清县中建房地产开发有限公司民间借贷、担保合同纠纷案的指导案例以后，原先那种涉罪合同“当然无效”的观点逐渐式微，转变为涉罪合同“不当然无效”，而应与刑事评价分开按照民事体系的“适法规范”(《合同法》第 52 条和《民法通则》第 58 条等)独立确定集资项下单个合同的效力，程序上刑民并行处理也渐获认同。

2013 年，刘宪权、翟寅生撰文发表如下观点。第一，非法吸存犯罪是合法借贷行为量的积累导致质的变化所致，而其中单笔借贷的质并无变化，依然是有效合同。第二，集资诈骗犯罪虽然也是由一定数量的借贷组成，但不同的是，其中每笔借贷都存在欺诈，按照《合同法》第 52 条应属可撤销合同，如果当事人不行使撤销权，则属有效。第三，涉罪合同无效论的问题在于借贷和担保的效力被否定的民事后果反而使犯罪人的财产责任减轻了。第四，刑事犯罪中合同效力需要具体到犯罪的各阶段中分别判断，不宜简单认定有效或无效。①

按照上述观点以及司法实务中非法集资实时性状典型的分阶段演化思维，非法集资案件中涉罪合同效力需要具体到犯罪的各阶段中分别判断——在正常借贷阶段应有效；在非法吸收公众存款阶段亦应有效；在集资诈骗阶段应为可撤销。而如果撤销权不行使，则整个非法集资项下借贷合同可能都应该作有效认定。这样，按照德清法院案例在程序上的并行处理方案，这些借贷合同都可以通过法院民事审判处理。而遗憾的是，这与司法实务上的现实处置情况大相径庭。因为一旦债务人涉嫌非法集资，其名下的大部分财产都不仅被民事冻结，而且也会被刑事冻结。包括担保条件比较完备的金融借款案件在内，法院对这些有效合同的判决进入执行阶段实际上都需要与刑事方面进行协调，否则将难以得到实际的兑现，然而刑事程序依然要按照自己的法律根据和逻辑对这些债务和财产进行判断和处置。

所以，实务中2013年10月浙高法〔2013〕241号会议纪要这个专门针对刑民交叉问题的指导意见第8条和第10条确立的是程序上原则以移送刑事处理为主，涉罪合同效力上原则以认定无效为主的机制。尽管各地的指导意见对这两个问题还是分歧不一。但到2014年两高一部公通字〔2014〕16号司法解释第7条就把刑民交叉程序上的移送刑事处理的机制统一起来了。2015年8月最高人民法院法释〔2015〕18号司法解释第5条再次确认移送刑事处理的程序机制，并在合同效力问题上以第13条确立涉罪合同“不当然无效”原则以及第14条的无效认定的“适法规范”。也就是说，

---

① 参见刘宪权、翟寅生：《刑民交叉案件中刑事案件对民事合同效力的影响研究——以非法集资案件中的合同效力为视角》，载《政治与法律》2013年第10期。

最新的司法解释对刑民交叉程序问题并不认同“刑民并行”而是再度确立“先刑后民”的程序原则，对于合同效力问题则是认同“不当然无效”基础上设定无效的情形予以规制。但前已述及，新司法解释对合同效力问题的解决并不彻底，实务上可操作性和有效性依然偏弱。

3. 系统视角下的涉罪合同效力

上述处理进路留存着两个重要疑问需要解决。一是为什么一宗集资项下单个借贷合约都有效，而一旦集合加总后就是法律作否定评价的犯罪行为，这是怎样一个怎样的“量变到质变”的转换机理呢？二是鉴于时序演化过程存在性质转化，比如先非法吸收公众存款，后集资诈骗，按学者看法应该分阶段认定合同效力，即非法吸存一般单个合同有效，集资诈骗阶段则为可撤销，实践中也有此类做法。但问题是这种看法似乎忽略了涉罪评价是针对集资整体层面作出的，一定能够对应传递直至单个合约层面作为单个合约效力的判据么？总体评价与个别评价一定是对应一致吗？笔者认为，这两个问题都值得商榷，而其解决可能都有赖于系统论的视角。

第一个疑问具有明显的悖论意味。其实，总体和局部的性质迥异是悖论的常态。比如著名的芝诺悖论，阿基里斯与乌龟赛跑，乌龟先跑 100 米，阿基里斯比乌龟快 100 倍，这样每当阿基里斯跑到 100 米处，乌龟已前移 1 米，这样阿基里斯永远追不上乌龟！但虽然在阿基里斯追上乌龟之前会经过无限多个时间段，但奥妙在于无限多个时间段加起来却不一定是无限长的时间，这样悖论就可以解开。[①] 无穷级数收敛不也是这个道理吗？何况在系统论中，

① 张骐：《直面生活 打破禁忌：一个反身法的思路》，载[德]贡塔·图依布纳：《法律：一个自创生系统》，张骐译，北京大学出版社 2004 年版，序言第 4 页。

整体涌现性①本来就是系统的最重要的特性。系统不同的位阶往往是悖论滋生的温床,就如同语言学中把处于不同位阶元语言与对象语言相提并论往往生成悖谬。我们只要把单个合约的互动关系看成整体意义上"沟通构型"的子系统,则单个合约和集资整体性质的刑民悖谬就会迎刃而解。如果还是停留在规范法学分割思维的层面,那么,这个整体与局部的冲突也就永远无从解决。

第二个疑问则涉及到第二章引介的系统论上的自我指涉和共变演化原理。在系统论视角下,单笔借贷关系不是孤立的,它是依存于系统等级层次中的一个子系统,作为子系统与其他子系统又是互为系统—环境关系,与比之高阶的系统也是按照系统的等级层次原理相关联的②。由于运行时闭合认知时开放的自我指涉原理,系统对系统之外的因素尤其是"沟通构型"整体性质的变化,不是按照"刺激—回应"直接转化为本子系统内部的效应,而是要按照自我选择的标准及适用于本系统发展的内部逻辑进行共变演化。所以,在整体意义上的刑事评价所形成的外界激扰会产生子系统层面的效应,故单笔借贷的性质不可能一成不变,也会产生变化,但并非点对点的同时性对应变化,即整体评价上的刑事性质(如集资诈骗)并不一定立即对应传导为个别层面(子系统)的合同效力状态(如可撤销)。

① 整体涌现性(whole emergence)指整体具有部分或部分总合所没有的性质。如果系统由若干个子系统组成,就是被组成的高层次系统具有组成它的若干低层次系统所没有的性质,低层次隶属和支撑高层次,高层次包含或支配低层次。参见许国志:《系统科学》,上海科技教育出版社2000年版,第20~22页;或参见曾永寿:《整体涌现探索 系统科学基础研究》,中国物资出版社2007年版,第111~142页。

② 层次是指从元素质到系统整体质的根本质变过程中呈现出来的部分质变序列中的各个阶梯,是一定的部分质变多对应的组织形态。参见沈禄赓:《系统科学概要》,北京广播学院出版社2000年版,第43页。

因此,刘宪权等学者认为的非法集资"(整体上)构成了犯罪,但其中的单笔借贷本质并未发生变化……"是值得商榷的。按照共变演化原理,整体意义上的涉众民间借贷按照时序展开进入不同的刑事评价阶段,也将促成个别意义上(子系统层面)的个别借贷合约性质的变化,但并非对应到整体性质嬗变的时点。正如乔治·S.布朗(George Spencer Brown)所指出的,有效是形式的内侧,无效是形式的外侧。系统从形式的这一面穿越到另一面需要时间。① 所以,对于个别借贷合约而言,这意味着子系统的演化亦必潜藏着实时性状的嬗变点。这就为我们解决总体涉罪项下个别借贷合约效力判别提供了结构化思路,而这个结构化的基准就是时间。

3.2.1.3 从"适法规范"到"刑事保留期间"

在系统视角下,我们不需要去分析个别借贷合约的法律关系或是依据"适法规范"作出效力判断,而是以作为系统整体的"沟通构型"与个别化借贷合约作为子系统共变演化模型下寻求子系统的实时性状嬗变点作为效力分界,落入之前的个别借贷合约评价为有效,落入嬗变点之后的评价为无效。这实际上就是一种以时间为基准的结构化进路。关键是子系统层面上的时序演化意义上的性质嬗变点如何寻找呢?我们希望通过研究一定样本量的非法集资案件,从中发现子系统性状嬗变时点的规律,只要我们通过司法解释把这个嬗变时点直接规定下来,就形成第一级的结构化分流基准,大大方便我们对非法集资案件的处理。

前已述及,效力无非系统实时性状的取向投射(Orientierung

① [德]尼古拉斯·卢曼:《社会的法律》,郑伊倩译,人民出版社2009年版,第52页。

Projektion)。效力造成系统内的接续能力,[1]而无效则反之。无效其实就是当系统的内熵(Entropie)很高而且无法通过有效的规制降低情况下的一种标志性的“熔断”(circuit breaker)机制,是法律选择强力界定产权(Might makes rights)的一种方式。[2] 显然,系统从有效嬗变为无效标签通常会穿越一个系统性状的突变点。而哪一个指标能够最贴切地揭示系统的实时性状呢?对于经济系统而言是价格;对于一个融资系统而言,自然是利率,因为利率是资金的价格。而利率为什么能够成为表达融资系统性状的代理指标(proxy)呢?

奥地利学者欧根·冯·庞巴维克著名的“时差利息论”是利息理论的主流学说。他宣称,同一物品当前比未来的价值更高。[3] 庞巴维克这一学说深刻地揭示了利率的价值时空转换之本质。其实,融资的本质就是债务的时空转换,而利率就是这个转换的比价,随着时间维的张开,债务将不断增长,利率过高将导致债务增长过快,而物质财富无法与之对应到达某个阈值时就会逆转而酿成债务危机。[4] 每一代人都会议定一个利率范围并将其视之为正常水平,并在这个利率范围中成长;远远高出该范围就意味着危机,或者意味着极其过分,而远远低于该范围则意味着人为操控或者不足。[5] 因此,当时空转换价格水平过高(利率过高),则表示融

---

① [德]尼古拉斯·卢曼:《社会的法律》,郑伊倩译,人民出版社 2009 年版,第 52 页。

② 参见汪丁丁:《产权博弈》,载《经济研究》1996 年第 10 期。

③ [奥]欧根·冯·庞巴维克:《资本实证论》,商务印书馆 1983 年版,第 243 页。

④ 钟凤娇:《利率、汇率系统的熵值研究》,载《吉首大学学报》1995 年第 6 期。

⑤ [美]悉尼·霍默、理查德·西勒:《利率史》(第 4 版),肖新明、曹建海译,中信出版社 2010 年版,引言第 4 页。

资系统内在的熵已不可逆转的增加，而熵值作为表征系统内生无序性与紊乱性指标指示着系统的实时状态。

对于一个涉众民间融资非法集资化的时序演化过程而言，一般都存在一个借贷成交利率突然飙升（尤其在接近发案或潜逃的后期阶段）的节点。从这个节点到发案或潜逃的时点显然是一个高度道德风险的时段。民间金融行业内认同的高利贷濒临崩盘的重要信号也是飙升的利率，一般借方主动虚开高利，比如在提供担保物的情况下还可以接受10%的月息，就会被认为是岌岌可危的信号。① 而问题在于这个阶段的道德风险往往还不只是债务人这边单边的恣肆，债权人对如此之高完全背离市场常态的利率予以接受并与之成交，也是可以推断为一种违背公序良俗意义上的共谋。原因是无论在宗教上还是道德上，高利贷从古巴比伦时代就具有背离公序良俗之负面意义。②

所以，利率的飙高超越一定阈值实质上就是表征系统实时状态的熵值越界，与之相联系的效力状态要实现从有效到无效的穿越。而根据最高人民法院法释〔2015〕18号司法解释第14条第（四）项的规定，违背公序良俗的合同亦将是无效的。这个规定同时亦以其他条款贯彻了这一思想。该司法解释以第26条规定24%和36%两档的利率"红线"，超过36%甚至可以请求返还超付的部分，明确地彰显其规制高利贷的鲜明立场。因此，对于一宗涉众民间借贷的时序演化进程中的利率分析实质上关系到整个系统的状态，最高人民法院司法解释规定的利率上限给我们提供了寻

① 夏心愉：《借方虚开高息：高利贷崩盘信号又现？》，载《第一财经日报》2012年7月23日，第A9版。

② 参见［美］悉尼·霍默、理查德·西勒：《利率史》（第4版），肖新明、曹建海译，中信出版社2010年版，第55～67页。

找性质嬗变点的重要根据。

笔者2013年曾在《财经科学》撰文,从实践角度分析非法集资案件刑民处置程序分流的基准,提出设置刑事保留期间(或刑事保护期间)的办法予以解决的构想,也就是仿效美国和法国破产制度上的把破产开始前的一段期间设置为保护期的做法,也把集资债务人跑路或刑事案发前具有高度道德风险的一段期间列为刑事保护期(或刑事保留期),把落于这个期间内的融资(借贷)交易的民事后果归于无效,并同时在程序上纳入刑事处理。① 这实际上是一种以时间作为标准的结构化方法,而且实体定性与程序分流是相对应的。

这个刑事保护期间的起点就是性质嬗变点,终点显然就是案发或者债务人潜逃(俗称"跑路")的时点,这两个关键时点之间的时段因为当事人行为具有高度的道德风险应被宣告为无效并进入刑事处理。非法集资案件通常的规则是只有当集资债务人这笔借贷确实与其非法集资相关,比如是用集资资金购买或者是当时已经严重资不抵债等事实作为支持,才列入刑事处理的范围。但问题是,对于非法集资案件做出这样的精细的逐笔认定需要大量的调查取证,司法工作量之大令人不堪重负,尤其是一些集资规模大和金额高的案件,一个案件就可能完全占据司法部门一个庭处的工作时间。比如像温州地区泰顺的立人教育集团非法集资案,5207名债权人申报债权由官方登记在案,向温州市中级人民法院提起刑事附带民事诉讼作为诉讼当事人的就有264人,凭数字就可以直观想象司法处理的负荷之沉重以及司法资源的巨大耗费。

---

① 参见林越坚:《非法集资与民间借贷的刑民界分》,载《财经科学》2013年第1期。

这样看来,过分追求精确的逐一认定的方法并不具有现实可行性的。我们应该转而寻求结构化的路径,就是使用某一基准作出基本的分界,再辅以微调的善后设计。比如,刑事保留期就是一种结构化的方法,它的结构化基准是时间。问题是这个期间是怎么得出的呢?当然首选经验和统计方法,那就是搜集非法集资案件进行实证分析各个案件集资债务人高度道德风险的行为期间然后进行回归分析,得出一个经验区间。

为实现这一设想,笔者 2015 年曾从温州市人民检察院和龙湾区人民检察院这两个检察机关选取了已经审结的 33 个非法集资案件,从卷宗中直接采集这 33 宗融资每一宗融资按时序排列的逐月的成交利率平均值。这两个样本来源选择是有代表性的,龙湾区是温州民间金融区域性金融风波的始发地,非法集资案件高发而且具有相当规模,作为基层检察院的案件,对于非法吸收公众存款案件,具有很强的代表性。而温州市人民检察院不仅代表全市的情况,而且作为地市级检察院,对集资诈骗案件代表性强。作为主要指标的非法集资"成交利率"全部从案件卷宗中采纳,并且全部按月列出当月各个别借贷合约成交利率的平均值,直到被作为非法集资犯罪立案为止。如果我们把这 33 宗集资每一宗的利率—时间演化数据,绘制成曲线,然后我们寻求每一宗时序过程的利率突变点,然后对这些突变点对应的时间点,以其距离立案时点的时间段作为目标变量进行回归分析,就可以得到这个时间段的经验结果。我们可以对这个经验结果进行检验、修正以后,通过司法解释类似破产法的模式确立一个立案前期间作为刑事保留期间就可以建构刑民界分的第一级基准——时间基准。

2015 年 8 月 6 日的最高人民法院司法解释颁布后,实际上是给出了利率边界的空间参数,24% 以下为有效区间,36% 以上为无效区间。尽管如此，这个利率基准仍然应当按照系统论思维置于时序演化的过程中去结合时间参数一并考虑，而不应该直接用于去静态评价每一笔借贷的效力，因为单一的成交利率值没有时间层面的演化背景是不能纳入系统时空的，没有系统意义。从系统角度考虑，首先应该就一宗融资建立利率—时间的变量关系，利率数值可按月归总为月度平均值逐月罗列；其次，在一宗融资时序演化过程中，按同时达到如下两个方面的要求寻找嬗变点：一是利率演化的跃迁段，就是在某一个时点发生利率的突然飙升；二是这个飙升应当穿越36%的利率水平线并且能够持续三个月以上，即便嗣后可能又有个别月的利率回落到36%以下，我们还是可以判断这个有持续性的超逾36%的飙升时点作为嬗变点。确定该点到刑事立案点的时长；再次，选取足够多的非法集资样本序列，列出每一宗集资求得的时长，找到这些时长的中位数；最后，将这个基于充足样本时间序列求得的时长中值通过司法解释确定为刑事保留期间（或刑事保护期间）。落入这个期间的单笔借贷合约应当判定为无效并进入刑事处置，之外的合约则作为常态借贷处理。这样，我们就通过司法解释规定的利率的上限基准建构了民间融资时序演化模式下的借贷合约效力分流的结构化基准——刑事保留期间。

这里权且以钱月珍案作为一个简明的例子，下列为从卷宗中采集的逐月平均利率数据。

表3.1 钱月珍非法集资案件的利率时序数据

Yr.	Jan	Feb	Mar	Apr	May	Jun	Jul	Aug	Sep	Oct	Nov	Dec
2009	15.60%	15.60%	18%	18%	18%	20.60%	20.60%	30%	30%	30%	30%	30%
2010	30.00%	30.00%	30%	30%	30%	36.00%	36.00%	36%	36%	36%	36%	30%
2011	36.00%	36.00%	36%	48%	48%	54.00%	54.00%	54%	48%	……	……	……

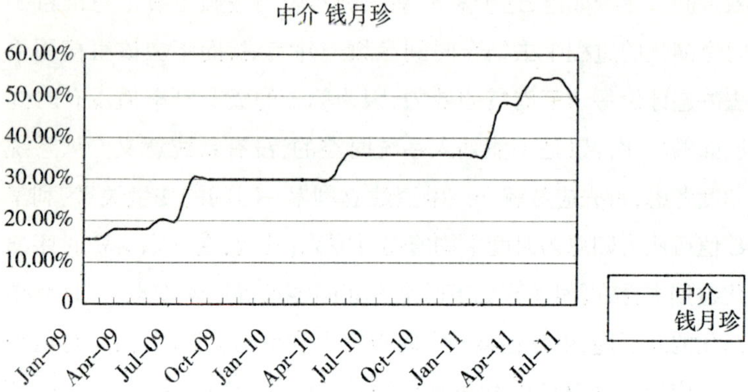

图 3.2 钱月珍非法集资案件的利率时序演化图

从上列钱月珍案件的图表中我们可以清晰地看到 2010 年 6 月,钱月珍的融资利率已经达到月平均三分(年化 36%)的临界值,而到 2011 年 4 月则产生一个融资利率值的跃升到达 48%,持续两月后再度升高到 54%,这种融资利率的跃升反映出钱月珍资金链的高度紧张,它所构造的融资系统的"沟通构型"的熵值也是在不断攀升并进入刑事保留区间,刑事保留区间可认定为 2011 年 3 月到 2011 年 9 月这 6 个月的时长。

这里还是要特别指出容易产生混淆和疑惑的三个问题。

一是这里的嬗变点是系统视角下指涉系统实时性状的内生变化,完全不同于法律性质总体外部认定的变化。比如,钱月珍非法集资案件中的刑事保留期间是 6 个月(2011 年 3 月到 9 月)。法院认定非法吸收公众存款的时间是 2007 年、2008 年 ~ 2010 年 12 月,集资诈骗时间是 2011 年 1 月到 2011 年年底。而这个案件从民间借贷转化为非法吸收公众存款有一个转折点,再转化为集资诈骗有一个转折点,那是总体意义上行为性质认定上的变化,是一种高阶的、整体意义上的、规范法学意义上的性质判断。但是司法机关作出这些性质转化的认定并非根据借贷利率演化的序列分析，而是根据当事人的清偿能力(财产状况)，行为特征等，是不具有系统时空意义的。所以，刑事判决对集资债务人判处人身刑据以量刑的集资数额认定还是要按照刑事通常的标准认定，与刑事保留期间内涉及的债务数额不一定保持一致，而且通常是不一致的。也就是说，刑事保留期间的认定是系统意义上，是考虑了时空结构以及演化因素的，不一定与判决书认定的时段一致。

二是实时性状只有有效和无效的二元符码化标签，不能与规范法学下法律行为(或合约)存在有效、无效和可撤销可变更三种情形相混淆。可撤销可变更状态实际上是一种效力待定的状态，它是法律制度的一种设计，就是授予当事人选择权的“私的规制”(参见§2.3.2.2节)。我们知道，规范法学是没有引入时间变量的，也就是说它是静态的而不是演化的，而系统法学是已经引入时间维度的，它是系统意义上的演化和动态的，因此，这种待定的状态随着时间维的张开最终会化约到演化进程中去，因而系统意义上只有有效/无效的二元区分。

三是这种基于利率上限的时间结构化路径的界分应该是“原则上”的，因为它只能是一种概率意义上的方法，应当还要保留当事人的个别意义上的程序选择权。如果这样的时间划分基准，当事人以其有特殊理由不认同，可以从程序上寻求司法确认获得救济，司法确认在认定事实的基础上可以进行个别化的微调，以这样的进路消弭时间基准的刚性并寻求选择性的一致化。比如某一笔借贷因为落于刑事保护期间内应该被宣告无效。但债权人坚持认为自己的借贷合约有特殊的理由符合有效的要件，应当确认为有效，那这个债权人就可以提起确认之诉，请求法院确认效力。如果法院作出不同的确认,就应当在程序上作出相应的调整。

尽管本书倡导在统计分析和经验归纳的基础上通过司法解释确立刑事保留期间的方法对涉罪合同有效与无效的认定进行结构化的简便界分,但数量化分析的设想最终还是由于客观条件的制约而无法实现。虽然笔者从2012年以来一直留意并试图从诸多非法集资案件的卷宗中获取融资利率的实证时序数据,但从温州市和龙湾区两个发案量大且集中的检察机关数据较完备的也只有33个案件的利率—时间资料。而因为这些利率的原始数值按照现行的办案模式主要是通过谈话询问的方式凭借集资人的回忆取得,大多数非法集资者缺乏完整规范的财务记录,月度数据的汇总也是相当粗略,而且有不少月度的数值尚存在空缺。显然,这样的样本量状况是难以做定量分析的。所以,本书最终放弃了这一进路。

然而,或许应该还是有其他方法去粗略估计这个期间的合理数值,比如类比的方法。尽管非法集资刑事发案(或“跑路”)与破产宣告性质上有别,但若论彼时当事人的财产景况,应足可类比。美国的“破产前转移”保护期间为申请破产前的90日,而对于内部人(insider,个人破产者为亲属,法人破产者则为董事、股东等)设定为90日到1年的更长期间;法国的“怀疑期间”则是债务人停止付款之日,并不设置固定期间,由法院判决确定。[①] 我国《破产法》第31条~第34条规定的时长是1年。参照上述立法例,笔者建议可以将刑事保留期确立为6个月到1年之间的某个时长。表面上看起来设定这样的保留期比较武断,但笔者认为,结构化的意义相当重大,远比逐笔界定简约,加上赋予当事人选择权进行事后调整的机制,基本上

---

① 沈达明、郑淑君:《比较破产法初论》,对外贸易教育出版社1993年版,第46、271页。

能合理解决涉罪合同效力判别和基础程序分流这两个大难题。

3.2.2 结构维度

3.2.2.1 结构的系统意义

系统的符码化运作保障了系统与环境的区分,使系统能够自成一体、闭合运作。而要把握系统和环境的关联,则必须分析结构(Struktur)维度。结构是系统与环境关联的枢纽,也是决定系统复杂性和选择性的关键要素。① 一旦环境复杂性增加,就会在结构层面形成压力,作用于"变化"机制;预期结构逐渐从较为具体演变成较为抽象,从各个子系统开始产生对系统的规范投射(Normative Projektion)效应,开始作用于系统的"选择"机制,但由于这些投射不可能全部被系统吸纳,但系统选择性的吸纳并改变其规范时,也就推动了系统结构的演化,而这些演化又会通过"稳定"机制巩固下来。在这样的演化进程中,我们看到了结构主导并承载了复杂性的演化并作为进一步演化的基础,结构的功能是至关重要的。

系统论下结构的核心要素是价值、规范和预期。② 价值是人们关于其所热衷的生活方式的观念,而规范则是具有约束力的行为准则;价值的目的在于(通过社会化的方式)引导个人或群体的行为方式,而规范则是(根据整合的标准)着眼于调整个人之间抑或群体之间的相互关系。③ 价值和规范是传统的结构要素,预期

---

① Niklas Luhmann, A *Sociological Theory of Law*, London: Routledge & Kegan Paul Plc., 1985, p. 104.

② [英]帕特里克·贝尔特:《二十世纪的社会理论》,瞿铁鹏译,上海译文出版社2002年版,第75页。

③ [美]马修·戴弗雷姆:《法社会学讲义:学术脉络与理论体系》,郭星华等译,北京大学出版社2010年版,第191页。

（Erwartungen，Expectations，亦译作“期望”）作为结构要素则是卢曼独特的学术贡献。预期主要涉及的是一个为自身行动定位的问题。由于人们的社会行动通常会呈现某种反复出现的固定模式，从而使预期成为可能的结构要素。卢曼正是通过预期和预期的类型化分析建构起其独树一帜的反身性结构模式。

3.2.2.2 民间金融刑民交叉下法律结构的异化

前述§1.3节在分析民间金融司法规制的刑民冲突之困时分析了貌似程序冲突的两个问题——既判力冲突问题和证据及证明责任冲突问题，并指明了这两个问题的实质冲突点都在于实体结构。既判力冲突实质上是刑民实体法层面的位阶支配关系冲突，证据与证明责任冲突实质上是证明责任分配与作为其基础的实体规范之间的支配关系冲突，本质上都是位阶冲突。其实，几乎所有的结构冲突都是位阶冲突，因为结构作为连接系统与环境的纽带，关键在于环境复杂性变化的投射与结构因素的之间位阶次序关系来决定是否需要进行适应性重构。在规范法学下，在出现价值评判矛盾（规范冲突）时，上位阶的法优于下位阶的法（Lex superior derogat legi infeiori）。[①] 我们有关法律结构冲突的疑问其实都来自这一原则带来的预期抵牾，不符合这一次序的通常会被归入“异化”的行列。但我们应当知道，这一原则源于梅尔克、凯尔森的“法律秩序位阶结构说”。[②] 这只是规范法学层面的一个通说，既是通说，也不过是适用于通常情形而已，对于刑民交叉之类的边缘化特殊情境，即便有所违逆，亦不必大惊小怪。

---

① ［德］伯恩·魏德士：《法理学》，丁晓春、吴越译，法律出版社2013年版，第118页。

② ［德］伯恩·魏德士：《法理学》，丁晓春、吴越译，法律出版社2013年版，第118页。

民间金融刑民交叉这样的冲突样态，自然带来实体法律结构层面一定程度的紊乱。涉罪合同效力争议在系统论下并不属于实体结构方面的问题，它属于符码维度。而真正的结构紊乱实质上都在执法司法中凸显出来，就是执法司法偏离了法律本然的价值、规范以及稳定的预期，实际起作用的是另外一套价值和规则，当然，这就是结构的游移、扭曲和异化了。这种偏移异化的状况正如美国著名的公司法学者 M. Eisenberg 对公司法的评价，多数公司的结构已经很大程度上偏离了原先的法定结构，这甚至在公众持股的公司也为事实，对股东人数有限的公司则偏离更大。①

异化的原因何在呢？原因在于我们往往忽略了法律作为一种规范结构是有着系统的时空背景的。我们往往把规范法学下的法律条文所设定的权利义务或者法律关系当成放置于四海皆准的圭臬，而不是把法律看成一个自创生系统，是嵌入到更高阶系统中的规范系统。因此，规范法学的法律结构在系统法学新视角下发生的游移、扭曲或者异化都是正常的。比如，无效合同下担保人的责任。依照最高人民法院《关于适用〈中华人民共和国担保法〉若干问题的解释》第 8 条之规定，担保合同无效情形下，担保人最多承担债务人不能清偿部分的三分之一，这是刑民交叉案件中，担保人力主涉罪合同无效的实体原因。但是，专门针对刑民交叉问题的浙高法〔2013〕241 号会议纪要第 10 条对这个规定作出了耐人寻味的修正。该《会议纪要》一方面指出为避免刑民判决的抵牾，借贷和担保合同原则上都应认定无效，担保人也按担保法司法解释承担不超过债务人不能清偿部分的 1/3；但另一方面又特别规定如果

---

① M. A. Eisenberg, *The Structure of the Corporation: A Legal Analysis*, Duke Law Journal, 1977, pp. 933 - 940.

担保人“明知”借款人的非法集资情事或存在“其他严重过错”而致使担保合同无效，担保人的连带赔偿责任可不受前述三分之一限额责任的限制。构成共犯的，还应依法承担刑事责任。

浙江省高级人民法院法〔2013〕241号会议纪要清晰揭示了刑民交叉下原有的法律结构是需要也应当作出适当变动的。该会议纪要潜藏的意味是法律规范是存在场域依存性的。——担保法司法解释规定的担保责任规则是基于常规的民事场域所作的规定，不可能适用于任何场域，尤其是在刑民交叉这样的跨位阶“系统际冲突”的特殊场合。法律结构必须随之做出相应的变动。如果忽略这一点，僵固地搬用原有的民法规范或刑法规范并将之直接适用于刑民交叉场域，不仅造成法律适用上的冲突，而且实际效果往往存在明显的不合理性。

这样看来，我们在§1.3节讨论的刑民冲突之困，结构层面的冲突实则是因我们保持在规范法学的视角去分析造成的。以系统视角来看，所谓的既判力规则、“一事不再理”、证明责任分配等都不是一成不变的，不可停留在规范法学的视域里勉强地去作所谓的学理判断或规范解释。只要体味§3.1.3节里法益构造从线式发散的平面结构到塔式多层多维内卷交错的立体构造的变化，就会看到当事人的法律情境已经从单纯的两极互动变成置身于一个关系网络中，你不可能刻舟求剑地要求权利义务的内容保持原形，也就不难理解规范法学下法律条文的实体在刑民交叉下为什么可能需要作出一定程度上的改变的原因了。

从博弈论的角度来看，这就如同我们在博弈分析中一个常犯的错误，那就是经常把当前正在分析的博弈当成一个小型独立的博弈来分析，而忽略了这时该博弈实际上是镶嵌在一个更大的博弈之中。① 而一个孤立的博弈与一个嵌入的博弈分析的结论往往是大相径庭的，比如前述§2.2.2节的狩猎博弈模型是没有确定解的，但当它嵌入到一个序贯博弈中并与一个固定收益相并列作为选项时，就可以有唯一的解。也就是说，当我们转向嵌入博弈的视角，因为博弈的结构已经变化，作为问题的解——均衡也将随之变化。所以，博弈的解是具有一定的环境依存性，这就如同我们转向卢曼的系统—环境的二分分析视角时，看到的结构和结论都可能与原来大不相同。也就是说，一旦进入刑民交叉的样态，原有的法律结构与一个与之交错的法律结构形成互嵌，而在民间金融刑民交叉场域甚至嵌入一个时序演化的结构中，规范法学下不带时空结构的静态规则应已只是徒具形式的空壳，死守这样的"臭皮囊"并当成对法治精神的坚守是相当可笑的。但是，同样应当指出，规范法学的这些实体建构对于我们在系统法学下寻求法律结构的再造并非毫无意义，而是一个重要的基础，这就如同棚濑孝雄所说的"大文字的法"与"小文字的法"的关系，固定在实定法中那些确定的规范和结构正是我们寻求新的符合具体系统语境的"小文字的法"的基本支撑。②

3.2.2.3 从"价值衡平"到"反思性重构"

在民间金融刑民交叉情境下由于法律结构的场域依存性导致原有法律结构的异化并导致空洞化的情形下，不可固守旧有规范，应尽快寻求新的结构和超越。

可以想见，在这样的异化情境下寻求调整，我们的目光自然会

① 关于嵌入博弈，参见[美]道格拉斯·G.拜尔、罗伯特·H.格特纳、兰德尔·C.皮克：《法律的博弈分析》，严旭阳译，法律出版社1999年版，第211~219页。

② 关于"大文字的法"和"小文字的法"，参见[日]棚濑孝雄：《纠纷的解决与审判制度》，王亚新译，中国政法大学出版社2004年版，第150~153页。

转向衡平。衡平的精髓在于价值和利益衡量基础上的超越。前面我们通过法益分析已经理解了这样的"沟通构型"交叉勾连着社会利益、集体利益与私人利益,在分析非法集资被立案后关联人之间的利益冲突格局时,必须注意到个体利益与集体利益甚至社会利益的平衡。非法集资是具有巨大外部性风险的事件,个人理性通常不能自动同时达致集体理性——原因在于经济学上"赫姆斯特姆不可能性定理",该理论证明了"利益最大化"与"帕累托最优"不可能同时实现。① 如何进行利益的取舍呢?在中国当前的语境下,我们通常会习惯性地凸显"重公轻私"的倾向,优先考虑社会利益,并以及时遏制恐慌蔓延作为正当化的理由。但是,这似乎又很难经得起推敲。在危机情势下可以将社会整体利益作为优先级的选项,其他情况下是否还是如此呢?如果仅仅是根据外在环境来决定利益的衡平排序,那是一种回应性的衡平。这样的回应性衡平是否真正可取呢?问题是谁来衡平呢?会不会演化成全面的功利主义和全面的政策独断呢?所以,衡平的方法可能只是看起来可行,其实先天地埋藏着武断和功利的弊端,并不能算为一种"长治久安"的解决办法,衡平的本质只不过是一种妥协。

卢曼曾极富洞见地指出,这种基于干预主义的目的化的调节式考量用自然法已不再能够消除,它既不能通过向伦理回归,也不能通过价值权衡来克服。向伦理回归和价值权衡只不过把问题转移到实在法的"合法性确认"问题上。但由于只有实在法本身"有效",也就是说可以使用法律效力标志,所以人们不必去询问法律

① B. Holmstrom, *Moral Hazard in teams*, Bell Journal of ecomomics, Vol. 13, 1982, pp. 392 -415.

外的标准，而是只询问法律内的标准。[①] 鉴于调节性的考量必须在法律系统内进行，必然要涉及法律上有效的限制和法律案件的不同性，职能系统必须调整自己去适应一种二阶观察的方式。为了使自己在高要求的，仿佛是人为情况中能够不迷失方向，人们必须去观察观察者。这可能对一切的职能系统都适用。适用于人们也许可以称之为现代理性商谈的东西，也适用于法律系统。[②]

卢曼的上述论述看来并不认同空洞飘忽的伦理考量和武断的价值衡平之类的路径，它给出的答案是二阶观察（反身性和反思理性），并且也认可理性商谈的融入。也就是说，系统功能论对于结构冲突的应对出路是二阶观察，其实就是就职能系统能够通过反身性的考量或建构反思机制去消弭它，民主商谈也被认可为一种可行的进路，但不应该只是笼统地将这种目的性考量归结于回归伦理和利益衡平来掩盖这种自相矛盾。那么，到底该在结构层面采取一种怎样的进路呢？

这提示我们，化解刑民交叉不能只是简单地着力于具体法律规范的更新和调整，而是需要建构一个系统（沟通构型），并寻求这些系统中的人及其各种关系互动达致协同的结构化路径方能奏效。这里，我们就要运用§2.3节所论证的子系统去中心化整合及其结构化路径的理论框架，把民间金融刑民交叉情境下复杂的内在冲突消弭以及规范异化的匡正问题转化为在反思理性这一高阶意识的导引下立足相关的信息机制寻求结构化基础上系统的协同。一旦“沟通构型”达致了协同，刑民交叉也就破解了。我们将

① [德]尼古拉斯·卢曼：《社会的法律》，郑伊倩译，人民出版社2009年版，第122页。

② [德]尼古拉斯·卢曼：《社会的法律》，郑伊倩译，人民出版社2009年版，第124页。

这一求解刑民交叉的进路定名为“反思性重构”的路径。这一路径在形式上类同破产重整的路径，其实刑事措施的介入使内在关系和法益交错更加复杂，更需要反思理性的建构和统合。

1. 建构“沟通构型”

一旦集资债务人以涉嫌非法集资被刑事立案，应当在审前就要尽快建立与司法部门联系的主导处置机构，在司法程序推进的同时及时发布相关可以公开的权威信息并及时公告要求申报债权，最大限度地稳定集资参与人的情绪和行动预期的一致化。自行申报以及司法程序中所有关联人（包括但不限于债权人、债务人、担保人等）以及司法机关、主导处置机构等一起构成一个“沟通构型”。

2. 构建信息传递和沟通机制

由主导处置机构拟定“沟通构型”的信息制度，包括信息搜集、信息甄别、信息核对和信息发布等，主导处置机构建立沟通平台实行对话沟通制度，并提交全部“沟通构型”的参与人按照表决规则通过。其中，包括参与人或者参与人的特定群体之间以及其与主导处置机构、司法机关之间①的对话机制。

3. 初级的结构化分类

按照刑事保留期间确定刑民程序参与人的初步结构化分类，允许对该分类持有异议的参与人提交司法确认，在司法确认后进行微调。在微调后的两个大类中进一步在主导处置机构的引导下进行结构化归类，将同类情形的参与人再归为一个一个次级系统，在这些次级子系统内部进一步建构信息制度和沟通机制，各个子

① 尽管有时我们把主导处置机构或者司法机关也称为“权力主体”，以示与一般民事参与人作为“权利主体”的区别，但在这一模式，由于耦合和共享的高阶意识，这些主体的权力意味都发生相应的淡化，这也是与治理理念相一致的。这里“权力主体”的目的主要在于引导和促成协同而不是着力于进行命令或者控制。

系统依次递归地建构内生子系统，并不断深化内部信息机制和商谈机制。

4. 综合运用命令、激励、商谈、耦合和共享的五大路径进行进一步的结构化整合

一是运用国家法令和业经共同表决的强制性规范厘定各个子系统整合的边界和底线；二是主导处置机构及处于更高阶的子系统尽量利用和引入外部资源作为旁支付①激励引导各个子系统内部与相互之间的协同，形成激励示范和激励传导；三是主导处置机构以及处于更高阶的子系统积极创造商谈沟通的平台和条件，促进各个子系统整合中提出更具建设性的方案；四是不同位阶子系统之间的纵向整合不断减少强制模式而是利用沟通或劝说服从的耦合形式，引入共同体理念，构建承诺、共赢的群体文化；五是发现和充分利用高连接度的中心性子系统将之平台化引导共享关系的多中心格局的形成，强化"沟通构型"的内部整合和结构化进程推进的顺畅度等。

5. 形成子系统结构整合协同基础上的新的结构，与司法处置的进程相衔接，司法机关和主导处置机构之间进行充分的协调，并且在子系统递归式的共识下进行协同基础上处置。

纵观上述对于"反思性重构"路径的阐述，这是一种与利益衡平有根本区别的运用高阶意识进行整合的模式。利益衡平是一种基于目的理性层面的低阶整合，因为无论如何衡平，衡平者依然可能是单边考量而缺乏反思的，并且最终可能还是要以传统的命令

---

① 旁支付(side payment)是合作博弈论里的术语。所谓旁支付，就是在合作博弈中，买卖双方的转让支付是与协议联系在一起的。易言之，旁支付就是参加合作被许诺得到的支付。旁支付作为合作的对价或好处，保证每个参与人都不会因为合作而降低收益。

方式输出他的“衡平”结果。而系统论提示我们对于这些具有高度复杂性的系统,除了传统的命令与激励的整合方式外,还可以运用商谈理性、反思理性甚至更为高阶的共享理性层面去实施高阶整合。卢曼的思想提供了我们一个极其宝贵的“理性升阶意识”,使我们能够站在一个更高的维度去解析刑民交叉。由此,刑民交叉现实结构样态需要促成一个转型。这个转型不仅仅是把这些关联人纳入一个“沟通构型”进行互动,而更核心就是要求进一步强化反思理性,甚至在系统中分离出专门的、实体化的反思机制实施主导,就是我们在论述上述模式中提到的主导处置机构,这就是我们将要在§3.3节集中论述的实体化的主导协同平台。

3.2.3 程式维度

3.2.3.1 程式的系统意义

卢曼的系统既是关闭又开放的,是什么样的机制能够把闭合与开放,自我指涉与外部指涉结合起来?是程式(Programme)。程式作为一种融入信息选择过程的模式,一方面可以建构起系统的“事实”面向,能够结合外部指涉。另一方面,使可以在维持符码不变的前提下以学习式的进路实现结构变化。程式作为系统论的抽象概念与我们所讲的法律用语——程序(Verfahren, process)具有一定的相通性,程序某种意义上也是程式的一种,但还是要注意区别应用。程序在法律层面主要是选择性制度化的机制,是法律系统中分化出的特殊专门性的法律互动系统,是为了实现约束性决定这个特定功能而建构的短期性社会系统。[①] 程序隐在的基础是

① [德]尼克拉斯·卢曼:《法社会学》,宾凯、赵春燕译,上海人民出版社2013年版,第189、191、194页。

反思理性,是基于反思理性而实现矛盾动态平衡的一种中介装置。①

3.2.3.2 设置刑事保留期间的程序优化效应

前述§1.3节在分析民间金融司法规制的刑民冲突之困时分析了两个程序构造问题——诉讼程序冲突问题和涉案财物处置措施与执行冲突问题,并指明了实质的冲突点在于过于简单化设计的位序关系不能满足不同处置权主体的选择性要求。显然,我们必须要进行程序优化,进一步丰富程序构造,使之更加适应于不同位阶的选择权以及不同的事实面向。当然,程序问题现在在系统论的视角下理应从程式的角度来看,它本身既是选择性一致化的机制,也是符码价值分配的基本规则,这样,我们就要从效力符码的基础分流切入。

民间金融刑民交叉在刑事立案后生成的"沟通构型",以有效/无效作为系统的符码,单个的借贷担保(Kreditsicherung)合约可以看成为嵌入于其中的子系统。在刑事保留期间内的借贷合约先期推定为无效;而在刑事保留期间之外的借贷合约先期推定为有效。这样形成系统内部的自组织和结构化,并且实现了效力与程序流的同步(Synchronisation)。

1. 刑事保留期间的设置最大的价值在于提供了初始预期的一致化

因为双重偶在性的存在是系统形成内部自组织性协同的重要障碍。在民间金融刑民交叉的情形下,关联人之间对程序的预期最为重要,特别是面临危机情势的时候。因为刑民交叉的程序对

① 季卫东:《法律程序的意义》(增订版),中国法制出版社2012年版,第154页。

于不同关联人利益的关涉度极强——比如，担保人一般都会力主刑事处理，漫长的刑事处理可以延宕他们实际承担责任的时间是一个原因，但更重要的原因是合同无效，实体上亦有可能按担保法无效过错归责原则减轻责任；而债权人尤其是银行则会渴求民事处理，因为进入刑事处理一般核销期较长，①会影响它们对不良债权的财务处理，引发进一步的后果。而按照最高人民法院 1998 年司法解释规定的"相互移送"的办法，实践中造成扯皮现象，有的甚至在司法机关之间对管辖僵持不下。程序处理预期的盲目往往会增加焦虑甚至加剧恐慌。2014 年，"两高一部"公通字〔2014〕16 号司法解释规定了统一移送刑事处理的原则。嗣后，法释〔2015〕18 号第 5 条也做了相似的"先刑后民"的规定。这样的"统一移送刑事"模式其实一定意义上也是为了化解程序预期的"错位焦虑"问题，但是，"统一移送刑事"的处置也不免显得过于刚性。而笔者认为，刑事保留期间对这个程序的"预期错位"问题的解决比"统一移送刑事"更优越，因它不仅同样简便易行，还保留了程序上进一步微调的高度弹性。

此外，刑事保留期间的设置使效力与程序处理一致化。最高人民法院 2015 年司法解释规定涉罪合同"不当然无效"使得难以进行程序分流，而实际上实体效力还与程序存在着错位的现象。涉罪合同下，单个借贷合约的效力性质是受制于涉罪的总体状态的，其有效也只是具有相对意义。2015 年司法解释第 13 条规定单个借贷合约"不当然无效"，甚至即便是有效的，出借人也无权在总

① 财政部 2010 年、2013 年版的《金融企业呆账核销管理办法》对因借款人、担保人或企业法定代表人（主要负责人）涉嫌违法犯罪，或因金融企业内部案件，均规定刑事立案两年以上，仍无法收回债权才准予核销。

体涉罪的背景下对涉罪的借款人发动民事诉讼或者不接受刑事程序的退赔而采取民事维权。出借人只能起诉除借款人之外的对出借款项负有偿还责任的责任主体，如其他担保人、共同借款人、继承人、借款人配偶等。① 况且，这些出借人的法律定位只是集资参与人或关联人，而并非刑事诉讼法法律意义上的被害人，也无从提起刑事附带民事诉讼，只能等待查封、扣押、冻结涉案财物以后按比例清偿。在刑事追赃不足清偿的情事下，再提起民事诉讼求偿实践中还可能受阻于法院"一事不再理"的遁词。如此看来，这个实体权利退化如此之多的"有效"在民事权益上的价值又所剩几何？意义何在呢？而刑事保留期间内合同无效并进入刑事程序处理，实现了效力认定与程序操作的一致化。而且，与"不当然无效"也并不矛盾，因为非保护期债权虽然涉罪，但不在刑事保护期，推定为有效，确实也是"不当然无效"。

2. 刑事保留期间造就的初始分流，创造了处置上的弹性空间，为金融债权的快速受偿提供了条件

分析利害情形，可以想见，非保护期有担保的债权人会选择民事诉讼提前实现债权，而承担责任的担保人或抵押人清偿后将作为追偿人进入刑事程序。② 而非保护期无担保的债权人多数还是可能会选择刑事保护的，因为刑事处理只能等法院刑事审理终结，才能从总体上最终界分其性质属于非法集资还是民间借贷，选择民事诉讼的债权人如果没有以民事程序从担保人或抵押物途径先

---

① 参见刘干：《出借人对非法集资犯罪的借款人不享有民事诉权》，载《人民法院报》2016 年 1 月 13 日，第 7 版；刘干等：《对"非吸资金"只能追缴或退赔不能诉请返还》，载《人民法院报》2015 年 8 月 5 日，第 6 版。

② 尽管担保追偿人并非非法集资的直接受害人，但非法集资是追偿产生的内在原因，如果不允许追偿人进入刑事程序，则容易造成担保恐慌的蔓延。

受偿,较刑事受害人也是没有特别优势的,因为刑事冻结通常会延宕民事执行。刑事保护期间实际上主要为有担保的债权人开放了一条另途受偿的通道,非保护期有优先权的债权人应有权享受这样的优势。我们知道,有优先权的债权人多数是金融机构,在危机来袭时,金融债权人是迫切需要快速得到处置的,否则会导致不良率的快速飙升,更加恶化金融情势。

当然,在区域性危机情势下,地方政府往往会紧急加大保护金融债权的力度,作为危机应对措施,这也是合理的。比如,温州市2013年2月28日就曾出台《关于加大保护金融债权扶持发展民间金融服务保障金融改革的若干意见》,除了敦促法院对金融债权案件快立、快审、快执并及时采取保全措施和银行加大不良资产核销力度以外,设定了诸如金融债权抵押物先予执行、金融债权转让从权利直接移转等多项特别措施,并且提出对于企业之间借贷以及企业借款主要用于经营情况下倾向于作有效的宽松认定的原则等。① 但是,如果存在一个常态化的、平等化的机制去解决金融债权的保护将更加可取,刑事保留期间就是一个可行的选项。首先,刑事保留期间给出的是一个合理预期,在刑民交叉情况下,对高度道德风险期间的债务与一般债务作分离处置是可以得到理解的,至于期间的设置也符合破产法的一般做法,而且时间指针简便明确,得到认同的可能性极大。其次,刑事保留期间体现了平等原则,它没有给予哪种债权(包括金融债权)作特殊化处理,只是一个统一的时间基准。最后,期间的设置虽然是经验性的,但可以在实证分析的基础上得以科学化。所以,在同样能达到目的的情况下,

---

① 参见《关于加大保护金融债权扶持发展民间金融服务保障金融改革的若干意见》(2013年2月28日,温金改发〔2013〕2号)。

与其给予某类债权特别保护，似乎不如按照刑事保留期间的办法来得更加公允。

3. 基于时间初始分流的基础上，进一步创设微调机制，关联人可根据“适法规范”个别提出异议要求程序调整

在刑事保留期间实现程序的初始分流之后，非保护期当事人因为合同被推定有效，应拥有民事性质的处分权，亦即其程序选择权应当被保留，有权对刑事保留期间的概括分流提出个别的异议，根据《合同法》第52条及最高人民法院2015年司法解释第14条主张合同无效，要求进入刑事处理。当然，被划入刑事保留期的债权当事人认为有效的，也可以个别地向法院提出确认之诉，但试图推翻法律推定的当事人应当负举证责任。目前学者倾向于对涉诈骗类犯罪的合同效力定位为可撤销，亦即相对有效。[①] 为什么刑事保留期间制度下会推定其为无效？我们在前述§3.2.1.3节中已经作出解释，就是系统论是已经引入时间维度的，它是演化和动态的，因此，这种可撤销这种待定的状态随着时间维的张开最终会化约到演化进程中去，因而系统意义上只有有效/无效的二元区分。

这样，就在基本分流的基础上，为当事人保留了选择性，减少了当事人对程序概括分流的抵触。而且，以时间基准进行概括分流的办法提供了规模化处理的可能，这种批量化的处理就是一种以时间为基准的结构化进路，避免了按照《合同法》52条和最高法院2015年司法解释第14条逐个举证认证确定效力，但是又不失去微调的灵活性，如果相关关联人提出异议，可以个别进行审理，确

① 杨宜中：《对私诈骗下民商事合同及担保合同依然有效》，载《人民司法》2015年第6期；刘宪权、翟寅生：《刑民交叉案件中刑事案件对民事合同效力的影响研究——以非法集资案件中的合同效力为视角》，载《政治与法律》2013年第10期；等等。

定相关个案的程序归属。

4. 个别异议的审理转移了举证认证的焦点，操作性更加明确，也减少了扯皮的概率

原先按照最高人民法院1998年司法解释，程序上的扯皮主要发生在属于"同一法律关系"的认定上，也为某些司法人员选择性执法创造了条件。在浙江省，尽管2009年9月8日浙江省高级人民法院法〔2009〕297号指导意见第37条对刑民交叉案件移送刑事处理的问题作了进一步的规范，但实践中仍然存在问题，直到2013年10月浙高法〔2013〕241号会议纪要之后以及2014年"两高一部"和2015年最高人民法院司法解释规定统一移送刑事处理。而如果采取刑事保留期间的做法，按照时间进行简便的基础分流后如果在刑事保护期外，担保人等关联人即便有异议，就必须提出符合《合同法》第52条及最高人民法院2015年司法解释第14条规定无效情形的证据，法官需要按照确认之诉进行公开审理进行确认，不仅转移了举证认证的焦点，也把程序问题放大转化为实体效力问题的审理，重新创造了决定的阳光化和监督机制，不像原来就"是否同一法律关系"决定机制那样完全留给司法人员职权决定的巨大的"暗箱操作"空间。

5. 刑事保留期间能够合理解决既判力引起的程序问题

目前，处理刑民交叉案件总体上倾向于维持既判力，如2013年浙江省高级人民法院浙高法〔2013〕37号第8条确认刑事判决认定的事实对未审结民事案件具有拘束力，同时要求"不宜轻易受理"以债务人被刑事处理为由对相关的已决民事案件的再审申请。嗣后，2014年浙高法〔2013〕241号会议纪要则规定，原则维持在先的民事案件既判力，除非涉及虚假诉讼、非法转移财产等情形。

如设置刑事保护期，就有了鲜明的范围界分基准。那就是债

权发生时间落入刑事保护期的已决民事案件需要重审，而非保护期的债权不需重审。刑事保护期间应是一个合理化的机制，因为刑事保护期间一般都是债务人集资过程最末一个时期，也是债务人融资压力最大、最为疯狂的一个时期，这个时期的道德风险特征是异常凸显的——没有耐心进行利率谈判，借贷利率的偏高，再苛刻的借贷条件也能被接受，稍有社会经验的交易对手一般都能察觉，这个时期成交的借贷即便经过民事审判确认，也需要在刑事程序中重新审查，不能一味维护民事既判力，而且，明确排除刑事保留期间在先民事判决的既判力对于该期间存有投机心理的当事人（包括债权人在内）都具有良好的宣示效应和告诫意义。

6. 刑事保留期间有助于解决在财产保全处置方面的刑民冲突，使财产处置的渠道更加畅通

民间金融刑民交叉在财产保全和处置上经常形成刑民冲突。公安机关立案后，通常会对被债务人名下的房产采取查封的控制措施。然而，这些被公安机关查封的房产往往又是法院生效民事判决确认的金融抵押债权的抵押物。由于抵押物上存在刑民不同性质的多重查封的情况，从而形成刑民交叉。但是，有些情况其实不是真正的刑民交叉，比如，金融抵押债权当事人、涉案财产与公安机关刑事立案涉嫌犯罪的主体、对象往往并不一致。列入国家金融计划的银行抵押贷款一般不属于非法吸收公众存款、集资诈骗等金融犯罪对象，而且，金融抵押债权案件的借款人很多都是企业，而公安机关立案的涉嫌犯罪主体通常则是企业的法定代表人。在真正产生财产保全和执行方面与刑事侦查的财产查封、冻结措施发生刑民冲突的情况下，温州的经验一度曾经通过政法委协调对金融抵押债权案件的涉案财产由法院先行处置等措施。温州市中级人民法院 2014 年 7 月 15 日亦出台《关于处置权争议协调处理

的会议纪要》,对于公安、检察机关在移送已进入刑事审判阶段的刑民交叉金融债权案件时,侦查、起诉阶段已采取强制措施的涉案财产清单一并交由法院统一先行处置,对金融债权处置后函告刑事部门无异议的先行分配,其余提存等。实际上,也就是通过司法机关之间的商谈在实践中解决这一冲突。

2014 年 10 月 30 日,最高人民法院发布关于刑事涉财产执行的法释〔2014〕13 号司法解释解决了这一财产处置冲突。该司法解释第 5 条规定法院对于已被刑事冻结的财产可以直接裁定处置。更为重要的是,该司法解释已经确立了刑民财产执行的统一由人民法院执行机构执行的制度。这样,刑事保留期内刑事裁判涉财产部分与刑事保留期外民事裁判的财产执行完全可以统一规划,协调处理,不会形成新的冲突。其实,执行局统一刑民执行的制度是把外部冲突转移到法院内部,实践中对于涉案人数众多的大规模非法集资案件,刑庭处理完结通过立案庭移送执行时有时也会出现一定的衔接争执,对于刑事处理财产清点不明确的案件执行局往往不愿接受,需要协调。而如果设置刑事保留期间,一方面对于非保护期债权处置的渠道就更加畅通,因为这些债权可以通过对担保人求偿或者先行处置抵押物获得清偿,不必等待统一处置,除非该抵押标的物是上述司法解释第 11 条中属于被认定为赃款赃物的涉案财物被设置抵押应当追缴的情形。另一方面,刑事保护期的设置使只有保护期内的部分进入刑事处理,这对于诸如温州立人集团或者施晓洁集资诈骗之类的大规模集资案件涉刑部分的工作范围和工作量大幅度减少,取证以及处置的难度都相应降低,从而处置的质量和明晰度都有望提高,也更有助于消弭部门之间的衔接争议。

3.2.3.3　从“法律适用模式”到“参加模式”

民间金融刑民交叉的悖谬产生于民间金融的司法规制过程。司法在传统纠纷解决方式的“法律适用模式”①下的中立、安定、确实的外观因规制倾向和能动性的凸显实际上需要新的发展路向。在刑民交叉的场合,法律规范的适用存在着剧烈的冲突,并会因法律结构的场域依存性而出现异化,过分强调法官忠实地适用法律无异于纸上谈兵;而过分强调法官的应景性变通又容易造成“规范虚无化”、恣意审判和规制主义背景下行政权力“干预司法化”。随着历久弥新的干预主义影响,作为执行政策主体的行政机关本来就已经在机构和权限上都大大膨胀,司法应当起到适度的平衡功能。但是,中国司法的能动性和政策倾向一向很强,如果在民间金融的规制尤其对于刑民交叉这样一些具有特殊困难的场合,一味在形式上坚持“法律适用模式”和权威主义进路,而在实质上坚持规制主义的范式,既无助于刑民交叉困局的解决,民间金融规制“一收就死,一放就乱”的局面也会依然故我。笔者认为,在程序模式上可以借鉴日本法学家棚濑孝雄提出的基于纠纷解决民主化进路的“参加模式”。

棚濑孝雄提出“参加模式”,本来是为了干预主义国家行政权力膨胀背景下强化司法制衡的一种模式。② 它秉持一种民主化的

---

① “法律适用模式”是棚濑孝雄指称的近代以来的传统司法模式。它强调法的形式理性,以严格适用法律为己任,通过严格限制受案范围,采用三段论式的形式推理方法等一系列制度性防御措施,将自身与政治宗教、伦理道德等其他社会生活领域相对隔离,以保证自身的独立性和中立性。参见[日]棚濑孝雄:《审判的模式和司法的正当性》,载[日]棚濑孝雄:《纠纷的解决与审判制度》,王亚新译,中国政法大学出版社2004年版,第245~266页。

② [日]棚濑孝雄:《纠纷的解决与审判制度》,王亚新译,中国政法大学出版社2004年版,第245~265、118~135、150~157页。

进路,把当事人之间平等的对话互动作为程序模式的核心,开辟了当事人主体主义的进路。参加模式有如下三个核心特质:第一,当事人主体主义。与传统的"法律适用模式"不同,在这个模式下,法官是回应性的。参加模式下,当事人不是通过提供材料帮助法官作出正确的判断和决定,反过来是法官(也包括参与其中的其他权力性主体)作为第三方机制要纳入当事人之间为寻求解决问题的主体性互动的框架之中。这就造就了现代型司法超越两造模式的开放构型,获得实体和程序上更大的灵活性,也使通过互动形成的约束性决定更加符合实际。第二,结构化的渐进进路。在参加模式下,实定法并非被奉为必须不折不扣执行的圭臬,而是作为当事人之间主体性对话互动的基本参照(大文字的法)。随着当事人之间的互动基础上合意的增进,会渐次形成问题面向的更多的具体规范(小文字的法)。这些规范可能是实定法的进一步延伸或深化,也可能开放地纳入了更多的其他社会规范。在参加模式下,法官角色也不再是一个严格适用法律的单纯裁判,它更多的是需要回应当事人互动过程的需要,导正问题导向,帮助明晰和固化结构化进路中的"共识",帮助"小文字的法"的演进直至问题的解决。①第三,参加模式作为一种程序设计,往往能够吸纳更多的不满而具有优越性。从象征意义来看,当事者也因实质上参加了程序能够获得更高的心理满足度。而我们知道,使程序不致流于形式而能行之有效的关键正是在于调动程序利用者的积极性。② 在这种模式下,只有通过当事者能动的交涉努力,才能使这种形式的审判得

① 叶明:《论经济法的运行》,载《经济法论坛》2005年年刊,第44~45页。

② 季卫东:《法律程序的意义》(增订版),中国法制出版社2012年版,第129页。

以存在;反过来说,当事者的努力由于有了审判制度从程序上给予的保证,才能将权力主体也纳入自己的互动过程。参加模式使两者得到了统一。

“参加模式”实际上使传统两造封闭式诉讼模式实现了开放构型,而更加适应于参与者众多,权力主体加入互动的“现代型诉讼”。现代型纠纷本质上就是一种具有外部性的、超越个别性的社会争执,应当说,具有涉众性以及时空开放性的民间金融所生的纠纷就具有典型的现代型纠纷特质。而且,“参加模式”不仅从本质上贯彻了哈贝马斯的“民主商谈 + 程序主义”的进路,也是卢曼去中心化整合系统理论一个现实版本,从而兼具涂尔干 - 帕森斯结构功能传统的两大支脉的思想内涵。传统的诉讼模式是以法院为中心的“法律适用模式 + 权威主义”的中心整合的进路,而参加模式则是以当事者程序性互动为主轴吸纳权力主体参与的一个横向化、去中心化的新版本。将民间金融的纠纷解决程序从传统的“法律适用模式”再造为“参加模式”是一种真正的程序创新,它为“沟通构型”的程序运作提供了全新的理念和程式基础。

3.3 系统反思功能的强化与主导协同机制的实体化建构

在对民间金融刑民交叉生成的“沟通构型”进行解析的过程中,我们实际上已经不时地意识到可能需要建构一个核心的反思机制,也提到一个主导处置机构的主体,作为“沟通构型”运作的一个主导性机制和实体。但是,为什么需要呢?怎样建构呢?我们还是回到法益层面来分析。

“沟通构型”实际上已经构成以研究集体行动著称的美国学者奥

尔森所说的一个集团。从这个集团在于分配债务人的被司法处置的财产这一目标来看，这个集团应该是一个“排外性的（exclusive）集团”，因为被司法处置的财产也就是该集团成员的得益——“集体物品”是固定而且有限的。① 在这个集团，成员之间利益主要是竞争性的，当然，尽管也不排除一些共同利益（集团利益或集体利益）并提供一些“搭便车”的机会。

可见，“沟通构型”中的主体性成员，主要是民间金融融资行为的关联人（包括但不限于债权人、担保人等），他们通过“沟通构型”形成了一张社会网络，但拥有相互矛盾的目标。这样的社会网络或者社会系统如何达成一个一致的目标呢？社会连接理论的“少数人权力效应”提供了一个路径。——当处于同一网络中的成员拥有相互矛盾的目标时，为了在一定时间内达成同一目标，一些人必须屈服于其他人的意见。实验表明，如果网络中的某些人拥有比另外一些人多得多的邻居，那么拥有最多邻居的那些人就能够达成他们想要达成的目标，这种现象成为“少数人权力效应。”②所谓“某些人拥有比另外一些人多得多的邻居”，其实就是比其他人拥有更多的相互连接关系（linkage），就是具有更好的“中心性”。③“少数人权力效应”也就指明了排他性集团的一致化的前提就是强化拥有高聚集度的中心性节点的功能。

---

① [美]曼瑟·奥尔森：《集体行动的逻辑》，陈郁等译，上海三联书店、上海人民出版社1995年版，第32页。

② [美]尼古拉斯·克里斯塔基斯、詹姆斯·富勒：《大连接——社会网络是如何形成的以及对人类现实行为的影响》，简学译，中国人民大学出版社2013年版，第186页。

③ [美]尼古拉斯·克里斯塔基斯、詹姆斯·富勒：《大连接——社会网络是如何形成的以及对人类现实行为的影响》，简学译，中国人民大学出版社2013年版，第25页。

而从信息经济学的角度来看,这些具有高连接度的中心节点形成的信息汇集机制也是抵御集体行动中羊群效应盲目性的重要措施。羊群行为模型(herd behavior model)中,第一个作出决策的参与人不顾其决策对后续决策者的影响,这一后果之所以产生是因为参与人是依次决策的,后续的决策者否定了自己接收到的个人信息,最终群体外部性使群体远离了其应有的状态。羊群效应的关键在于个体的决策方式无力汇集每个参与人得到的信息。一个更加直接的个人信息汇集机制或许能改善这一问题。例如,某个特定贸易领域中工人的联合体能收集每个会员拥有的零散信息并汇总起来向会员提供。即使信息无法获取,某种投票机制也可汇集个人信息。我们在其他法律领域中能看到类似的措施,例如,破产程序就可以看作为这样一种汇集机制,处境相似的债权人就是否对一家前景不甚明确的厂商进行重组之类的问题进行投票,而关于该厂商的前景每个债权人都有不同的不可核实的信息。这类投票规则给予债权人一种他们能进一步谈判的规程,它提供了一种能有效处理这些信息的机制并避免了与群体行为有关的成本。① 对于民间金融刑民交叉生成的“沟通构型”而言,避免盲目的羊群效应非常重要,尤其是在金融危机需要避免恐慌传导的时候。因此,信息汇集中心化的进路非常重要。

由此,不论从集体行动一致化的角度还是从避免羊群效应盲目化的角度而言,依托“中心性”节点为这个“沟通构型”建构一个协同性平台至关重要。这个协同性的平台的结构是“中心性节点+连接”,而平台的功能性质是反思性的,实质上就是“沟通构

① [美]道格拉斯·G.拜尔、罗伯特·H.格特纳、兰德尔·C.皮克:《法律的博弈分析》,严旭阳译,法律出版社1999年版,第242~243页。

型”的一个显化的反思机制。而显然，这个平台的最终目标是促进达成协同，形成一个信息、规划、沟通、整合的动态机制。

第一，建设协同平台的信息机制，改善“沟通构型”的信息基础（information infrastructure）。信息是沟通的基础，也是协同的基本前提。民间金融刑民交叉生成的“沟通构型”在债务人进入刑事处理后，关联人之间的信息传递呈现的是一种情绪化的不规则传递路径，信息冗余度大但是信息精确度差，造成关联人的焦虑、茫然甚至恐慌。这个时候亟待改善信息传递的效率和路径，易言之，信息传递必须结构化，以降低系统在信息层面的复杂性。（1）强化信息汇总。信息可分为事实信息与意见信息，也可分为私人信息与公共信息等。不管哪一类的信息，必须向平台中心汇总。相应地，平台必须规范信息吸收、解码、筛选、发布等一系列相关程序，同时配备高效的、专业的、权威的信息解码和处理团队，特别是强化统计性数据的汇集和分析能力。（2）改进信息规制。除了司法领域对于信息披露既有的相关规制措施，“沟通构型”作为一个自创生系统，为了改善信息传递的数量和质量，有必要进一步强化信息规制的设计，提供信息传递的激励，改善系统的信息能力。（3）规范信息发布。信息中心的功能不仅在于汇总、分析和规制信息和信息传递，更重要的在于提升信息发布的权威性，以高效、规范和权威的信息发布压制“噪音信息”的干扰，为实现系统的协同创造信息流通的基本条件。总之，提高信息效率、强化信息能力是平台信息机制建设的目标要求。

第二，强化协同平台的规划功能，充分发挥元话语/元程序的反思功能。这个平台需要从具体的结构和程序中抽离，退回到规划过程和如何促成结构化的更抽象的层面，着力于分配和界定控制权和决定权的权限上，把重心落在权力、组织以及程序的边界划定上。对于“沟通构型”这样的多维连接的系统,权力的主导作用非常重要。按照卢曼的定义,权力是决定自己或他人的选择或降低复杂性的可能性的一种整合机制。① 权力作为一种沟通媒介,它的特色在于不问服从者的意愿,从而能够调节偶发事件,确保可行的因果链,实现不大可能的选择组合。② “沟通构型”作为一个排他型集团,运作的关键在权力与权利主体的关系以及权力主体之间的关系,所以,平台规划功能的重点也在于对权力运作的规划。

第三,提供学习和沟通的互动领域。“沟通构型”中包含权力之间、权利之间以及权力与权利之间多层面的沟通和互动,但是协同平台的专门化会大大提高这种沟通互动的效率,把原来的非正式性沟通转入模式化、程序化、常态化的轨道。特别是程式维度实现从“法律适用模式”向“参加模式”转型的过程中,法院的审理亦转向开放式的参与,这样除了原来有程序法规范的既定的法院与当事人之间的法定互动模式外,可能需要建构新的、弱司法意义上的、指导性的沟通互动模式,这就需要在平台的规划、设置、调整下展开一个学习性的互动过程。而从另一意义上讲,结构变化方面的民主商谈路径经这个协同平台也得以展开。

第四,引导“非中心化”的整合过程。协同平台虽然是一个“中心”,但只是系统或网络理论上连接聚合度意义上中心,其权威意义上“中心”意味是淡化的。尽管诸如法院、地方政府机构、金融监管主体等公共权力主体也参与这个“沟通构型”,但在协同意义上的整合都是“去中心化”的,这些权力主体其本身的职能可能会因

① Niklas Luhmann, *The Differentiation of Society*, trans. S. Holmes and C. Larmore, New York: Columbia Univers. Press, 1982, p. 151.

② [德]尼古拉斯·卢曼:《权力》,瞿铁鹏译,上海世纪出版集团、上海人民出版社 2005 年版,第 10～14 页。

为系统的整合目标作出相对灵活性的变动,但这种变动不是依从于实质化的、目标导向和政策导向的改变,而是在沟通过程中基于二阶观察反思性地改变——它不直接追求规制目标的实现,而是通过反思性地自我调整在追求整合的基础上间接地实现。因此,这里的"中心化"与本文的"去中心化"理念并不牴牾。其实,"中心化"与"去中心化"本来就是互为辩证存在的。即便去中心化模式的典型——互联网,话语表达是去中心化的(这是技术层面奠定的"去中心化"的外化),而话语传播是中心化的。①

上面信息、规划、沟通和整合四个方面集中凸显了反思要素,可见集中性的、统一的协同平台的建构意在强化"沟通构型"作为一个系统内在的反思要素,并经由反思要素的强化引导一个结构化的协同整合过程,最终通过成功建构协同而破解刑民冲突。

3.4 本章小结

至此,我们已经渐渐接近洞穿民间金融刑民交叉谜题的谜底。实际上,这是在卢曼系统功能论指引下的一个进路,实质上就是一个通过不断的结构化以化约复杂性的过程。我们从具有通约因素的法益分析出发,从法益与救济的一体两面,引导转向系统功能论的社会视角分析。经由理论与实证紧密结合,认定在效力维度要实现从"适法规范"的静态个别化的效力甄别向"刑事保留期间"的动态的、规模化的效力甄别转化;在结构维度要实现从僵化的规范中心主义或功利的价值衡平向以结构化为基础的"反思性重构"的

① 王世华、冷春燕:《互联网再认识:去中心化是个伪命题?——兼与李彪先生商榷"中心化"问题》,载《新闻界》2013年第20期。

进路转向；在程式维度则要实现从封闭的、点对点的“法律适用模式”向开放参与的“参加模式”的转型。由于这些转化过程中充满了系统的纵向、横向整合，反思理性的建构功能凸显，为强化协同的反思性在“沟通构型”中应当离析出一个专门的反思机制，以主导实现一个信息、规划、沟通和整合的协同过程。这样，刑民交叉得以破解的同时，也将民间金融的规制从外力监管引向了公权与私权主体都作为系统参与者协同共治的进路。这就是本章基于系统论求解刑民交叉的基本逻辑脉络和答案。

4　民间金融行政司法二元协同规制之建构

4.1　从司法规制到府院协同

前章已论及民间金融刑民交叉生成的“沟通构型”需要建构一个核心的反思机制，以之主导一个信息、规划、沟通和整合的协同过程来消弭各种内在冲突，从而破解刑民交叉。而我们在§2.3.4节亦论及反思理性的主要功能在于能够在结构化整合的进程中进行的纵向和横向的建构。在纵向建构层面，反思理性具有抽离性，即能够进行抽象化、一般化的升阶性推及，“沟通构型”作为民间金融的典型微观结构在反思理性主导的纵向整合、升阶推广之下亦可投射到民间金融中观及宏观的规制或治理层面。在这样的视角下，“沟通构型”无异于民间金融整体社会运行中各种纵横冲突关系一个压缩的微观映像，这样，从微观到宏观就形成了一个纵贯一体的认知脉络。而贯通这个脉络的媒介是什么呢？就是兼具纵向、横向建构功能的反思理性，反思理性正是反思机制的理性内核。那么，作为这个"沟通构型"中引导整个系统形成协同的高级运行机杼如何构成？主体为何？鉴于当前中国民间金融规制中，司法规制的地位十分显著，业已成为主要的规制力量，司法应当是一个现实的可行选项。我们先从分析司法入手。

作为一种以事件及争讼为存在前提的裁决机制，司法在其长期的运作中已经自生产了自己独特的话语体系、工具体系和实施体系，具有权威性、效率性、可预期性等多方面的优势，这些都构成有利于其承载反思机制、充当主导性整合力量的有利论据。但我们同时也应当看到，司法的一些固有局限制约了其在引导系统整合方面的作用发挥，单凭司法的力量恐怕难以独力承担如此复杂的协同整合任务。

第一，司法主导整合存在信息和专业知识方面的障碍。一方面，司法对于法律虽然熟悉，但对于金融等一些专业问题方面是典型的"外部视角"，对于专业问题不仅由于信息来源有限，而且对有自己特定解码规则的专业信息的解码亦是相当困难，导致司法对于一些涉专业问题的决策存在一定的盲目性。尽管在理论上司法可以借助专家的力量展开专家咨询或者委托鉴定等途径来化解这方面的困难，但在我国，现今专业知识市场的发育极端落后，专家之间的细分市场根本没有形成，因此，借助专家力量应对和解决"外部视角"问题是不可能的。个别地区法院系统通过设置金融审判庭、配置专业金融审判力量等内部机构增强专业水平，但真正解决"外部视角"问题依然是任重道远。另一方面，支撑司法决策的内在信息要求很高带来了司法主导整合的高成本特性。司法作为纠纷的“第三方治理”模式，其有效性依赖于对象行为的可观测性(observability)和可检验性(verifiability)。① 如果行为仅有可观测性而缺乏可检验性的话，信誉机制、市场信誉和社会规范尚可以对此加以调整；如果行为是不可观测和不可检验的，那么法律是无能为力的，而只能依赖于社会规范。② 综合上述两点，信息来源有限而且信息质量要求高，使司法的社会整合功能具有极大的局限性。近年来，我国极力提倡调解机制，法院系统近年来也大力提倡多元化纠纷解决机制③与这些信息“瓶颈”的压力越来越大不无关系。

第二，司法决策的条件纲要模式限制了司法整合所要求的全局性、整体规划性指引。在组织社会学中，纲要通常又被称为“计划方案”，存在条件纲要和目的纲要两种纲要。④ 条件纲要是实证法的基础模式，能够引导自我指涉与外部指涉随时的结合，⑤但条件纲要模式的规划性、前瞻性极弱，这是一种适于处理具体争议的

---

① 所谓可观测性，是证据信息能够以客观形式在外部裁判者面前展现；可检验性，是证据信息可以凭借技术手段在外部裁判者面前加以证实。可观测性和可检验性的要求既生成了信息成本，也决定着法律的边界。See Ramon Casadesus-Masaneil, Daneil F. Spulber, *Trust and incentive in Agency*, Harvard Business School Workingpaper, 2002.

② 参见张维迎：《法律制度的信誉基础》，载《经济研究》2001 年第 1 期。

③ 参见龙飞：《打造多元化纠纷解决机制的“升级版”》，载《人民法院报》2015 年 4 月 24 日，第 5 版；蒋惠岭：《解纷当循解纷道 科学治理会有时——全面深化多元化纠纷解决机制改革系列评论之二》，载《人民法院报》2015 年 4 月 15 日，第 2 版；等等。

④ 条件纲要(konditionalprogramme)，是指决策必须满足的事前给定条件，其通常的公式是“如果……那么……”而目的纲要(Zweckprogramme)指的是决策要完成未来某个目标。条件纲要在时间上指的是过去，而目的纲要在时间上则指向未来。宾凯：《从决策观点看司法裁判活动》，载《清华法学》2011 年第 6 期。

⑤ ［德］卢曼：《社会的法律》，郑伊倩译，人民出版社 2009 年版，第 102 页。

模式,而不是适宜完成抽象性、规划性的任务。而反思机制基于其反思性的基本要求必须符合抽象的、程序化的元话语取向,要具有“宪章纲要”(Charternprogramme)的模式,整体性、纲要性的规划应当是其主要的功能。

第三,司法决策的受迫性也是其承载整合功能的重要局限。“法官不得拒绝裁判”是众所周知的法谚。法院是一个被迫不断选择的决策组织。法院是受到“禁止拒绝审理”原则和程序限制驱迫的。因此,即便信息不充分或承受来自当事人的巨大阻力,法院即便根据一些既定的举证分配规则和认证原则进行“推定性”的判断,也必须作出裁判。而反思性整合则需要强调沟通和认同的过程,强调当事人在审判中的主体性作用。比如在前已述及的棚濑孝雄的“参加模式”中,制定法只是当事人各方互动中作为参照的“大文字的法”,当事人之间还要吸纳各方的合意资源以及社会规范资源生成“小文字的法”,法官的作用在于使双方自主交涉过程中的“共识”明晰化,并以“创造性转化”使之既不完全脱离又不简单拘泥于制定法规范。① 显然,这首先需要为司法的“受迫性”松绑。而在当前的中国,诉讼压力空前巨大,法院案多人少矛盾极度凸显,单单凭借司法自身的努力,要实现棚濑孝雄“参加模式”为代表的反思取向和民主化的纠纷解决程式显然相当困难。

但是,这些不利于司法承载反思性整合机制的特性并不等于司法毫无这方面的潜质。只要我们把目光从其裁判层面移开,转到其社会功能的一面,就会发现司法在本质上与反思性整合是相容的。卢曼极富洞察地指明法院的功能在于“普遍性规范期望的

① [日]棚濑孝雄:《纠纷的解决与审判制度》,王亚新译,中国政法大学出版社2004年版,第150~156页。

一致性稳定化”。[①] 解决冲突并非法院的核心任务，解决纠纷只是法院的功效(Leistung, performance)，是“副产品”意义上的。图依布纳也认为，法院能够通过个案审理的提炼，丰富自身的同时，也在造就令其他子系统保持融贯的期望结构。[②] 由此，尽管存在着上述“瓶颈”，但是，司法其实内在地具有整合性的功能(Funktion, function)。系统功能论主张司法的功能在于提供“普遍性规范期望的一致性稳定化”可能也正在为司法能动与克制主义的张力关系提供新的解释。这提示我们不必过分纠结于裁判层面能动与克制的关系，可以放眼更为广袤的社会系统的视角理解司法内在的能动与克制的关系。

司法承载系统的反思机制引导系统的协同既存在优势，也不可否认其存在不少固有的缺陷，这样，我们自然会考虑引入其他的力量以共同完成整合的使命。所谓协同规制，是指两个以上涉规制的相关主体之间通过协调或合作，以结构化方式达成富于意义的协调，从而功效化地共同完成整合的使命。对于民间金融而言，这个与之协同的最适合的主体可能就是地方政府了。尽管政府和法院存在着规制主义目标上一定程度的交叠，但对于“沟通构型”而言，法院是直接处理关联人之间争议的一个权威机构，而政府则拥有诸多的资源可以为“沟通构型”的运转以及实现其预设目标提供强大的支持。这样，似乎法院的权威性和规范性可以与政府的目的理性以及干预主义很好地结合运用于规制的目的。但我们知

① Niklas Luhmann, *Law as a Social System*, Cambridge: Oxford University Press, 2004, Chap. 3.

② See Gunther Teubner, *Dealing with Paradoxes of Law: Derrida, Luhmann, Wiethölter*, in Oren Perez and Gunther Teubner(eds.), *Paradoxes and Inconsistencies in the Law*, Qxford: Hart, 2005, Chap. 2.

道,司法克制主义的传统是强烈反对和抵制这样的合作的。① 但是,从系统功能论的协同进化的视角来看,社会系统之间耦合会由各自系统以自我指涉的方式进行选择性地相互作用,“万物并育而不相害,道并行而不相悖”②——不必如哈耶克那样过度警惕和排斥政治分系统的影响。实际上,在现代社会,政治系统与法律系统保持着一种功能性协同关系,但他们之间并不存在任何等级序列关系。法律与政治之间的相互协同(或结构耦合)关系在于,法律系统需要依靠政治系统以通过强制性的权力来支撑其判决,而政治系统则需依靠法律系统(尽管通常是根据法律系统本身)来执行其决定。于是,法律交流往往会以法典为基础而发生,这样一来便排除了政治和道德的干涉。③ 也就是说,理想状态下司法与行政的协同反而会在法律的基础上进行互动,有利于排除恣意和妄行的干涉,为整个系统的协同提供良好的典范。

4.2 民间金融危机语境中府院协同之实践

4.2.1 民间金融府院协同规制模式之生成

其实,司法与行政的府院协同处置模式并非笔者基于理论推演的一个理想主义构型,而是民间金融规制现实中地方治理的一

① 1793 年,华盛顿遇到法律问题要求最高法院的大法官们提供咨询意见曾遭到拒绝。因为如果对行政事务提供咨询意见,无异于和政府部门合作,这样极容易沦为强势的政府部门的附庸。参见牟治伟:《司法的能动与克制》,载《人民法院报》2015 年 5 月 8 日,第 7 版。

② [宋]朱熹:《四书集注》,北京古籍出版社 2000 年版,第 45 页。

③ [美]马修·戴弗雷姆:《法社会学讲义:学术脉络与理论体系》,郭星华等译,北京大学出版社 2010 年版,第 162 页。

个现实选择。司法部门的正式文件中丝毫没有回避这样一种现实的取向,而是提倡这样的对接。2012 年 7 月 10 日,浙江省高级人民法院在一个审理民间借贷的综述性报告中明确提出"协同司法"的观念。① 2013 年 2 月 20 日,浙江省高级人民法院发布浙高法〔2013〕37 号关于民间借贷的指导意见不仅倡导对接党政部门主导的民间融资协同处置机制合力化解涉罪民间借贷纠纷(刑民交叉),而且具体化地提出法院受理前由协同处置机制先行甄别的程序要求。② 2013 年 10 月,由浙江省公检法共同发布的浙高法〔2013〕241 号会议纪要这个专门针对刑民交叉案件处置的指导意见第 1 条即明确指出,司法部门查办集资类案件过程,综合应用经济、行政、法律手段,合理化解矛盾,推动建立健全协同处置工作机制。③

实际上,协同处置的经验来自温州地区的乐清市。我们在§1.2.1 节中已经回顾了民间金融异常活跃的乐清地区发生"抬会"等局部金融风波的历史,2007 年的金融风波,乐清市依靠协同处置机制,处置非常得力,效果良好。乐清法院的民间金融纠纷协同处置机制获得最高人民法院的肯定与推广。因此,温州地区民间金融风波发生后不久,2011 年 12 月 14 日,温州市中级人民法院

---

① 即《浙江法院民间借贷审判报告(2008.1～2012.6)》,认为许多民间借贷案件,不单纯是法律问题,更牵涉到危机处置、破产重整及群体性纠纷等一系列问题,涉及多方利益,仅靠司法力量难以解决全部问题。提倡要建立健全与党政部门的协同应对机制,坚持协同司法,建立联动机制等。

② 参见浙江高院《关于服务金融改革大局依法妥善审理民间借贷纠纷的若干意见》(2013 年 2 月 20 日,浙高法〔2013〕37 号)第 3 条。

③ 参见浙江省高级人民法院、浙江省人民检察院、浙江省公安厅《关于当前办理集资类刑事案件适用法律若干问题的会议纪要(三)》(2013 年 10 月 28 日,浙高法〔2013〕241 号)第 1 条。

发布《关于为规范稳定民间金融秩序促进中小企业健康发展提供司法保障的若干意见》第十条中就申明协同司法的理念，提出“强化协同司法，制裁金融违法违规行为，切实做好民间非法金融活动整顿治理工作”。2012 年 2 月 15 日，温州市政府发文建立打击和处置非法集资工作领导小组，并下设处非办。① 2013 年 4 月，温州市建立了金融监管和金融审判联席会议制度，成员单位包括了人民法院、人民银行中心支行、银监分局、保监分局、金融办及地方金融管理局、经信委和法制办等行政和司法部门。2014 年 3 月 1 日《温州市民间融资管理条例》出台实施后，2014 年 3 月 4 日温州市中级人民法院出台贯彻实施的纪要②第 15 条又强调，依托金融监管与金融审判联席会议平台，借助地方金融监管工作协调小组力量，建立“党委政府领导、专职机构主导、群众自主清理、法院协同配合”的民间融资纠纷协同处置机制。

笔者认为，尽管协同处置是实践生长的产物，并且还带有较明显的维稳色彩，但局部的协同思想还是从国家有关顶层设计中最初发轫的。1998 年国务院 247 号令第 9 条、第 10 条就规定了公安机关与人民银行的协同，确立了行政取缔和刑事司法调查协同的模式。③ 更为重要的是，就非法金融活动所涉债权债务的清理清退在第 16 条和第 17 条确立了行政主导的模式，即债权债务不能自行清退，也没有批准部门、主

① 张丽华、李娟：《立人融资案再追踪：民间集资隐现钓鱼借贷》，载《第一财经日报》2012 年 2 月 17 日，第 A08 版。

② 即温州市中级人民法院《关于贯彻实施〈温州市民间融资管理条例〉的纪要》(2014 年 3 月 4 日)。

③ 《非法金融机构和非法金融业务活动取缔办法》第 9 条规定发现非法金融活动，由人民银行调查和核实，并提请公安机关立案；第 10 条规定在调查、侦查中，人民银行与公安应互相配合。

管单位或组建单位的，由地方政府负责组织清退。① 而显然，这些需要行政取缔活动大多数是也会同时在刑事程序中，这样行政清理清退与刑事处置比如赃物清退等是何种关系呢？但不论如何，这第 17 条的规定，就确立了非法金融活动所在地的地方人民政府参与了协同组织清退的法律依据。笔者揣摩，这可能是立法者估计到如果非法金融活动参与的债权人特别众多，司法清理的能力就会显得捉襟见肘，就引入了地方协同清理清退的机制。

但这种协同从规范法学的角度来看，是严重欠缺法理依据的，甚至是与现行的一些上位法规相冲突的，因而广受诟病，尤其是在非法集资的资产处置问题上。2007 年，著名的吴英非法集资案案发时，甫一抓捕，当地的公安机关就很快开始拍卖涉案的酒店、汽车等财产。在随后的案件审理过程乃至至今，吴英案件的资产处置都引发了极大的争议。吴英及家人认为，拍卖财产是未经同意的且导致她的财产几十倍地严重缩水，而房价等各种财产价格在上涨，谈不上资不抵债、无法偿还债务的问题。东阳市公安机关则解释，当时是为了财产保值和安抚债权人的需要，程序上经得起调查。②

显然，政府方面的这种处置与法律存在相当的冲突，主要是在处置主体资格、审前处置问题以及处置时机问题等方面。《刑事诉讼法》第 261 条规定的合法处置主体应当是人民法院，但《刑事诉

① 《非法金融机构和非法金融业务活动取缔办法》第 16 条和第 17 条规定，非法金融业务活动形成的债权债务，先由当事主体自行清退；被取缔后，由批准部门、主管单位或者组建单位负责组织清理清退；没有批准部门、主管单位或者组建单位的，由所在地的地方人民政府负责组织清理清退债权债务。

② 参见郭芳：《谁来负责吴英案资产处置?》，载《中国新闻周刊》2015 年第 19 期。

讼法》第261条仅规定了没收财产的判决由人民法院执行。① 而在吴英案的判决中,除了没收的财产外,还有违法所得的追缴和清退问题。那么,这种清退是否能够由政府方面实施呢?《刑事诉讼法》第234条第1款规定公安机关查扣的涉案财物应妥为保管,随案移送,不得自行处置;第4款则规定法院判决后,有关机关要根据判决进行处置。显然,这里规定的资产处置应当是审后处置而不是审前处置,而该条款中的有关机关又到底是何机关呢?

应当指出的是,《刑事诉讼法》规定的刑事涉案财物处置程序应当是一种常规情形,尽管我们无法质疑法规的统一适用。国务院247号令对于非法集资案件的财产清退等问题规定了政府介入处置且并没有规定必须审后处置是符合非法集资处置状况的实际情况的。因为非法集资的涉案财产涉及人数众多,需要多方协调,法院力不从心,实际上政府都是介入处置的,而法院也都是认同甚至提倡的,这从前面列举的法院的司法文件中就可以明显看出。所以,笔者认为,247号令是极富前瞻性和创造力的立法行为,因为立法对涉众型非法金融活动的法律规制具备了系统论的视角,而没有为通常的司法程序规范及相关法律教义学所束缚。问题只在于没有深入涉及政府与司法行为在资产处置上的衔接和协同问题以及更精细地规定程序构造和处置基准。此后,2007年7月25日国务院办公厅《关于依法惩处非法集资有关问题的通知》(国办发明电〔2007〕34号)与《处置非法集资部际联席会议工作机制》仍然遵循行政主导处置的模式。2015年10月19日,在这一轮非法集资处置的周期中,国务院下发的《关于进一步做好防范和处置非法

① 现在最高人民法院《关于刑事裁判涉财产部分执行的若干规定》(2014年10月30日,法释〔2014〕13号)已规定刑事裁判涉财产部分,由人民法院执行。

集资工作的意见》(国发〔2015〕59 号文)还是强调综合运用经济、行政、法律等措施,依法合理制定涉案资产的处置政策和方案,分类处置非法集资问题,并没有单一局限于法律手段,而且是明确提出了“顶层推动,各部门协同配合,以省级人民政府为第一责任人”的协同模式。尤其是提到政府与司法协同中的一些受到较多批评并且长期没有解决好的具体问题,比如建立健全非法集资刑事诉讼涉案财物保管移送、审前返还、先行处置的问题。该文件还明确提出要求修订国务院 247 号令,研究地方各级人民政府与司法机关在案件查处和善后处置阶段的职责划分,完善非法集资案件处置依据。该文件强调的民间金融及其金融新业态的法规制度建设、处置非法集资的法律法规完善以及相关执法、司法机关工作制度和程序的完善,都或多或少涉及当前行政与司法协同处置模式的定位、建构和完善问题,这已正是当前民间金融领域法律规制和系统治理层面制度建设的重中之重。

鉴于此,下面我们首先从民间金融府院协同规制的实践出发。

4.2.2 民间金融府院协同规制之乐清模式

乐清市是温州地区一个民间金融极为活跃发达的县级市,在 20 世纪 80 年代就发生过民间借贷风波。乐清市在总结 1986 年平会风波处置和 1988 年抬会风波处置经验的基础上,为应对 2007 年发生的民间金融风波提出并大胆实践了一套完整的工作体系和工作机制——“党委政府领导、专职机构主导、群众自主清理、法院协同配合”的协同处置机制。[①] 这个法院协同处置民间金融纠纷机制

① 参见乐清市处置办课题组:《乐清市民间非法金融活动及处置对策》,载张守奎、郑晓东主编:《金融风暴》,浙江高德科技印业有限公司(浙内图准字〔2014〕CE01 号),第 63 ~ 72 页;另参见乐清市法院课题组:《“协同处置机制”令民间借贷案件不升反降——乐清法院协同处置民间金融纠纷机制分析》。

实践证明成效显著。2007年乐清发生的民间非法金融案件183件,发生额约50亿元。到2013年1月,183件案件全部化解,清退债务额6.48亿元,清退核销高利14.6亿元,变卖房产196处;公安机关立案61起,破57起,进入刑事程序的犯罪嫌疑人93名,追回赃款赃物价值1.88亿元。因此,当2011年9月温州民间金融风波来袭的时候,温州各县市收案数都是急剧上升,唯独乐清市是下降的。

1. 构建专门组织机构

成立以市委副书记为组长,常务副市长、纪委、组织部、宣传部、公安、检察、法院负责人为副组长的专门的"处置民间非法金融活动领导小组"(以下简称处置办),然后再纳入其他政府部门分成四个小组——打击协调组、违纪党员和公职人员处理组、资产处置组和整顿组,形成"一办四组"的组织架构。同时,在乡镇成立对应的专门组织。

2. 原则性和灵活性相结合地处置

(1)打击方面,确立追赃优先和宽严相济的导向。一方面,追赃的多少是案件资产处置、化解的前提,追赃是第一位的目标。扩大追赃范围,并且一追到底。这种追赃的力度应是超过案多人少的司法机关的常规力度的——不仅追索债务人现存的资产,而且其不当处置或抵押的资产也进行追查,甚至还追查债务人有假冒登记到他人名下嫌疑的房产。同时,建立举报奖励制度,举报赃物一经查实给予一定比例的奖励。另一方面,坚持"宽严相济"的政策导向,严格把握非法集资与民间借贷的刑民界限。对于隐匿、转移财产,清退态度恶劣或造成严重后果者,予以从严处理;而对于确实因经营困难而诚实破产者,能够积极配合清算、主动退款、退赔达债务额40%以上,并与多数债权人(80%以上)达成和解协议的被告人,刑事处理上给予轻缓化。在财产清退上,处置办则从中积极斡旋,促成其与债权人达成清偿化解协议,力争转为分步清偿。

(2)财产处置方面。首先,规范处置流程。建立从债权债务登记、清算和处置分配的规范化流程;其次,确立"群众自清自理为主、政府帮助指导为辅"和"高利核销"(更账)为基本原则。在群众自清自理过程中,坚持公开、公平、公正和民主原则,就每个登记在册的案件都成立群众清债组织(清账小组),成员由群众自己民主推荐组成,接受乡镇处置办的指导。清债过程实行民主清债,公开分配方案。最后,探索工作方法创新。如案件账目清算过于复杂,或者乡镇处置办清算后当事人有异议的,可以由乡镇处处置办申请市处置办的债务清算认定小组进行清算,清算后出具债务认定书。房产的处置的变现更加灵活,体现了整体协同的优势。比如有些农村房产手续不全,地方偏僻难以出售,政府配合协同出台《处置民间非法金融活动债务人房产的暂行规定》,甚至召集有关部门对一些特别房产的处置进行"量身定做",处置办也成立这方面专门的专业变卖小组协助资产处置组解决。乐清市处置办还不断创新处置办法,加快处置进度、提高处置深度。2014 年 7 月,出台了《乐清市出险企业抵押物快速处置工作实施办法》和《乐清市出险企业品牌、设备、营销网络等相关资产剥离、出让实施细则》,并据此成功处置昌德成、盛金公司等企业的无形资产,并因将无形资产纳入并深度处置使出险企业资产得到很大增值。此外,处置办还积极探索减少担保人损失的新路子。引进资产管理公司购买出险企业的不良资产,再撮合第三方从资产管理公司购买不良资产包。然后,处置办从中斡旋,协调受让第三方提供优惠条件保护担保企业。比如,曾有第三方受让资产包时承诺放弃对担保人的追偿权。这样,通过保护担保人就使债务风险的传导受到有效的阻遏。

(3)防范方面。主要分别建立与银监部门监管信息通报制度、健全情报信息收集、报送机制、信访接待机制和宣传机制。

3. 强化协同联动

(1)纵向协同:乐清市处置办给予各乡镇处置办总体上的指导协调,市处置办设专人联络各乡镇,复杂、疑难案件市处置办派专案工作组指导,特别重大案件市处置办成立专案指导组协调处置。

(2)与司法部门的横向协同:①法院为制定处置政策提供法律帮助,以法律知识提供参与协同。参与协同处置的法官依据法律法规对协同处置进行法律把关或者对处置中创新举措提供进一步完善的法律意见。②严把金融案件的收案关。法院立案庭与市处置办进行密切对接,市处置办定期将各乡镇清债组名单通报法院,建立信息传递层面的协同。在案件受理上,一般由乡镇处置办登记并先行处理,如果涉嫌犯罪的,由公安专案组立案侦查。乡镇已立案,又有人向法院起诉的,法院分别不同阶段作出对应处置。——法院在立案或审理中如果发现当事人一方涉及清债组事先报送的名单之中,即以《中华人民共和国民事诉讼法》第 111 条(2012 年修订,现为第 124 条)第(三)项之规定,在立案阶段以政府处置为由不予受理,由立案乡镇统一处置,或是在审理阶段,发现为民间非法金融案件的,则发函告知市处置办并驳回起诉;如果法院在立案或审理中发现案件有非法金融嫌疑的特征,则报处置办先行甄别排除后才作为民间借贷案件依法判决;如果案件已进入执行阶段,则终结执行程序,告知其向处置办申请解决。如果被执行人是会主,而且严重资不抵债的,考虑其他债权人的利益和稳控的需要,也一般将执行所得的款项交由乡镇处置办统一分配。③建立涉案财产执行协同处置制度,优化清偿路径,努力提高清偿率。一是如果清账小组变卖效果更好的,先由清账小组处置,法院予以确认。二是通过退赔款优先清偿及依法减免执行费用尽量增加可分配财产。三是举报财产线索给予奖励。这在2014年最高人民法院刑事裁判涉财产部分执行的司法解释尚未出台时期就能够一定程度上纾解财产处置执行方面的刑民交叉困局，显得特别难能可贵。④法院还出台减免企业诉讼费、执行费的规定，力争协同减少处置费用。

（3）与部门之间的横向协同：实际上，协同处置模式也是在建构一个“政、银、企、法”的四方协同的大平台，当然，其核心是府院协同，但行政部门之间通过将情况汇报、分析研判和安排部署“三合一”，并且就各自职能范围提供最大限度的协同，大大提高了处置的效率。比如，调查取证时，各大银行予以配合提供账户财产明细。而房产变卖时，也是由房管局、国土局、税务、银行等密切配合。市地税局出台了《关于法院拍卖或政府主导处置企业房产（土地）涉税处理的指导性意见》，以加快处置类企业房产（土地）交易环节涉税事项办理速度；市住建局建立处置类企业资产办证绿色通道；如房产有银行按揭贷款的，与银行协商要求其让利于民，从而实现债权人利益最大化。

（4）与其他县市之间的异地协同。追赃、追逃需要与全国其他县市进行沟通协调，以及资产处置也可能需要异地协同。

4. 乐清模式的协同原理分析

笔者认为，乐清市的协同处置模式实质上就是秉持了系统功能论的视角来解决民间金融的刑民交叉困局，为民间金融的规制提供了一个很好的样板。我们可以从以下几个方面展开分析：

第一，协同处置模式的府院协同及其外围协同是符合平台化（网络化）的新型横向整合模式，实现了“沟通构型”的结构化降低了复杂性。

协同处置对化解司法压力的作用时极为明显的。从2007年到2011年，乐清处置办处置的158件案件经过折算相当于减少了近5000件诉讼案件。这意味着几乎节约了一半的司法资源，而这对于一个县级司法部门是相当宝贵的。如果从效率最大化的角度来评价，司法解决是一种成本高昂的途径，不应该成为这类纠纷解决的优先选项。通过依托党委和政府的协同处置纳入整体系统，也就整合了它们的政治和协调优势，有利于充分调动和利用各方面资源，利于"沟通构型"的进一步结构化。其中"一办四组"以及乡镇协同网络的建构更是延伸了系统的时空，增进了系统的辐射力和包容度，平台化的网络整合优势更加明显，与司法的个案处理模式一比较，就直接体现出高效的特征来。

第二，府院协同及其外围协同处置模式，纳入众多的职能主体，有利于处置上的信息效率和优势互补。

涉众型民间借贷、"抬会"等操作手法日益复杂化，如果依赖常规的司法处置将极其困难。而协同处置充分利用了处置办人员的"地方性知识"优势，这些人对于当地的人财物和社会网络都极其熟悉，消息极其灵通，而且真伪鉴别力极强。这样的协同处置在范围和深度上的优越性极为显著，不仅能够有效排除排除大量的虚假诉讼和规避行为；而且在处置手段上灵活机动，突破常规，量身定做。比如，通过个案对债务人抵押房产处置形成协调意见，[①]此

---

① 这种协调意见往往是特事特办的。比如抵押房产拍卖所得清偿银行部分，银行罚息一律不计；抵押房产拍卖所得在房产抵押贷款金额2倍以内(含2倍)的，银行受偿房产拍卖所得二分之一，房产拍卖所得是房产抵押贷款金额2~3倍(含3倍)的，房产拍卖所得可全额偿还银行贷款本金，但利息不计；房产拍卖所得在房产抵押贷款金额3倍以上的，在全额偿还银行贷款本金的同时，适当考虑部分偿还利息；剩余部分归其他债权人所有。

后类似案件抵押房产拍卖分配处理参照执行,有力地提高了资产处置的效率。不仅如此,有些手续不规范资产通过处置办的处置路径是法院不能做到的。如余某某集资诈骗案,处置办在公安立案后就介入案件,查清其有房产十余套,但多数是农民房,还有安置房,在处置上存在法律上的障碍。而处置办介入协同处置后,积极寻找买家并与法院密切配合完善手续,十几套房产均得以有效处置,清偿率提高相当显著。①

而反过来,法院参与协同,作为一种正统的纠纷解决机制正好为协同处置提供了权威可靠的后盾。法院在司法程序方面的合理化把握也是为处置办处置提供基本的法律空间,比如法院配合在财产保全、强制执行方面的"软查封"等谨慎手段,加大调解、和解力度,协同化解等,都为整体的处置提供了重要的基础。

第三,协同处置正是"参加模式"的集中体现。群众自行清理,政府帮助引导、司法提供保障、更账自愿协商等基本原则充分体现了尊重当事人主体性、民主参与、民主商谈的开放性的程式理念。

乐清市民间金融协同处置的模式实际上是仿效了破产程序的集中处置路径,集中管辖和集中处置实质上就是结构化和"参加模式"的进路。"群众自清自理为主"体现了当事人主体性的取向,并且融入哈贝马斯民主商谈的路径,为处置的合法性奠定集体理性的基础,实际上可以说是棚濑孝雄"参加模式"一个很好的样板;"政府帮助指导为辅"以及法院协同处置的模式,实际上把政府的命令—控制型印记以及法院的角色都实现了适合于治理理念的转

① 于伟、刘建国:《温州市金融犯罪审判疑难问题的调研——以非法集资案例为研究样本》,载《"法治与发展论坛"暨浙江省法学会国际法研究会 2014 年会会议论文集》(2014.11)。

化,这些权力主体都纳入了“沟通构型”而服从当事人参加模式意义上的主体主义进路,主动地把角色从命令型转换为回应型,并积极提供诸如举报奖励之类的额外激励,使当事人在问题导向的引领下更容易走向问题的有效解决;“高利核销更账”所体现的实体权益结构的变更也体现了一种私益的自我反思精神,清账小组引导进行的结构化协商,当事人都能够基于反思理性抑制个别利益最大化的冲动在民主协商的路径中消弭冲突,达致协同。

4.2.3 民间金融协同处置的实例

随着温州民间金融司法规制的发展,遇到的刑民交叉案件规模和复杂度都在上升,尤其在财产处置给法院带来巨大的困扰。比如,泰顺立人集资案,集资额达到近60亿元,而2011年整个泰顺县生产总值(GDP)为46.44亿元;财政一般预算总收入6.1亿元,其中地方一般预算收入4.63亿元,实现税收收入2.62亿元,本外币各项贷款余额76.4亿元。立人这样的融资规模实际上是弥散泰顺全县的,光向官方申报的债权人就达到5207人,可见,这样的财产清理如果由司法承担压力可想而知。

永嘉的施晓洁、刘晓颂集资诈骗案件2014年9月浙江省高级法院维持温州市中级人民法院刑事判决后,财产处置也是困难重重。施晓洁造成被害人损失计4.6亿元,刘晓颂造成被害人损失计5000万元,在永嘉县造成重大的社会影响。审理期间,案件的被害人和关联人就陆续向温州中院和浙江高院反映情况,银行也要求尽快处置被查封的抵押房产等。温州中院会同公安、检察与债权人代表多次对话,虽然就追赃及财物分配等事宜初步达成共识,但没有取得实质进展。实际上,该案中不仅涉案关联人人数众多,而且涉及不同法院之间的处置权争议协调、部分财产权属不明以及刑民交叉冻结等复杂问题。2015 年 4 月,温州市中级人民法院主动发函商请市政法委,要求提请永嘉县处置办协同处置。温州市中级人民法院认为,根据国务院 1998 年第 247 号令的规定和该案的具体情况,相关清债工作应该由永嘉县人民政府处置办为主,其他部门协助。相关债权人人数和债权总额,生效的裁判文书已经列明,中院可以与永嘉县政府处置办就赃款赃物的解封、提取、变现等相关事项进行沟通和配合。该案移交协同处置后,2015 年年内永嘉县处置办已经妥为处理,其中权属不明以及刑民交叉冻结等诸般复杂争议在处置办的处置中通过沟通、谈判、让渡利益、妥协等多种灵活举措消弭了冲突,实现了协同。由此可见,司法处置的刚性利益结构在处置办协同处置中可以在结构维度根据环境情况作出更动,也就是经由“公法私法化”之类的商谈和解等横向整合法以及“私法公法化”之类的利益衡平基础上的实质正义取向的二次分配等纵向整合法使实体利益的分配格局趋于合理化从而开辟解决的路径。

当民间金融风波的规模巨大波及面甚至弥散到整个区域时,区域政府当局会倾向于直接整体进入协同处置机制。典型的是 2015 年 5 月温州洞头的民间“标会”风波。

2011 年 9 月温州地区民间金融风波发生后,到 2015 年民间金融信用的收缩渐趋稳定,但 2015 年 1 月起温州相对比较偏小的海岛县洞头发生了“标会”风波。“标会”是起源于民间的一种古老的金融互助行为,曾广泛存在于浙、闽、粤等地区。在古代,同一地域有较为亲近的血缘关系,所以,往往又红白喜事,哪家人需要用钱,就会以个人名誉作为信用担保,在宗族之内成立“互助会”。会主得到一笔来自各个会员缴纳的会款,并在未来的互助运转中分期偿还。随着社会的变迁,“互助会”渐渐演变成了“标会”,而它的形式有点类似于“轮转基金”。当标会中的会员不能够提供足够多的资金来偿还“会款”时，最终的结果只有“崩盘”。而据洞头县官方提供的统计数据来看，全县城区内有近6000户居民参与了当地的标会，这一数字已经超过当地城区居民总户数的1/3。因此，这一次洞头的金融风波波及面和资金规模较为庞大，该县本岛的北岙街道和东屏街道90%的家庭都有参与，通过“会套会”、“会养会”呈现出塔状样态，社会弥散度很大，而根据官方目前不完全统计结果，仅洞头参与“标会”的民间资本规模已达6个亿。在此案中，洞头县委县政府的应对亦主要是协同处置的模式。一方面，司法处理上的宽严相济，将债务清偿比例作为刑罚的重要参考依据，对主动清偿债务，并取得债权人谅解的人员，减轻或从轻处罚，最终达到对债务人的震慑作用。另一方面，出台了《洞头县民间金融自行清算指导意见》，通过大量的排查摸底、登记接访、调解化解、专案核查、登记清算、打击非法、资产追查、信息发布、慰问安抚等多方面举措进行化解。① 实际上，笔者认为，在此情况下，“沟通构型”已经成为一张弥散到整个区域的超大网络，如果以司法的个案处置的风格，局部的处置还未完毕，金融风险和恐慌心理就已快速蔓延，很难进行妥善的控制，直接进入结构化的协同处置确实不失为真正有效的应对之道。

下面，我们介绍一个温州发生的规模较大的协同处置案例，尽管这个案例并非处置办处置，而是直接由温州市政法委牵头成立专门的处理协调小组进行处置，但这个案例非常典型，有助于我们理解协同模式处置的机理和典型流程。

---

① 参见詹佳骏：《互联网“标会”或为下一个民间集资监管的重灾区？》，载《第一财经日报》2015年6月26日，第A19版。

徐××在经营温州某房地产开发有限公司(以下简称Y公司)及其关联公司的过程中,因非法吸收公众存款案2009年4月案发,因该案涉及债权人众多,且遗留巨额债务无法偿还,引发社会不稳定因素,2009年9月成立温州Y公司涉案处理协调小组(以下简称处置小组)开展专案处置。2011年6月,温州市鹿城区法院以非法吸收公众存款对徐××作出刑事判决。

该案是一个相当典型的民间融资复杂的刑民交叉案件,存在以下特点。一是涉案数额巨大,人数众多。温州市鹿城区人民法院的刑事判决只认定的徐××向55户吸收资金15.23亿元,到案发仍有4.69亿元尚未归还。但处置小组成立后,申报债权的有178人,申报数额达26.77亿元。处置小组通过15家银行集中流水核查Y公司及关联企业涉及自然人1038位,银行5个、法人125个。案件涉及面极广,核查取证工作量和难度可想而知。二是刑民交叉。非法吸收公众存款侵害的客体是国家正常金融秩序,因此除金融机构合法贷款外,该刑案中以民间借贷为表象的均属于非法吸存的对象,属于刑事退赔的范畴。但目前涉刑案对象仅55户,其余均需要进行甄别处置。三是财务混乱。Y公司没有建立规范独立的账册,关联公司和个人财产混同。债权人申报的数额与债务人方承认的负债数额差距巨大,可能存在大量多报债权、高利借款、利滚利、利转本的情况,债权形成情况错综复杂,核账难度很大。

2009年9月处置小组成立以来,进行了债权债务的集中清理,对Y公司及其关联公司进行了财务审计,解决一些房地产工程、销售等方面的遗留问题,但处置方案虽经过反复研判因故未付诸实施,处置工作一度停滞。2012年11月,处置工作重新启动,处置组重新权衡、论证了相关处置方案。一是企业重组方案。鉴于该案刑案已判决,已经形成刑民交叉,刑事涉案财物难以纳入重组,加上现资产负债敞口太大,公司财务也不规范,重组方案显然不可行。二是企业破产方案。由于刑民交叉和财务混乱,破产方案与重组一样不可行,更重要的是徐××个人所得不能纳入企业破产范围,而破产反而相当于得徐××免除未还的债务,也不可行。三是民事程序或者仲裁处理的方案。这个方案也不可行。首先,民事程序的形式化认定容易使大量多报债权、高利借款、利滚利、利转本甚至虚假债务蒙混过关,特别是本案存在数额相当大的带抵押的个人委托借款,这些委托借款的真实性需要彻查才能厘清,在民事程序中将会只能确认有效使得最终的分配面大大缩窄,可能损害真实债权人利益;其次,民事程序的个案处置模式效率低,且很难统一处置、分配;最后,刑民交叉的存在会造成进一步冲突。刑事程序认定和分配是不计利息;而民事程序则四倍银行利率以内都要计利息而且抵押也有效,这会增加进入分配的债权数额最终降低清偿率。

在否定了上述三个方案后,处置小组最终选择了偏刑事程序的协同处置模式。第一,全面核查。以处置组名义,对涉案债权不分刑民全面登记、甄别,不仅基本确认债权债务,同时关注过程信息,作出初步核查结论。第二,重点侦查。嗣后启动补充侦查、追诉遗漏犯罪等司法程序,除明确不涉嫌犯罪的民事债权外,涉嫌犯罪的债权都要纳入刑事程序处理,公安机关要着力查明各涉案债权的来源、过程、数额等真实情况,尤其是委托贷款形成的债权如果存在"账外付息"、"空账运转"和以委托贷款清偿非吸债务等问题的要进行彻查。涉嫌犯罪但已作为民事案件判决的案件,由法院通过审判监督程序撤销原判决,一并纳入刑事程序处理。第三,司法处置。按司法程序组织资产处置及清退工作。

就这个方案处置刑民交叉问题以及在协同处置方面的特色，表现为如下六点：第一，必须有一个机构能够从事整体意义上的方向与路径(方案)选择、规划的机构，并且对出现的问题能够有一个学习性的相机抉择，本案的处置小组实质上就是一种能够主导整合和结构化过程的反思机构。第二，这是一个行政手段与司法手段协同、民事途径与刑事途径协同的方案，综合运用了司法的、行政的和经济的手段。第三，本案之所以最终选择偏刑事的协同处理方式，在于本案中存在数额较大的带抵押的委托贷款债权，而且这些委托贷款存在“账外付息”、“空账运转”和以委托贷款清偿非吸债务等嫌疑，如果不启动刑事彻查，让这些可疑债权蒙混过关，将大大降低本来就很低的清偿率，处置的公平性和有效性就会大大成问题。经由协同处置机制较之普通的司法机制有时有相当的优势，不仅可以从根本上厘清债权的真实性，而且对于一些权属不明的或者法律手续不全的“问题资产”存在多种灵活变通处置办法，实质上无形中提高了这些资产的“清偿力”。第四，我们注意到本案实际上也是在刑事案件还没有判决的时候，早在 2009 年 9 月就已经由地方政法委牵头成立处置小组了，所以，这种行政与司法的二元协同生成的方式是非常自然的，而不是需要刻意沟通才能达成，只要社会压力增大，在中国现有的行政司法体制下是很容易形成这样的协同，而且对于在整个体制中处于弱势地位的司法是非常欢迎这样的协同，因为处置方面行政部门可调动的资源远远多于司法，而且借助行政途径，还可以避开很多司法所难以回避的程序障碍。比如，如果按照通常民事路径确认债权，就不得不把很多水分很大貌似合法的债权带入分配程序，甚至使最终分配的清偿率极为可怜，而与行政协同后，居于主导地位的处置小组可以通过行政程序最终确定走偏刑事路径，就使很多“伪债务”无处遁形。

第五，这种协同方式对于排解刑民交叉情形下司法机关之间的程序冲突亦十分有效。本案处置过程中，鹿城区人民法院曾于2013年6月28日致函本案刑事管辖单位——平阳县公安局要求解除查封涉案当事人徐××女儿名下的坐落于市区某大厦1701～1704室四套已抵押给浦发银行的商品房。这种冲突来源于民事执行在刑民交叉场合下与《刑法》第64条规定相冲突，解决这个冲突只能由一个更高位阶的主体决定或法律规定。在本案情形，是通过处置小组的全局把握来协调这个冲突的，而如果没有这种协调机制，这种冲突势必对其他资产的处置导致连锁反应，从而引发债权人的不满，扰乱整个处置的秩序。第六，本案最突出的问题还是在于处置时机，本案的处置小组早在2009年9月在非法集资刑事案件审前就已成立，但是，协同处置的进程一度因为相关原因存在延滞，而嗣后，温州房地产价格大幅下跌，导致清偿率降低。而这种延滞，一般只要存在足够的程序开放度以及相关的权力—权利沟通对话机制就完全可以避免，可见协同处置程式建设的重要性。

4.3 府院协同的模式化建构

4.3.1 府院协同的内在张力

尽管在民间金融危机处置中府院之间存在强烈的协同需求，也实践地发展了府院协同的现实模式，但是府院协同内在存在着深刻的张力，这也决定了府院协同的法治边界。

第一，逾越问题。在这样一种协同的结构中，协同双方各自存在自己的预期角色。政府承载一种目的纲要取向的符号媒介，它致力于灵活性、取消“差异”、统合“选择”以及克制偶在性的权力路向；而司法承载一种条件纲要取向的符号媒介，它致力于平衡、提供预期、甄别"差异"、保障"选择"以及结构化偶在性的权力路向，本质上在于实现"普遍性规范期望的一致性稳定化"。在府院协同的实践中，政府通常会存在一种逾越规范的冲动以求更直接、更便捷地解决问题、实现目标。2011 年 9 月温州民间金融危机后的处置中对金融债权的倾斜保护就是著例。地方政府在面临金融危机中，对金融机构的保护是十分关键的。因为一方面金融不良率的飙升具有宣示效应的外部性，会助长风险的传导；另一方面，政府的很多救助措施需要金融机构的协同配合。温州的危机发生后，非法集资犯罪的追诉与财产保全以及刑民查封措施一时间集中实施，金融债权的抵押物面临两大问题：一是银行大量的经人民法院民事裁判确认的金融抵押债权在已有民事财产保全相关的查封之上因债务人或债务人的法定代表人或企业的实际控制人涉嫌非法集资犯罪而再遭公安机关、人民检察院刑事查封而无法民事执行，从而遭遇"刑民交叉"的困境，其直接后果就是银行的债权实现被阻滞导致不良率飙升；二是根据《物权法》第 206 条之规定，抵押财产被查封的，抵押权人的债权于查封时即被确定，之后再形成的债权将无法纳入抵押权担保的范围内。这样，银行就无法对其进行转贷，而企业也不会再清偿银行抵押贷款，双方都会因抵押物被查封而陷入僵局，只能眼睁睁看着贷款逾期，本已岌岌可危的资金链将彻底断裂，政府的应急转贷资金或银行的流动性支持措施也将无法实施，而最终都会直接体现在不良率上，进而引发担保链危机。这些难题引发了政府与司法部门之间的密切互动协调，就司法查封措施相关的信息传递、处置权协调、选择性保护、企业转贷和展期的应急处置等取得协同、出台意见，一定程度上体现了倾斜性地保护金融债权的取向。2013 年 2 月 28 日，温州市金融综合改革试验区实施领导小组出台了《关于加大保护金融债权扶持发展民间金融服务保障金融改革的若干意见》,明确了对金融债权扶持的态度,其中包含了不少对当地司法机关的配合要求。对金融债权倾斜保护及其相关措施不乏逾越法律界限和法治原则的措施,尽管为了区域金融稳定和安全的需要时容易取得共识,但选择性取向或多或少都要挑战司法协同的底线伦理。在中国的法治现实中,地方政府历来强势,很容易使得协同蜕变为(司法的)“随同”。尽管如此,府院协同还是内在地存在着目的纲要与条件纲要的龃龉,而这个张力实际上决定了“逾越”最终能够走多远,也就实质决定了协同的法治边界。

第二,立场问题。民间金融刑民交叉案件刑民程序走向的不同会严重影响当事人之间的利益,因此,存在着不同利益立场的纠葛,而最终府院协同是需要整合这些不同的利益取向,解决一个立场问题。担保人方面通常自然会趋向于“以刑拖民”,甚至主张涉罪合同影响从合同无效来减轻甚至脱去担保责任。担保人方面即便民事案件已经判决也会积极向公安机关提出控告,而公安机关一般以案件已经由人民法院处理拒绝受理当事人的控告行为。即便勉强受理了,也是没有给予调查,以这样的案件太多,人手太少,没有时间调查为由拒绝进一步调查。公安的消极带来担保人方面的诸多诟病,但公安的积极又会带来银行等债权人方面的抱怨。在后期,担保人为了促动公安,积极寻求银行之类的债权人的经办人的工作上的失误提出刑事控告,以求“以刑阻民”,比如为温州锦泰集团有限公司担保的温州三杉光学有限公司法定代表人吕隼、陈珍琦夫妇就对债权人平安银行股份有限公司温州分行职员姚杰提出刑事控告,指控姚杰将最高额担保金额2600万元篡改为4600万元涉嫌违法发放贷款罪;为温州蔡特机车有限公司担保的瑞安市易成汽车配件有限公司法定代表人蔡丰勇以借款企业财务报表虚假、无真实贸易背景对平安银行股份有限公司温州分行提出涉嫌违法发放贷款罪的控告。平安银行股份有限公司温州分行向温州市政府报告不良资产处置过程中涉及刑事案件的有 21 户,涉及不良余额约 4.8 亿元。这些不良案件均在民事诉讼程序中,有的案件已经二审或在执行阶段,因为各类涉刑原因,导致民事清收案件被驳回或中止审理、执行,对其信贷资产质量造成重大影响。浦发银行温州分行则报告涉及刑事案件难以推进的案件有 25 户,涉及贷款本金金额 3.67 亿元。这些银行都向温州市人民政府提出要求牵头组织协调或督促解决。显然,利益立场不同的关联人(如债权人与担保人)之间分歧,最终汇集到政府与司法机关面前,需要一个协同的处置。在司法层面,各省级司法机关通过指导意见以及最高人民法院通过指导案例①在渐进地消弭这些利益分歧,给出解决问题的规范方向,最高人民法院 2015 年 8 月 6 日亦通过法释〔2015〕18 号司法解释来系统地解决这类刑民交叉涉罪合同效力问题。但是,立场问题的本质是公私益交错问题,其成因亦千差万别,而牵涉社会情势又是极为具体。笔者认为,立场问题亦应依从阶段的总体情势,并非一成不变。在危机发生的初期,就需要旗帜鲜明地采取维护债权人利益的立场,以防止逃废债事态的恶化;而在稳定期,则又必须倾向于对关联私益的保障,以避免社会信用的进一步坍缩。所以,统一的规定可能并不符合民间金融事态发展

① 比如最高人民法院〔2012〕民再申字第 212 号"岳阳友协置业有限公司与交通银行股份有限公司佛山南海支行及吴荣华、佛山市友协国际贸易有限公司、常谦进、徐可明借款合同纠纷申请再审民事裁定书"(裁定日期:2013 年 4 月 22 日,审判长陈宜芳,代理审判员刘小飞、潘杰);再如,〔2013〕民二终字第 136 号"某银行与某运输公司等借款合同纠纷案",参见《中国农业发展银行通辽市科尔沁区支行与大连利丰海运集团有限公司、通辽经济技术开发区万通粮油有限责任公司金融借款合同纠纷二审民事判决书》(审判长王宪森,审判员殷媛、杨征宇)。

的实际需要，可能需要采取一个更加贴近于实际态势的动态化的程序建构。

第三，内部协同问题。实际上，危机的挑战自发地促成了相关协同，但因为缺乏反思机制，协同的道路并非平坦。(1)在危机爆发的初期，司法机关被直接推到一线去处置涉众型的违约事件以及非法集资犯罪问题，这些复杂交织的法律关系使司法机关之间产生了巨大的协同难题。对于刑民交叉的困境，刑民司法机关之间在对1998年司法解释的“同一法律关系”的理解上各执一词、莫衷一是，导致很多案件移送方面的争执。(2)各地省级司法机关的指导意见与最高人民法院的案例不断提供相关办案指针，形成一种协调，逐渐消弭程序上的冲突，直至2014年3月25日“两高一部”司法解释的规定统一向刑事司法部门移送。但是，刑事司法部门在涉案财物处理分配上却是不堪重负，因为这些民间金融涉众集资案件动辄受害人就是数十上百，取证核账压力极其巨大，且由于司法机关的处置特别是刑事处置必须满足高规格的证据要求，而有些财产甚至产权都不十分明晰，又不可能重新移给民事部门。总之，这些分配要么无法做到很规范，要么就是耗费巨大的时间精力仍难以妥善处理，当事人之间仍然争执纷呈，难以平息。目前人民法院越来越倾向与政府协同进行财产处置。在温州，涉案人数巨大的、案情复杂，财产查证量巨大的案件很多一开始就根据1998年国务院247号令的相关规定进入政府处置路径。比如温州地区涉案金额高达60亿元之巨，申报债权人数达5207人之多的立人教育集团非法集资案，2011年10月31日，立人集团单方面宣布无法清偿债务爆出危机后，2012年2月7日泰顺县政府遂成立专门处置小组，承担起类似管理人的角色，使案件进入政府主导的协同处置路径。而随后，在遇到涉案规模较大的案件，法院也希望能够进入政府协同处置的模式来解决,因为政府可以调动更多的资源,在处置视野和方法上都可以更加灵活、效率更高。如涉案金额达4.6亿元的施晓洁、刘晓颂集资诈骗案件,2014年9月浙江省高级人民法院维持温州市中级人民法院刑事判决后,财产处置难度也很大,2015年4月,温州市中级人民法院主动发函商请市政法委,要求提请永嘉县处置办协同处置。但处置办与法院之间的协同还是需要上级党委政法委的协调始进入协同处置模式,仍缺乏常态化、制度化的运作。(3)人民法院内部庭室在财产处置问题上也存在协同问题。2014年10月30日,最高人民法院发布关于刑事裁判涉财产部分执行问题的法释〔2014〕13号司法解释看似解决了涉刑财产处置的冲突问题,但在实践中却被一线法官们认为没有什么效果,反而带来更大的问题。这个解释中规定涉刑财产执行都要交由执行局统一执行,但对于涉案人数众多、金额规模巨大的非法集资案件,一个案件就足以把整个执行部门搞"瘫痪"。现在执行部门是要求债务明确的可以接,如果单单一个刑事判决书没有其他的,执行局叫立案庭不要立案,坚决不接。尽管这一冲突发生于同一法院的内部庭室,但仍然一定程度上反映了协同深度发展过程中的现实阻力。

4.3.2 协同平台的反思性及功能设置

府院协同的模式雏形起源于温州民间金融风波后成立的府院联席会议,后来也形成了处置办这样的常态专门机构,实践中的处置办是法院也派人员参加的,亦即纳入一定的司法要素。我们设想是把各种行政介入、干预和控制等基于实质理性的规制行为都经由这个对接系统,这个系统我们称之为"处置办",作为一个协同主体。以法院为代表的司法力量作为另一个协同主体。这样,我们就可以把民间金融刑民交叉形成的“沟通构型”(Matrix of communication)的参与主体结构化,就是包含了处置办、司法(法院)、银行债权人和其他债权人、债务人、权责关联人(包括担保人等)。但是,关联人的称谓则涵盖各种债权人和各种权责关联人。在这样的模式下,处置办—司法(法院)结成了一个核心协同结构。

这个协同结构是整个“沟通构型”的反思内核,它们是协同完成系统的反思功能。尽管处置办会偏目的理性,具有急功近利的特质,但它有着与司法(法院)的内在张力,司法(法院)偏于条件纲要,是一种不偏不倚的中立的理性,它们之间的互动会秉持各自的反思形成一种整合。这个协同内核的本质就是目的纲要和条件纲要的差异化整合,作为整个系统的反思机制,居于系统的中心,并以达成整个“沟通构型”的协同为使命。这个协同结构在系统中将具体承担如下的功能。

1. 作为权威的信息中心,负责整个“沟通构型”内部和外部的信息生产、信息收集、信息处置与信息传递

因为信息是整个“沟通构型”走向协同的关键,信息的数量和质量直接关乎协同的达成。在“沟通构型”的各方参与者之间通常存在信息不对称的状态,比如有的参与者处于明显的信息劣势地位,而即便信息的可获得性没有差异,也会存在因为信息的解码能力不同原因导致的扭曲和失真。信息不对称和不完全等信息非效率状态是系统的常态。第一,系统需要一个集中地、规模化收集信息的机制,这将大大提高整个系统的信息效率。通常,“沟通构型”的参与者中政府、银行等收集信息的能力很强,而一般的关联人企业和个人则通常欠缺有效收集信息的能力。信息中心的集中收集将弥合这样的差异。第二,系统需要一个集中处理信息的机制,能够充分过滤“噪音”信息并能够对信息作出适于参与者解码能力的

转换。同样,“沟通构型”的参与者之间处理信息的能力也是存在明显差异的,信息中心统一处理的结果也将提升信息效率。第三,系统需要一个集中地、权威地传递信息的机制。通常,在金融领域,尤其是金融危机之时,市场通常充斥着大量的小道消息,这些未经证实也可能根本就无法证实的小道消息将产生严重的信息外部性,导致恐慌蔓延,助长羊群效应。这时,一个权威的信息发布机制就非常必要,可以起到定海神针的作用。而这个协同结构的存在,权威地、严谨地发布信息,对整个系统协同的达成将是一个基础性的条件。

2. 作为参与者之间沟通对话的媒介平台

应当指出,“沟通构型”不仅存在权利主体之间的沟通对话,还存在着权利主体与权力主体之间的对话以及权力主体相互之间的对话。比如在温州民间金融危机中,银行债权人与债务企业之间在处置办协调下的对话,获得抵押利益的银行让渡部分的利息,提高整个一般债权人的清偿率有助于形成一个整体意义上的协同,这是权利主体之间的对话;而当最高额抵押因为司法冻结形成债权固化导致银行无法续贷支持危机的化解时,银行通过政府或处置办要求协调与司法机关的对话,这是权利主体与权力主体之间的对话;还有当涉及被害人人数众多、债务规模庞大的时候,法院难以进行财物处置,与处置办沟通要求处置办协同处置,这是权力主体之间的对话。总之,这些沟通和对话都一定程度上改变原先的法律状态或利益状态,有助于灵活处置达成协同。因此,这个沟通对话的平台至关重要。

3. 作为主体选择的引领、确认和回应机制

鉴于“沟通构型”达成协同的复杂性,系统通常要安排选择性的程序或者主体可能需要基于特殊情形作出个性化的选择,处置

办—司法(法院)的核心协同结构就会使这些选择纳入一个整体性的框架并基于一个合理的原则作出对应取舍和回应,这个核心结构就成为选择的记录、确认以及回应的设施,这使系统即具有一般的统一性,也能够基于特殊情形和特殊时段基于程序性选择作出灵活的调整,使得系统的运转更符合实际情形。比如,使用刑事保留期间这一时间结构化工具可以对关联人进入民事程序还是刑事程序作出一个初步的界分,但被归入民事程序的个别关联人可以基于2015年司法解释以及合同法的相关规定要求个别地确认合同效力并进入刑事程序。

4. 作为引领主体的选择及主体间沟通的协调力量

作为协同中心的处置办—司法(法院)通常应该进行适度的引导和释明,使各方面主体之间的沟通对话具有更好的成效。鉴于整个"沟通构型"是一个多层塔式的复杂法益构造,个体基于自身私益的选择并不一定符合集体利益或者社会利益,此时不可能完全满足私益的要求,特别是在危机事态下。这时就特别需要核心反思结构有效地引导和释明,在陈明和剖析整体利害关系的基础上促成协同的达成。特别是在最终整体的财产分配方案中基于特别事由作出变通性的顺位安排时的协调并保障最终分配方案的通过时核心协同结构的作用尤为关键。

5. 进行全局性的反思、规划和衡平,最大限度地提供合理化的协同方案

核心协同结构的衡平不是一般意义上对利益进行简单排序的衡平,它是着眼于全局的效力、结构以及程式维度分析基础上的衡平,它是位阶化和是时态化考量下的布局,这是核心结构反思性的充分体现。这个规划或者衡平是元程序性质的,在实施过程中随着事态的展开进行动态的比例化调整。

6. 就一些路向性选择或者突发事件，获得有利原则基础上的便宜处置的授权

在“沟通构型”的运作中，经常会遇到一些方向性的决策或者突发的非预期的情境，这就需要核心结构作出合宜的决策。比如在前述温州的徐××及温州某房地产开发有限公司处置案当整个市场的房地产价格出现非预期的快速下跌时，需要核心结构能够提出关于加快资产处置的应对方案，以保全诸多债权人的利益，提高最终的清偿率。

4.3.3 协同的结构化进路

协同平台确立后，“沟通构型”就有了一个类似于大脑中枢的反思中心，能够主导整个系统的协同，并通过不断地结构化降低环境的复杂性。破解刑民交叉等特殊难题的出路就在于反思基础上渐次结构化。遵循这一进路，我们可以检讨整个“沟通构型”的结构化进路。

第一，在符码维度，利用经验化路径下的时间指针进行效力甄别的结构化。鉴于民间金融刑民交叉处置中涉案人数众多、法律关系交错勾连的复杂性，一一逐个地通过司法程序判别合同效力将耗费大量的时间和精力，实际上是无法实现的，只能进行结构化划分后再结合个别微调的方法解决效力甄别问题。可以使用经验化回归的路径通过利率—时间的关联关系归化出时间基准，或者通过类比估计的办法，以时间基准作为合同效力判别基本依据，是一种模糊化的初步划分方法。根据卢曼的理论，效力实际上指示系统有序性的实时状态，而融资系统演化到一定的时点时，利率—时间关系演化曲线的偏离点标志着系统状态分岔点存在，这通常是在刑事立案前的一段时期内，债务人已具有高度的道德风险，从

而不计代价地融入资金，通常表现为融资成交利率的异常飙升。高度道德风险状态实际上意味着系统已进入高度混沌的区域，就是内生交易费用的急剧升高。这个时段的效力自然应当被标示为无效。这就是以时间指针进行效力甄别的结构化路径的基础原理。这个结构化是非常必要的，如果假定刑民交叉下单个合同都是有效的（或不当然无效），再根据《合同法》第 52 条以及 2015 年最高人民法院关于民间借贷的司法解释第 13 条和第 14 条的无效条件进行逐个甄别，在效率上是极不可取，事实上也无法实现；而如果先假定这些单个合同全部无效，全部纳入刑事处理，往往就会把一些不应该是无效的常态下的借贷也混杂期间，其效果就如同马克思批评费尔巴哈“倒洗澡水把孩子也倒掉了”①了。而以时间作为效力结构化判别的指针一方面是有着学理根据的，因为时间是能够内化很多因素的，尤其是价值和利率方面的对应性。而更重要的是法律规范常常是有着时间限度，因此，规定时间限度往往是能够为民众所接受的，况且时间还实际上创造了一种形式上的平等性，强化了这个指针的大众认可度。依靠时间指针的结构化首先为刑民处理建立了第一道重要的分流基准，同时也具有实体和程序上的重要意义。

第二，在结构维度，利用民主商谈路径下的比例调整进行实体权益的结构化。在建构了处置办—司法（法院）这一协同平台后，为所有参与人的沟通和对话提供了一个理想的讲坛，从而开辟了民主商谈的路径。民主商谈的路径在不断创造局部共识的同时，

---

① 这句话是针对费尔巴哈的，意思是他批判黑格尔唯心论的同时把他的辩证法也一并抛弃了。现在多指把没用的东西扔掉的同时也把有用的给扔了。孩子指的是有用的东西，洗脚水指的是没用的东西。

也在展开一个渐次的结构化进路。比如在司法处置中，一些产权不明晰或者存在公示瑕疵(如登记瑕疵)的财产是难以处置的，在亟待提高清偿率的群体性处分中，可能存在部分对这些资产具有信息优势或者其他优势的个体会愿意接受这些财产，并愿意进行协商。而对于对这类财产处于实际占有地位但无法取得法律权利的人，协同处置就可以给予一定利益使他们自愿放弃占有把这些归于处置办统一处置。在协同处置的场合，这些不宜处置的财产也会通过变通的办法纳入处置，这样无形中就把资产处置的“馅饼”做大了，大大有助于提高处置的效率。而这个民主商谈进路的开辟无形中提供了一个精细化处置的空间，使财产的处置更适应现实的具体状况、具体的人和具体的情境，这也就提升了处置的深度，从而使实体处置的结构化进程展开。民主商谈也会结构化地改变权益的固有格局，使灵活变通的更多的转换处理成为可能。比如，在永嘉施晓洁、刘晓颂非法集资案的财产中处置，就存在公安已查封房产被擅自处置的情形，在法律上是产生不了权利移转后果的，但不给受让方补偿又会在处置上受到受让人的阻碍。解决办法是，处置办说服银行让渡部分利息补偿给受让人，而受让人则最终签字同意把房产复归处置办统一处置。所以，民主商谈进路为处置创造了更大的空间，但在民主商谈的过程中，必须注意发挥处置办—司法(法院)这一核心平台的释明、判断、协调等功能，使实体权益的结构化归并产生最大的协同效应，就是使局部协同产生的加总效应大于局部效应的简单叠加。

第三，在程式维度，利用选择性制度化路径下的“管制规则”进行程序路向控制的结构化。在卢曼的系统功能论下，系统分析程式维度中程式与法律的程序概念本质上相通，但涵义更广。程式的实质就是一种特殊的专门性互动系统，系统的发展是被选择性地实现——以不断增大的程度,程式也就变成了社会性相对自治的、约束(实体)决定的担纲者。这意味着选择性制度化的潜在需求,最终促成程式的相对独立化,使之专门服务于系统发展的路向性决策。无疑,这个选择性制度化路径的展开与程式的独立化也是一个结构化的进程。但特别值得注意的是,此场合下系统的程式设置往往颇类似于卡－梅框架下的延展规则——"管制规则",①就是既允许当事人选择,但又存在若干的限制和选择的边界条件。比如,在刑事保留期间给出时间基准的基本分野下,当事人有权根据自己的特殊情形选择要求司法个别地确认其合同的效力,但同时又给出请求确认的时限,以免个别的情形长期处于悬搁状态而影响程序的进一步分流和整体的处置。显然,这种在自主的私人选择中加入一定的国家干预从规制的角度而言应近似于"私的规制"的类型。所以,"沟通构型"的程式维度是以条件规则的方式给出的,这是一种私人选择与国家干预结合的模式,很大程度上适应"沟通构型"交织着私益、集体利益与公共利益的多维多元法益构造的特征。这种程序或者程式模式的应用,既能够保障个体选择的活力,又不失去公共性利益的一席之地,而通过选择的推动,又能够不断地实现选择性的动态一致化。

4.3.4 检察监督机制的引入

尽管处置办——司法(法院)核心协同平台的使命是促成整个"沟通构型"作为系统的协同,但是鉴于核心协同平台本身存在内在的张力,系统运作过程中也可能涌现种种矛盾,协同平台的处置

① 参见凌斌:《法律救济的规则选择:财产规则、责任规则与卡梅框架的法律经济学重构》,载《中国法学》2012年第6期,第12~15页。

也难免出现偏颇，那么，需不需要设置一个监督机制呢？

在民间金融危机中衍生出来的府院协同是缺乏监督机制的，尽管理论上政府和法院各自都在宪法框架存在各自的监督机制，而且似乎看起来监督并不少，比如人大监督、政协的民主监督、舆论监督、检察监督等。但是，实质上这个协同架构是缺乏实质监督的，而危机中基于目的纲要出发的处置往往是充满“家长主义”(Paternalism)色彩的。现实中府院协同在危机的动员机制下是充满一致的意志和声音，缺乏反向的声音和监督可能会使政府的目的理性发挥到极致，特别是中国这样一个从计划经济脱胎而来的转型语境中。司法的条件纲要本性也会在能动主义的驱动下失去反向的声音，很难坚持其中立的立场，司法在中国一贯的行政强势的氛围中逐渐走向工具主义，这使协同会失去理性的基础，最终会走向一种缺乏反思的协同，其实可能就是司法的“随同”。这一行政化流变的倾向可能会演变成一种为协同的皆大欢喜的假象掩盖的侵权，简单化处理和前面提到的对法制不分具体情境的逾越甚至践踏会慢慢使这种协同充满了潜在的对抗，而最终失去参与者的认同。

实践中，目前的府院协同是缺乏实质化的检察监督的介入，即便联席会议机制或府院联动机制参与单位的名单中有检察院，但可能只是寻求刑事程序中检察快捕快诉的程序支持，而不是一种法治意义上的法律监督。诸如为应急性转贷对冻结措施的临时性解封等非常措施，检察介入监督将有助于把这些非常措施控制在危机初发时特别紧急的时段，超越必要的时间或者限度，检察机关可以以检察建议的方式进行提示和监督。而对于为了保护企业进行的选择性冻结或不冻结以及对企业选择性地提供特别的资金支持或者担保支持，亦应是逾越法制统一和平等原则的，设置一定的审查性监督也是非常有必要。检察监督实际上提供了一个强化反思的机制,如果不分轻重缓急以危机处置或者保护企业的名义任意跨越法制的边界,缺乏任何的反向审视和监督机制,府院协同就根本无法迈上法治化的轨道,最终只能沦为一种应急性措施,而无法形成一种民间金融领域的长效的规制模式。鉴于这些考量,笔者主张对于府院协同应当植入检察监督的机制。

检察监督介入金融规制或者监管是有其理论基础的,那就是规制失灵的理论。20 世纪 70 年代,人们普遍对规制的效率以及规制的实际绩效偏离公益目标提出质疑,认为存在规制失灵。一是技术性失灵,就是专业技术与预见能力的不足,即规制者有限理性与信息能力问题。二是执行性失灵,就是执法机构缺乏足够资源或采取消极妥协态度,存在着诸如规制俘获、规制寻租等。① 金融作为现代经济的核心和命脉,对于高质量的规制和监管的依赖度更大。不论是传统的中心监管还是协同规制,都会存在着不同程度的诸如空白、低效、腐败之类的失灵现象,需要引入外部机制予以完善和制约,其实核心就是监督。因为从本质上来讲,监管或者规制就是一种使用公共权力的执法过程,它们通过行政程序与被规制者发生一种直接的互动,而这些规制机构和直接互动还需要进一步接受来自诸如立法、行政和司法的干预监督,这种干预监督就是史普博所谓的间接的互动关系。② 检察机关承担着执法监督职责,就是这一意义上的干预监督,其目的在于维护法治,防止规

① 参见[英]安东尼·奥格斯:《规制:法律形式与经济学理论》,骆梅英译,中国人民大学出版社 2008 年版,第 57 页。

② 参见[美]D. 史普博:《管制与市场》,余晖等译,上海三联书店、上海人民出版社 1999 年版,第 3 页。

制失灵。[1] 近年来,检察监督向金融领域的延伸已经崭露头角,上海检察机关率先提出金融检察这一创新性理念,打破以往以诉讼阶段为划分标准的检察权配置模式,并在专业化办案组织、多元化职能配置、复合型人才队伍建设上,从机制和制度上逐步成型。[2]

对于府院协同的规制模式,检察监督可以通过如下形式进行监督和制约,保障其在法治的轨道上运行并防止规制失灵。

第一,建立府院协同与检察监督的平台对接机制,实现在民间金融监管和非法集资处置上的信息共享和职能分化,检察机关不再仅限于司法程序意义上的配合,更重要的是要明确监督地位。

第二,对于府院协同的司法行为可以采取传统意义上的诉讼监督方式。包括对于非法集资案件公安的侦查行为以及法院的刑事审理和判决等,从立案监督、刑民处置过程中司法确认判决以及财产处置执行层面的司法裁定等都应当尽量纳入诉讼监督(包括执行监督)的轨道。

第三,对于民间金融监管和府院协同规制中的相关规制性执法行为,主要采取检察建议的形式督促、帮助监管部门和金融机构纠正其行为,这种监督已经超越了传统意义上检察监督,其性质属于一种新型的常态化的行政执法检察监督,[3]这种检察监督的根本目的是为了维护法治,是一种深层次的法律监督。

第四,对于府院协同规制和地方金融监管中的一般性系统性

---

① 吴卫军:《金融检察介入金融监管的实践和探索》,载《法学》2012 年第 5 期。

② 陈旭:《发挥平台作用 共促金融法治与安全》,载陈旭主编:《金融检察年刊(2012):金融检察与民间融资》,上海交通大学出版社 2013 年版,第 2 页。

③ 参见《〈中共中央关于全面推进依法治国若干重大问题的决定〉的说明》(2014 年 10 月 28 日)。

问题，检察机关可以通过工作检察建议参与协同机制，共同完善民间监管的地方体制和机制。

鉴于发展新型的行政执法监督和金融检察监督与执法中主要的法律形式是检察建议，但检察建议根本上还是一种缺乏刚性的监督机制。因此，为适应金融检察工作的需要，检察机关应当及时改进和完善检察建议制度，或者尽快发展新的更强有力的监督工具。

4.4　本章小结

尽管府院协同的实践在民间金融危机的处置中发挥了重要的作用，取得了巨大的成效，特别是对于涉众性特点突出、债务关系错综复杂以及规模性和外部性都非常显著的融资事件的处置效果特别突出，司法部门对这样的协同也表现了高度的认同，在后期甚至产生了依赖性倾向。但是，显然这是一种偏离市场方式的路径，因而同时也广受诟病。

李曙光等学者在评价温州泰顺县政府介入温州立人集团的处置方式时提出，必须厘清政府与市场的边界。政府既不能直接去当管理人，接管企业或直接负责企业的生老病死，这是拿纳税人的钱补企业带来的问题，颠倒了政府的职责权限；也不应承担企业债务清算重整的决策人，这是去当间接债务人或直接债务人，政府应该远离债务人的角色。政府既不能以稳定为理由介入，也不能以协调的名义介入，市场行为政府怎么去协调呢？这一协调就把市场行为协调成行政行为了。而即便政府处置的速度较快或者效率更高，也不能证明政府介入的方式是好的。因为可能市场方式会更有效率，而且计算效率的时候应考虑政府介入对市场经济下人们对法治与规则的预期,对市场信用、商业信用和社会信用的负面损失。①

笔者认为,市场化方式固然是处置市场问题的根本途径,但是市场化方式也可能会失灵,尤其是在信息不对称和存在严重外部性的场域。民间金融是一种去中心化的地方性融资方式,适用于点对点(peer to peer)的私人化、地方化方式,但在中国作为金融市场欠完备发育,金融深化程度低并且金融约束形成租金空间又特别巨大的特殊转型语境下,民间金融的规模化发展使信息不对称和外部性愈加严重,市场方式的调整和控制的功效严重受限,客观上存在着严重的市场失灵。而坚持用市场化方式处置不仅仅是效率高低的问题,可能会带来不少的"并发症"。比如,司法的处置是市场经济的一个标准配置,但其两造对立、不告不理、个案评价的方式根本无法适应金融场域的规模化特点,如果不引入协同处置的模式,走结构化的路子,堆积如山的刑民交叉案子的处置进程必然十分缓慢,市场对危机发展前景的预期将更为暗淡,信用收缩的速度会更快。因此,尽管我们采取了行政处置并尽量将之与司法处置协同的模式偏离了市场化的方式,而且我们也承认政府的干预行为也会存在干预失灵的可能,但是面临现代金融这样一种高度复杂、转化迁移迅捷、信息效率要求极高的"对手",我们不得不建构协同应对的模式去抗衡。但是,我们也必须清醒地看到这种从危机语境下民间融资场域司法规制刑民交叉处置实践过程中发展起来的规制样态某种意义上还只是一种过渡模式,我们必须深入考虑如何进一步消弭协同的内在张力,如何利用社会组织等中

① 李曙光:《用市场方式处理立人集团债务》,载《第一财经日报》2012年7月3日,第A8版。

间层的作用使这一模式更加贴近市场方式，引入监督机制克服行政处置与行政干预的种种弊端等进行优化并最终融入地方治理走向法治化的进路，从而发展出一种民间金融地方协同治理的成熟模式，能够利用有限监管资源促进民间金融的健康发展并服务于中小微企业，服务于实体经济。我们将在下一章探讨这些问题。

5 融入地方治理的多元协同规制格局的建构及其法治化进路

5.1 从二元协同规制到多元协同治理

5.1.1 民间金融规制模式的选择与治理目标导向

经由本书前面的论述，我们实际上已经揭示出一种民间金融规制模式的雏形——一种从实践中生长的地方化的规制模式。从当前我国民间金融的规制实践来看，存在着三种规制模式：一是正规监管体制兼管民间金融。比如2015年7月18日十部委发布的《关于促进互联网金融健康发展的指导意见》所设定的对于互联网金融这一新金融的监管体制，就是以正规的中央监管体系兼管新金融的模式，如规定银监会负责监管网络借贷，证监会负责监管股权众筹等。二是地方监管纵向化，就是2014年4月中编办下发关于中央与地方管理体制的文件所确定倾向于省以下垂直管理的体制。三是从温州等地区域性民间金融风波应对实践中发展起来的融入地方治理的协同规制模式，《温州市民间融资管理条例》作出的制度安排就是体现了这一模式取向。但应当指出的是，《温州市民间融资管理条例》只是肯认相关的协同，真正的协同规制模式其实是实践生长的产物。

在这三种可欲模式的选择中，根本上还是“中心化”与“去中心化”之争。随着非法集资事件频发及民间金融危机化倾向日益凸显，主张中央监管的意见认为，将监管职责交给地方政府，责权并不匹配。地方政府有推动地方经济发展的经济诉求，平素里往往默许各类良莠不齐的民间金融机构成长，规制态度可能比较暧昧，缺乏规制的动力，更何况地方政府也缺乏相应的专业能力。① 但笔者认为，单纯的地方政府监管确实存在上述的弊端，但不等于为此必须诉诸中央监管。实际上，民间金融的监管权本来就包括在“一行三会”的法定授权范围之内，只不过中央监管还是以正规金融监管为主，在监管面上存在一定的缺失。期待中央监管机构改变监管面格局的现实可能性并不大，未来这一敞口还是更可能会由协同化的地方性监管填补。

协同规制的模式有其清晰的生长路径。区域性民间金融危机的爆发为民间金融的去中心化规制提供了生长的土壤。在我国民间金融法律地位不明、立法滞后和监管制度缺失的情境下，司法作为解决社会冲突的终极途径却被推到一线承担了规制的功能。但

① 参见王丽娜：《非法集资新困局》，载《财经》2016年第1期。

因为司法本然的条件纲要模式以及两造对立的"点对点"程序构造以及不能拒绝裁判等固有范式的桎梏,司法规制即便奉行能动理念亦不免陷入刑民交叉的窠臼。在危机情势的驱迫下,实践的发展生成了府院协同的模式,这一模式通过权力主体(政府、法院)与权利主体(各类关联人)之间的结构化互动突破了刑民交叉的悖谬,实践中也取得了良好的规制效果。而对于民间金融规制模式的探索,在危机情势中生长起来的府院二元协同模式,也为地方政府整合其他的规制资源提供了实践的平台,从而能够有效地整合地方政府的目的纲要和司法的条件纲要,成为民间金融常态规制模式的萌生并得以进一步发展的实践基础。在笔者看来,民间金融的常态规制模式会从府院协同的实践中逐渐生长起来,演化为一种以地方政府为主导的多元协同的规制模式,并最终融入地方治理的整体格局。应当指出,对这一模式,不要误以为存在地方政府的主导就将之划入中心威权式的传统规制模式,它其实属于一种去中心化的新型规制样态。因为这里地方政府虽然是多元整合的主导力量,但它是作为系统的内生力量并秉持治理的理念参与这一模式,并非仰赖它的超然威权。

全面深化改革的目标和主题就是治理现代化,这将提供协同规制模式的演化导向。传统的控制型规制可能面临深刻的转型,而转型的主导理念必然是治理理念。治理的多中心、多主体、多方式、开放参与、平等共治的内涵必然逐渐在转型过程中凸显出来。尤其是民间金融这样深具"去中心化"意味的社会系统,对它的规制必然与区域层面的社会治理相融合,也就是民间金融的规制将会融入地方治理,同时也将汇集地方的多方面资源和多方面力量。在这些治理的力量中,地方政府极为重要。地方政府应该尽快摆脱其浓厚的干预思维和目的理性,而走向一种新型的参与式理念,应该在提供制度框架、构筑协同平台方面发挥主导的作用，从而真正形塑一种以地方政府为主导的多元规制模式。而之所以提出以地方政府为主导构建多元协同模式则主要与民间金融本然的功能定位有关。

5.1.2 民间金融的功能定位与地方主导模式的生成

这里，我们依然转向卢曼—图依布纳的系统功能论视角。在系统—环境二分的思维下，“民间金融规范结构系统—民间金融”与“法律—社会”、“系统—环境”都依从共变演化的关系模式，而这些系统本身都是运作时关闭，认知时开放的自我指涉性质的。运用系统功能论的原理，我们可以看到民间金融的规制模式实际上与民间金融本身的功能定位是息息相关的，寻求一个系统规范结构的合宜模式首先应当立足于系统本身的功能分析。所谓功能，就是指循环性行为在社会生活中发挥的作用以及在维持组织结构连续性过程中所作的贡献。① 而在功能与结构的关系问题上，卢曼的立场是功能先于结构。② 有鉴于此，我们可从考察民间金融的功能定位入手。

第一，民间金融基本上是地方化的金融。本然意义上的民间金融是以熟人社会的熟人信用为特征的。③ 也就是说，民间金融基础样态是“在场”，这是一种低时空间离度，而正是民间金融的低时

① 杜健荣：《卢曼法社会学理论研究：以法律与社会的关系问题为中心》，法律出版社2012年版，第39～40页。

② 高宣扬：《卢曼社会系统理论与现代性》，中国人民大学出版社2005年版，第95页。

③ 刘少军：《我国民间金融的功能定位与监管体制研究》，载《中国政法大学学报》2012年第5期。

空间离度决定了其离散化的、封闭的信任特征。而现代金融的基础样态则是“脱域”,①信任越来越依赖于“符号系统”、“专家系统”以及“中心监管系统”等这样的跨时空中心化机制。所以,民间金融与现代正规金融的不同首先在于不会也不必要依赖于一个高度中心化机制的掌控。但是,也应当看到,我国现实中的民间金融也并非传统社会中完全封闭的熟人之间的那种纯粹的民间金融,特别是中国近年来局部区域(比如温州、鄂尔多斯等地)崛起的民间金融,已凸显了规模化态势并具有相当的时空间离度。考虑到这些因素,笔者认为,对于那些时空间离度特别大的民间金融(比如互联网金融),可以纳入并强化中央监管,而事实上,2015 年 7 月 18 日十部委发布的《关于促进互联网金融健康发展的指导意见》也是设定了这一体制;而其他民间金融规制权应当主要下放于地方政府层级,且不必追随中央监管模式,地方金融办并不需要纳入纵向监管体制,尽管必须限制它们为地方政府融资的功能。这一模式仍然是去中心化的,因为尽管从区域的视角来看,地方政府似乎是一个威权的中心,但从跨区域全国的视角看,地方政府相对于中央体系是一个非中心的离散主体,以地方政府为依托构建区域性的多元协同规制模式从民间金融的地方性来看是比较适合的。

第二,民间金融主要服务对象是小微企业和公民个人。这与正规金融具有相当明显的区别。作为这种“低、小、散”规模形态金融的规制主体,不可能是中央金融监管体系,因为“高、大、上”的中央监管系统不会关注这些末梢金融,存在监管成本与信息效率的

---

① 吉登斯社会学的理论语汇,指从相互作用的地域性的关联和从对时间和空间的无限的跨越而被重建的关系之中把社会关系提取出来。参见[英]安东尼·吉登斯:《现代性的后果》,译林出版社 2000 年版,第 18 页。

“瓶颈”。但是,这些“低、小、散”规模形态的金融并非没有意义,而是对整个社会生活以及社会整体的就业水平具有重大的影响,也需要政策性扶持和关怀,特别是在中国这样的小微金融融资需求极大但供给严重不足的国家。所以,地方政府是规划和实现这些政策导向的理想主体,因为它具有相对的整体视角,具有中观和微观超越性。在笔者看来,地方政府这种整体意义上的全局观是其他主体所难以具备的,并使发展和强化它的反思性成为可能。

第三,民间金融是一种边缘性的离散化的金融活动。民间金融最早的形态是个别化的零星的民间互助借贷,它是这一种拾遗补阙性质的边缘化金融,虽然当今民间金融也已具有相当大的规模,但显然是不具备总体上的系统重要性。这种不具有系统重要性、社会自发离散交易的金融对于中央监管系统的运作和关照来讲不仅具有成本收益上非经济性,而且具有信息传递层面极大的障碍。依托地方政府进行去中心化的规制将是必然的选择。

由此看来,从功能定位来看,民间金融可能更适合于一个不同于中心威权式的中央监管模式的去中心化的规制模式;而从中国民间金融发展的实际状况来看,笔者认为,将这一去中心化规制模式的主导层级定在地方政府这一层级比较妥当。笔者认为,这是一种两害相权取其轻的现实选择。当前地方政府在民间金融监管问题上责权不匹配以及缺乏监管动力等种种问题,根本原因在于“金融监管属于中央事权”的观念固化导致地方缺乏监管激励,这完全可以通过中央与地方金融监管职责和风险处置责任进一步明晰来解决,而监管专业化不足则一般可以通过专业化协同予以弥补。我们并不否认中央监管机构的强大和专业,但问题是,民间金融这种末梢性、规避型的分散化金融对中央监管的信息能力的挑战将是根本性的,更何况中国现实语境中维稳需求也会挑战中央监管本然意义上的独立性,而这种挑战最终会损害中央监管据以安身立命的权威性。笔者主张,让中央监管体系专注于它的宏观审慎和系统性风险控制,民间金融监管或者规制应当尽早确立"去中心化"的理念,以地方政府为主导建构协同规制模式,并以此界分中央与地方金融监管的职责边界,从而建构地方金融监管的权责体系和激励机制。

鉴于中央监管与地方监管本属不同位阶,以及地方政府主导协同规制中很多参与协同部门亦属于不同位阶的子系统,也容易形成跨位阶的"系统际冲突",真正建构协同就是要模拟前述"沟通构型"达致协同的进路,一方面确立引领协同的主导实体,强化主导协同平台的反思机制,另一方面要通过结构再造和程序转型在子系统之间进行递归的分级整合,化解监管层面的交叠冲突和弥合可能出现的监管真空。笔者认为,这一结构化进程的起点首先应当是以更高位阶的法律授权的方式划分中央和地方金融监管的职责边界,明确地方专属性的民间金融监管脱离中央事权。而当前中央监管体系在民间金融的常态规制中要有意识地让位于地方政府的主导,由地方政府主导协同规制模式的生成,并经由结构化路径在实践中生长形成两个面向的宏观级协同、四个维度的中观级协同的基本样态。

表 5.1 以地方政府为主导的民间金融协同规制基本分级结构

宏观级协同:	地方政府面向中央监管的协同 地方政府面向司法体系的协同
中观级协同:	地方政府监管部门与驻地国家金融监管派出机构的协同 地方政府处置部门与其他执法司法部门的协同 地方政府各部门之间的管理协同 地方政府与社会中间层(包括社会组织、行业协会)协同

5.1.3 民间金融协同规制的法治张力及其消弭路径

显然,民间金融协同规制的模式有其法治边界。参与协同的公法主体首先就会遇到职权法定的约束,因为地方政府作为公法主体本身有其法定的职责。职权法定是现代法治政府的根本特征。职权法定原则包括行政职权来源法定与行政职权范围法定,被认为是公共权力法定这一公法基本原则在行政法领域的具体化。但是,民间金融协同规制的公法主体会协同参与社会治理或完成政策目标,一定程度上将会影响或背离其职权的履行和实现。因此,协同规制与职权法定存在着行政法治层面的根本张力。同样,司法机关的司法规制存在着司法能动与司法克制主义的深刻张力,这个张力在司法机关参与协同规制的时候同样存在。实际上,司法机关在参与协同规制的时候比行政机关承受更大的张力。因为行政机关本身还是“目的纲要”并且秉承目的理性,而司法机关本然地秉持“条件纲要”,而且从存在着独立性、被动性和终局性三大司法秉性,①很难与参与协同规制应完成的政策目标相调和。

公法主体参与协同规制与公法原则相冲突问题是民间金融协同规制建构中的一个根本张力。笔者认为,这个根本的内在张力将无法在传统的行政法框架内得以解决,亦即在传统行政法治的视角下无解,应当在新的视角下通过深刻的范式②转换来解决。库

① 参见张卫平:《司法改革:分析与展开》,法律出版社 2003 年版,第 133 ~ 146 页。

② 范式(paradigm)是著名的科学史家托马斯·库恩创制的概念,他阐述范式具有两个主要特征:“一方面,它代表着一个特定共同体的成员所共有的信念、价值、技术等构成的整体。另一方面,它指所谓那个整体的一种元素,即具体的谜题解答;把它们当做模型和范例,可以取代明确的规则以作为常规科学中其他谜题解答的基础。”参见[美]托马斯·库恩:《科学革命的结构》,北京大学出版社 2003 年版,第 157 页。

恩启示我们,“明确的规则”的冲突可被范式的转换所取代。

传统的官僚制在信息社会背景下存在着生存危机,民主行政是对“官僚制行政”的一种“改造”或者“调适”模式。这就是一种范式转换。官僚制到民主行政思想的转换正是因应了从一元中心体制到多元协同机制转换深刻的思想基础。官僚制行政是以美国的伍德罗·威尔逊和德国的马克斯·韦伯为代表,被称为威尔逊-韦伯典范,其核心特征是强调权力的一元化以形成命令—服从的管理模式,强调政治行政二分以排除价值判断追求工具理性、强调专业主义以形成职业化的专家阶层排斥公民参与。官僚制行政产生于工业社会的土壤,后工业社会的来临使其受到强烈冲击,公共行政面临着模式转换的契机。而民主行政正是在与官僚制行政对照的基础上提出的一种新的图式。20 世纪 70 年代初,美国政治学者文森特·奥斯特罗姆首先对民主行政理论进行建构,在其名著《美国公共行政的思想危机》中提出了民主行政目标模式的内涵。① 奥斯特罗姆民主行政理念的实质就是一种分权基础上通过交叠整合走向多元共治的一种后现代公共行政范式。它典型地与去中心以及多中心秩序相契合。

协同规制的法治张力在范式转换中得到纾解。这并不是说在后工业化社会的民主行政或多中心秩序的场景下会导致公法主体法定职权失去它的羁束力,而是指这些主体在法定职权的框架内置身于后工业社会网络化构型会更加意识到它们的社会责任和更主动地参与社会协同的建构。我们知道,参与协同本质上是一种

① 民主行政的范式包括建立参与型的公共行政决策架构;实施程序化的公共行政管理模式;推行竞争性的公共行政服务机制;等等。参见李承、王运生:《当代公共行政的民主范式》,载《政治学研究》2000 年第 4 期。

合意的行为,而合意行为的前提首先要有自己选择和决定的空间。毋庸置言,私法主体皆有缔约权而有其充分的决定和处分的空间。而公法主体参与协同同样也要有可以选择的自由空间,那就是自由裁量权。司法机关也是如此,因为它们也拥有司法裁量权。但这些公法主体因现代法治原则同时会受到职权法定的羁束,必须严格履行自身的社会功能,不得超越和滥用自己的职权。而今的情势不同在于,在现代日益扁平化和网络化的社会中,每个公法主体又都是社会信息和资源流动的无可回避的无可替代的重要节点,都会构成社会协同的重要关隘,如果不充分参与社会协同,无形中影响了整个社会运作的效率。易言之,在当代社会,公法主体不能再像以前那样"各人自扫门前雪,岂管他人瓦上霜"。公法主体亦应当积极利用自身的裁量权空间参与社会协同。这其实也正是卢曼所洞察的功能和功效的关系原理的投射。公法主义本然的职权是属于"功能"(Funktion)范畴,而它们参与社会协同或者政策调控的时候,则是依托裁量权运用它们的"功效"(Leistung)。比如,用卢曼的语言来说,司法对于民间金融的规制并非是其"功能"使然,因为司法的真正功能是"普遍性规范期望的一致性稳定化",①承担民间金融规制只是一种"功效"而已。应当看到,司法对于民间金融的社会化规制是不可避免而且无法替代的一个重要社会装置(关隘),社会必须利用司法的权威性以及终局性等诸多司法资源的优势来实现对民间金融的协同规制。这正是现代网络治理与多中心治理的本然要求。

这样,治理的视角就引领我们摆脱诸多源于工业社会和官僚

---

① Niklas Luhmann, Law as a *Social System*, Cambridge: Oxford University Press, 1982, Chapter3.

制行政模式下似是而非的“教义学”束缚，从信息社会的网络治理的角度去理解协同规制。问题是，行政机关和司法机关这些权力主体参与协同规制又能够走多远呢？是否存在它们参与协同的边界呢？

第一个直观的标尺首先应当是它们的法定职权。比如，前面提到的法院参与地方社会治理的三类形式①中，退隐治理是拒绝介入本应由司法权解决的权利义务纠纷，这显然不符合现代法治理念，理当纠正。跨界治理则显得离开法院本然职权太远，也不值得提倡。唯独错位治理值得深思，就是法院以司法方式解决非司法问题。尽管错位治理中很多可能是违背法治的解决，但不能否认也有一些错位是协同性，是社会整体运作所需要的。我们不能把这些非司法问题的司法解决一律归类为错位。最典型是诸如消费者保护纠纷、公害纠纷、产品责任之类的现代型纠纷，司法的纠纷解决机制本然的样态是点对点的封闭式两造对抗模式，但现代型纠纷在观念、主体甚至权利义务往往都具有强烈地向社会开放性扩张的外部化趋向。这些纠纷的深层性质其实是社会政策层面的，并非属于司法本然的领域。因为司法本然意义上是个别化的、消极的一种防御性的调整机制，而不是像行政权那样积极介入并影响社会生活。但现代型纠纷的解决常常具有深远的弥散效应，裁判获得的社会性认同通过对立法和行政的影响会逐渐形成对社会政策和政治现实的一种驱迫。因此，司法职能延伸到规制领域是可能的，这正是现代社会连带强化的本质要求，不能一概贬斥为错位。而民间金融领域所发生的典型纠纷就具有显著的集团性和

① 参见鲁篱、凌潇：《论法院的非司法化社会治理》，载《现代法学》2014年第1期。

扩散性，外部性强烈，相关的司法处置其实具有强烈的规制性，社会影响极为深远。比如从早期吴案件到后期民间金融领域大量的涉众型案件诸如云南的泛亚、四川的汇通、安徽的钰诚（“e租宝”）；等等，无不具有巨大的、难以消弭的社会影响。

第二个决定协同边界的因素是反思理性和结构耦合。笔者认为，公法主体参与协同的边界还与图依布纳的反思理性有关。权力主体的反思理性越强，则协同度和法治精神都能够得到很好的体现。奥斯特罗姆在多中心秩序理论中所强调的自主治理精神很大程度上也就是一种反思理性。赫兹伯格在阐释奥斯特罗姆的自主治理精神时指出：“奥斯特罗姆在更加丰富的‘自我利益’的观念基础上阐释自主治理的概念。这有别于传统的社会选择模型，即由于人性本恶或者执着于追求狭隘的自我利益，人类很难走到一起建构良好的社群。而事实上恰恰相反，人类却超脱于世俗的自我利益而走到了一起。个体虽追求自我利益，但他们能深刻认识到自我获益是建立在对其他自利个体的长期承诺的基础之上，这与托克维尔的‘正确理解的自我利益’是相符的。”①显然，自治精神的内涵与反思理性的精神以及子系统去中心化整合的关键点是相通的，那就是“在现代条件下，社会整合意味着避免子系统理性的最大化导致其他功能系统的不能解决的问题……”“在每一个功能系统的反思结构中必须设置相应的限制，只要它们不是直接来

① R. Herzberg. *Commentary on Richard Wagner's "self-governance, polycentrism, and federalism: Recurring themes in Vincent Ostrom's Scholarly oeuvre"*, Journal of Economic Behavior & organization, Vol. 57, No. 2, 2005, pp. 187 – 189.

自于和环境的经常性的关系中。"①这种自我限制、自我调整的自主治理精神很大程度上决定了协同的质量。而如果没有反思理性，就无法进行结构耦合，则在多中心或者多个子系统交叠运作的境况下也就失去了达致协同的基本前提。

第三个决定协同边界的因素是实施"规则治理"（rule-ordered）或者实体调控②的组织制度。瓦格纳指出："奥斯特罗姆把自主治理看做是公共领域的美好事物，但要达成良好的自治状态一方面需要知识和意志，另一方面也需要支持性的配套的制度安排。这些知识和制度安排并不是相互独立的和各自为政的，而是相互作用、紧密联系的。对于奥斯特罗姆来说，现代复杂社会的自主治理只有通过制度安排才能实现，也就是多中心治理。把等级秩序体制整合进多中心体制是减少社会矛盾产生的良方。"③也就是说，多中心治理的系统中既有等级秩序体制所代表的纵向整合，也有非等级的平等化的横向整合，这样一个复杂的系统真正的样态是纵横交错的多元多维整合，所以，制度安排或者规则协调对于一个多元多维协同系统是至关重要的。

根据前述§2.3.2.4节整合路径的理论建构，纵横交错的多元多维系统整合的路径一方面是运用反思理性不断地反身抽离形成涵摄力更强的一般规范、标准和原则实现"规则治理"，形成如同居

---

① ［德］贡塔·图依布纳：《反思性的法——比较视角中法律的发展模式》，祁春轶译，载［德］贡塔·图依布纳：《魔阵·剥削·异化——图依布纳法律社会学文集》，泮伟江、高鸿钧等译，清华大学出版社2012年版，第303页。

② 参见§2.3.2.4节，"规则治理"就是该节所称的"一般化"，而"实体调控"就是该节所称的"实体化"。

③ R. E. Wagner. *self-governance, polycentrism, and federalism: Recurring themes in Vincent Ostrom's Scholarly oeuvre*, Journal of Economic Behavior & organization, Vol. 57, No. 2, 2005, p. 176.

于最高阶的宪法对整个法律体系一般的“辐射”效应。① 另一方面是通过实体化进路，在系统中形成专司反思的主导性实体力量，通过该主导实体的统合力并结合相机抉择的反思实现纵横整合。其实，这就分别投射了制度和组织形成中的反思理性的建构功能。而对于像现代金融这样以不确定性和网络性作为本质特征，并完全将之内化到行为中去的具有更大不确定性的法律领域，就要我们前面论述的卢曼 - 图依布纳那样的系统功能论进路，不仅同样需要在规范层面不断地结构化寻求“标准”进行规制，而且可能也需要在互动所形成的“沟通构型”中分离出专司系统协同所需要的反思功能的反思机制（或机构），这也是一种实体化的进路。我们可以把前者称为“标准化”模式，后者称为“调控化”模式。这两种模式很大程度上掌控了系统的协同边界。

综观上述三个渐次纵深的消弭法治张力的决定性因素，即从法定职权到反思耦合，从反思耦合再到组织制度，几乎像是同步地投射一个“从身份到契约，从契约到制度”的演化进程。不难看到，在现代高度发达的社会网络中，公法主体的职权法定刚性似正在渐渐趋于消融。

① 这是一种类比式的解释。宪法是“公法”，宪法义务主要是针对国家机构或官员，而非私人身份的公民，而宪法又是一门无所不在的“通法”，因而必然会渗透或“辐射”到私法领域，影响私法的意义和解释。通过反身进路形成的一般条款，其对次生系统亦存在“辐射”效应。参见张千帆：《宪法学讲义》，北京大学出版社 2011 年版，第 65 ~68 页。

5.2 民间金融多元协同规制系统的结构及其治理规范

5.2.1 法律授权、监管划界与“规则自治”

作为一种对市场的干预行为,金融规制或监管①理应得到法律的明确授权。在笔者看来,监管是一种权威性、羁束性都更强的权力,相对而言,规制的概念则更加广泛。正如安东尼·奥格斯指出,规制并不总是指令性的、公益的和集中化的。它也包含了诸如非公共机构完成的自我规制、特许契约和不具有强制性的“经济工具”等。② 但不论监管还是规制,也不论是“集中型”的还是“分散性”的,法律授权都是这些干预的基础性前提,在明确的法律授权的同时,也应当准确厘定相应的责任边界。易言之,金融监管应当依法赋权,并权责匹配。当前,我国金融监管权责体制由于金融转型的复杂性并没有如此明晰。我国法律将金融机构和金融业务的监督管理权赋予人民银行,民间金融的监管权应是包含在内,即2003年以前民间金融是由人民银行监管。2003年4月,央行机构改革,银监会分拆出来,但民间金融监管主体却未明确。《中国人民银行法》和《银行业监督管理法》对非法经营金融业务活动的监管职权都缺乏明确细致的规定,使非法集资没有确定的规制主体。

① 鉴于民间金融一般被定义为游离于正规监管体制外的金融活动,笔者建议采用“规制”一词替代“监管”的提法,以示与“中心化”金融监管模式的区别。而且“规制”一词相对中性,合法或不合法的都需要规制,这就可以暂时搁置民间金融长期以来纠缠不清的合法性问题。

② 参见[英]参见安东尼·奥格斯:《规制:法律形式与经济学理论》,骆梅英译,中国人民大学出版社2008年版,第15~28页。

2005年4月22日中央机构编制委员会办公室《关于明确认定、查处、取缔非法集资部门职责分工的意见》(中央编办发〔2005〕10号)规定,银监会负责非法集资的认定、查处和取缔及相关的组织协调工作,并确定银监会牵头人民银行、公安部、工商总局、证监会、保监会等有关部门及非法集资行为发生地的地方政府联合执法。但由于非法集资与民间金融的界分困难以及联合执法权责不明且协调不畅,就变成一味依靠运动式执法,经济法、行政法意义上的规制行为及成效乏善可陈。一旦集资的债务危机规模化爆发,几乎完全依赖司法规制。而更深层次的问题就是非法集资带来的维稳责任使得地方政府在集资规制问题上严重功利化、短视化,干预的措施极其刚性并进一步推动司法规制的刑事化。这些因素的叠加使得我国非法集资的执法陷入一个“一放就乱,一收就死”的怪圈——放手的时候大家都不管,非法集资与民间金融“比翼齐飞”;收网的时候一步到位维稳,民间金融随非法集资“灰飞烟灭”。笔者注意到,当前这种模式可能还在延续。2005年对银监会的赋权依然不改,2015年10月19日国务院下发《关于进一步做好防范和处置非法集资工作的意见》(国发〔2015〕59号文)却明确规定省级人民政府是防范和处置非法集资的第一责任人。这显然违背权责对称的原理——职权是“条”上的,责任却落到了“块”上。笔者分析可能是由于金融执法的专业性优势与维稳的地方优势无法两全造成的。所以,要规制民间金融,遏制非法集资,一定要建构符合中国国情特点的规制模式,并在模式确定的基础上由法律给出明确的授权和责任边界。

对于民间金融,尽管国家层面的法律赋权仍未见明确,但建构地方监管的努力自2002年以来一直在进行。这方面,最值得关注的先行者就是温州。2012年3月28日,温州金融改革试验区获批。2012 年 5 月,温州即率全国之先成立地方金融管理局,并在 2013 年 1 月推出以《关于加强地方金融监管工作的实施意见》(温政发〔2013〕28 号)为依据的“1 + 11”监管构架。2013 年 11 月 22 日作为民间金融领域首部地方性法规的《温州市民间融资管理条例》的出台,为温州区域内民间融资行为及其监管提供了基础的法律依据,也开启了民间金融法制化的进路。但笔者认为,《条例》依然是探索性的,因为《条例》出台当时,中央和地方监管职责划界尚未明确,到 2014 年 8 月国务院国发〔2014〕30 号文才对中央和地方金融监管职责和风险处置责任初步划界,[①]况且国家层面也还没有相关的法律、法规去规范地方金融监管,地方金融监管总体上尚处于无法可依的状态。

作为区域性金融规制的法规,《温州市民间融资管理条例》对区域民间金融治理意义重大,属于“元规范”意义上的建制。当我们以卢曼 – 图依布纳的系统功能论视角来看待一个区域的民间金融的规制资源时,那无非是一个嵌入到区域性民间金融运作中的规范结构。它是自我指涉的(认知时开放,运作时关闭),与环境之间是共变演化的系统。它的运作模式就是在与其他系统“通过自我调整来调整他者”的方式进行整合。[②] 这些都是系统功能论基本原理所提示我们的基础认知。而前已述及,一个多中心系统进行整合的重要结构化方式之一就是“规则治理”。这些规则并不那么具体细致,它只是一种“标准”意义上模糊而弹性的条规,但它是具有层次性并逐级衍生的,它本身也是一个自创生系统。如果追问

---

① 参见《国务院关于界定中央和地方金融监管职责和风险处置责任的意见》(2014 年 8 月,国发〔2014〕30 号)。

② Gunther Teubner, *Law as An Autopoietic System*, Oxford: Blackwell Publishers, 1993, p. 65.

它的源起，那就是必须为区域性民间金融规制确立一个“元规范”，然后再逐级渐次衍生，成为一个区域民间金融的“规则治理”体系。《温州市民间融资管理条例》就是这样的一个“元规范”，如果任何区域需要建构它自身的民间金融区域规制系统，首先的一个工作也同样是必须创制“元规范”。显然，这种“元规范”是反身法意义上，它是超越“条件纲要”和“目的纲要”二分法之上的非直接的、更为抽象的“宪章纲要”——退回到规制过程和组织结构的元层面上，退回到分配和重新界定控制权和决定权限上。它的着眼点并不只在于规制具体的民间金融机构的民间金融行为，而是为整个地区的民间金融运作确立基础性的组织、程序和权限规划。它属于上层建筑意义上的高阶意识，提供一个展开博弈的基础性框架（configuration），而进一步的规制细则和操作自然会在这个基础上逐级衍生出来。

笔者认为，这个“元规范”最根本的功能，或者说最重要的条规设定是“划界”和“授权”，即界定何者为民间金融并授予多大的规制权限。中央和地方金融监管或规制权限的划界首先应当基于法律层面的授权，而不是仅仅由国务院发文。在此基础上，区域性民间金融规制再由地方性法规给予授权。

划界首先是一个定义问题。《温州市民间融资管理条例》第2条对于民间融资是给出一个相当窄的定义：①一是属地限定；二是主体限定；三是方式限定。在这个条例适用的划界上，按主体划界是不科学的，因为即便是正规金融主体也可能参与民间融资。而

---

① 该法规将民间融资界定为：温州市行政区划内的民间融资及其监督管理，适用本条例。本条例所称的民间融资，是指自然人、非金融企业和其他组织之间，依照本条例的规定，通过民间借贷、定向债券融资或者定向集合资金的方式，进行资金融通的行为。参见《温州市民间融资管理条例》第2条。

方式限定则会很不适应民间金融的现实,因为民间金融本来的定义极为宽泛,实际上包括一切中心监管之外的任何融资行为,况且现今金融创新层出不穷,跨区域就不用说了,无数的金融行为是跨界和融合的,按照这样的定义其规制面极为有限,也不利于进一步规则的衍生,无法形成一个系统的"规则自治"。关于民间融资的地方性基础规定应当明确:本行政区域内的民间融资及其监督管理,适用本条例,法律另有规定的除外。本法所称的民间融资,系指未受中央监管之外的资金融通行为。这就把一切中央监管之外的本区域内的民间融资都纳入法律规制的范围中了。

显然,这样的规定为民间金融设定了两个重要的边界:一是中央监管的边界。这里值得说明的是互联网金融,互联网金融从其典型的去中心化特征而言,实质上属于民间金融,但是2015年7月十部委出台《关于促进互联网金融健康发展的指导意见》所确立的监管体制是将之归入中央监管。其实,我们应该把互联网金融看成一种新的金融样态,而纳入区域监管的民间金融主要应还是传统意义上的民间金融。二是非法的民间金融,本书所持的民间金融概念是中性的,包括合法的和非法的民间金融。笔者认为,真正的边界应当是刑事边界。目前我国存在对于民间金融刑事门槛过低,打击面太大的问题,非法集资刑法规制过于宽泛,压制了正常民间金融的生长空间。至于行政领域对于非法集资的规制,不应该继续秉持金融集中和垄断思维下对民间金融过分的遏制态度,尽快修订《非法金融机构和非法金融业务活动取缔办法》,要在市场化的视角下重新纳入区域性金融监管进行重新审视。笔者认为,民间金融区域规制的范围应当就是正规金融监管与非法集资犯罪之外的传统意义上的资金融通(互联网金融除外)。

在解决了划界问题之后,就是区域性法规的授权问题。因为我们主张的是以地方政府为主导的协同规制模式，自然这个授权应当是授给地方政府的。《温州市民间融资管理条例》第4条和第5条就是解决授权问题。

第4条明确赋予温州地方政府地方金融监管职责，包括服务、监管和风险处置三个方面。在常规的授权之外，这条赋权条款却还特别提及了与驻温州的国家金融监督管理派出机构的沟通协调机制，这是由于当时中央监管与地方监管边界未明，在对民间融资的规制方面，确实需要诸多的沟通与协调。而且，这个条款也还特别提到"鼓励和引导资金投向"之类的"软法条款"，这说明地方金融监管与中央监管在刚性上是不可同日而语的，地方金融监管的引导意味更浓厚。第5条则涉及地方金融管理部门①的定位。地方金融管理部门指导和监管本区域的民间融资，但要接受驻地中央监管派出机构的指导。显然，这种指导是一种专业层面的指导，论其性质应也是一种协同。在此基础上，《温州市民间融资管理条例实施细则》第32条进一步规定了驻地中央监管的派出机构与金融办之间的执法协同机制，规定对于涉嫌非法集资的融资行为，由驻地中央监管的派出机构依法检查涉事企业的信息并反馈给金融办。这些规定反映了温州市高度重视并建构了信息和监管层面的协同机制。

从上面的授权条款，我们看到这里的授权不仅是授予监督管理职权，更重要的是还提到了"沟通协调机制"以及"鼓励与引导资金投向"等协同性目标和政策性目标。从这些措辞可见，《温州市民间融资管理条例》实质上倾向于建构一个以地方政府为主导的

① 这里的地方金融管理部门根据《温州市民间融资管理条例实施细则》第3条就是温州市人民政府和辖区内县级人民政府金融工作办公室。

民间金融协同规制模式。《温州市民间融资管理条例实施细则》第2条以及嗣后出台的温州市地方金融监管协调机制的规范性文件非常鲜明地体现了温州地方监管的协同特色。《细则》第2条的规定极富特色，《温州市民间融资管理条例》第4条和第5条就地方监管建构了“地方政府—金融办”的基本架构。但该第2条专门确立了另外一个机构——地方金融监管协调机构。按照此条的定义，就是负责沟通协调民间融资服务、监管和风险监测处置。这表明了温州的地方监管体系重视监管协调，专门设立以协调为职能的机构，显然，这个机构是专门服务于沟通协调的，如果从系统理论的角度来讲，那就是一个专门的反思机制或者反思实体。2014年9月19日，温州市人民政府又进一步出台了《关于建立健全温州市地方金融监管协调机制的通知》，明确确立了“沟通及时、信息共享、分工协作、共促稳定”的地方金融监管协调原则，并成立温州市地方金融监管工作协调小组，建立地方金融监管联席会议制度作为组织保障。同时撤销原先已经组建的打击和处置非法集资工作领导小组、地方金融监管领导小组和金融突发公共事件应急领导小组。[①] 这个金融监管工作协调小组的人员涉及面很广，包括当地的司法机关、驻地中央监管派出机构、行政管理部门等各个方面。

5.2.2 规制主体之间的结构化协同

在解决法律授权的基础上，就需要建构监管体制。我国正处于深刻的金融转型过程中，整体的监管体制都将面临深刻的变化。

① 参见温州市人民政府办公室《关于建立健全温州市地方金融监管协调机制的通知》(2014年9月19日，温政办机〔2014〕15号)。

对于正规金融，我国当前是采取分业监管的模式的，本来就存在着监管协同的问题。2004 年，三大金融监管机构曾经以备忘录形式形成一种协商基础上的监管协调机制，但协同效果有限。2013 年 8 月，国务院批复同意建立由人行牵头的部际联席会议协调机制。但是，近年来，金融创新的浪潮猛烈冲击着根据传统金融业态分割的分业监管体系和监管协调机制，尤其是互联网金融打破了一些传统行业的界限，跨界和融合创新正在成为金融业的新趋势。一方面，分业以及协同不足造成的监管交叉和监管真空会加大监管套利的空间；另一方面，金融创新形成的跨界和融合的现象不断带来新的挑战。2015 年末，对现行金融监管体制进行改革的消息又风生水起，尽管具体方案未明，但混业制已被认为是重要的改革方向了。①

在民间金融领域，我国的监管现状更是缺乏统一监管，监管权按照业态分散在不同部门，存在着金融监管部门与非金融管理部门的交错、正规金融监管部门与地方金融监管部门的交错和一些领域监管空白的现象。从民间金融的四大业态来讲，小贷公司的牌照发放在省级金融办，而日常监管和执法在于人民银行和银监局；而担保公司的监管则更是可能涉及发改委、经信局、工商局、中小企业局和金融办多个部门；私募证券的监管则涉及发改部门、证监部门和证券交易所；典当行业则归口商务部门。可见，监管权的分布相当分散，而各地各部门监管标准不一、监管政策取向不同、监管数据难以共享，也就是说，我国民间金融当前的监管现状是极不规范的。民间金融监管作为一种公共服务，实际上已经呈现出

---

① 参见周艾琳：《中国或迎混业监管时代，英美模式可鉴？》，载《第一财经日报》2015 年 11 月 10 日，第 A05 版。

一种明显的碎片化(fragmentation)①倾向。

笔者认为,应该通过建构以地方政府为主导的民间金融协同规制体系来整合碎片化以规范民间金融的监管,以“大规制”的概念统合民间金融不同的监管界面,就不同界面的功能特性确定协同的重点和主协调机构,从而建立结构化协同机制。下面,我们围绕§5.1.2节中已经确立民间金融监管的两个层级与四个界面依次展开,以阐明规制协同的建构机理。

5.2.2.1 地方政府与中央监管的条块监管协同

前已述及,存在着地方政府和中央监管体系的划界问题。所以,这个层面协同主要是为了解决边界不明的情况,亦即央地监管的战略层面的协同主要是划分事权和疑难界限的协商。故这一层面的结构化协同的主要方式应是商谈。

长期以来,金融监管的事权在中央,国家金融监管部门以其派出机构负责一个区域的监管职责,地方政府在金融监管上的“话语权”很小。要发展民间金融,支持基层的金融创新,首先要让监管下移,上下结合,使“一行三会”和地方金融监管部门结合起来。②而温州自2011年起,就已经着手建立金融监管服务中心(后改名为温州地方金融管理局),以肩负(引导和管理基层金融创新)的使

① 公共服务供给碎片化是指在公共服务供给的过程中,由于多元供给主体利益偏好不同,各供给主体内部及其相互之间组织和功能相对分散,缺乏有效沟通与协调合作,无法以共同行动为社会公众提供公共服务,导致公共服务供给质量低下、效率不高的状态。参见张贤明、田玉麒:《整合碎片化:公共服务的协同供给之道》,载《社会科学战线》2015年第9期。

② 参见中共温州市委宣传部、温州市人民政府金融工作办公室:《选定温州——温州金融改革风云》,红旗出版社2013年版,第72页。

命,补足"一行三会"的监管空白点,设立行之有效的"闸门"。[1] 2012年全国金融工作会议初涉地方监管。嗣后,中央监管和地方监管的职能边界的问题愈发凸显出来,党的十八届三中全会决议也宏观地提到中央监管和地方监管的划界问题。国务院常务会议确定的温州金融改革十二项主要任务中,有六项涉及地方金融监管(第一、第二、第五、第十、第十一、第十二项)。[2] 也就是说,民间金融崛起的一个直接问题就是提出了中央监管与地方监管的划界问题。在去中心化的协同体系中,民间金融的监管架构应当下沉。总体上,中央监管与地方政府的协同要解决各自的权责边际问题。中央监管的专业性强,但监管的重心在于宏观审慎和系统性风险;而地方政府专业性弱,但对当地的信息能力更强,且维稳驱动力和动员能力强。双方的利益驱动与优势各有不同,特别是在对于区域性金融危机来袭时更加需要强化协同,共同应对。2014年,国务院国发〔2014〕30号文做了一个初步划界,主要是确定把一些涉众性、外部性风险弱和业务范围明确的金融活动划归地方监管职责,并要求地方强化对民间金融活动的引导和规范。至于具有跨界复杂性的互联网金融,虽然被奉为"基本法"的2015年7月十部委的指导意见第2条明确规定监管责任按照不同业态归属于相应的中央监管主体。但随后2016年4月国办发〔2016〕21号关于互联网金融专项整治方案中,还是明确了坚持"双负责"原则,即中央金融部门与省级人民政府双负责,地方人民政府金融监管部门和银监

---

① 参见中共温州市委宣传部、温州市人民政府金融工作办公室:《选定温州——温州金融改革风云》,红旗出版社2013年版,第72页。

② 孙芙蓉、高翔:《温州金融改革之温州解法》,中国金融出版社2015年版,第160页。

会派出机构双负责的原则。① 而8 月发布银监会等四部委的关于网络借贷监管的2016 年1 号令则更是直接确立银监会及派出机构负责管理制度制定与行为监管，省级人民政府负责机构监管的分工协同体制。可见，试图简单化和一劳永逸地划清中央监管和地方监管的职责边界并不现实，对于有些复杂情形，比如跨地域、跨业态的民间金融企业的监管，可能仍需要由所涉地方政府商请中央监管机构进行协商确定，签署协同监管协议或备忘录，进行功能化协同。而秉持"穿透式"监管理念直面问题的实质，由中央监管与涉事的地方政府进行协商通常更有助于问题的有效解决。

5.2.2.2 地方政府与司法体系的府院规制协同

同样地，前已述及，地方政府与司法体系之间存在着划界问题，其实本质的边界就是刑事界限问题。因为如果属于刑事范畴，就必须移送司法机关处置；否则，可以使用行政或民事手段处置。但问题是刑民界限的界分一直是一个疑难问题。2010 年最高人民法院法释〔2010〕18 号司法解释对非法集资罪名体系的安排实际上已经将非法吸收公众存款罪"口袋罪"化了。而非法吸收公众存款罪按照《刑法》第 176 条入罪的基本条件是"扰乱金融秩序"。因此，严把这个关口是防止在非法集资规制问题上任意扩大化打击和节约司法资源的关键。笔者曾建议设置专业审查程序控制这一要件的认定，且这一观点也得到其他学者的认同。② 但是，与其由金融专业部门出具鉴定结论到庭审时才解决"扰乱金融秩序"的认

---

① 张威、李德尚玉、丁雪真、陆玲、俞燕：《攻坚互联网金融整治》，载《财经》2016 年第 27 期，第 43 页。

② 参见林越坚：《非法集资与民间借贷的刑民界分》，载《财经科学》2013 年第 1 期；袁春湘：《民间借贷中罪与非罪的判断与处理》，载《人民法院报》2014 年 10 月 1 日，第 6 版。

定问题，不妨事前就进行协同，进行金融部门与司法部门一个联合的预认定，并保留法院的最终庭审后的认定权，显得比较审慎。虽然“两高一部”2014 年公通字〔2014〕16 号司法解释已强调指出，对于非法集资的性质，行政部门认定虽不是必经程序，但对于疑难复杂案情可以参考。笔者还是建议对于刑民界限的问题应当审慎把握，争取事前寻求协同，特别是对于刑民性质有争议的疑难案件，属于边界不明的，提交一个司法与地方政府共同组成的机构进行预先把握还是相当有必要的。温州市曾经由温州市中级人民法院与温州市金融综合改革试验区实施领导小组共同组建温州市金融监管与金融审判联席会议制度。但由中院直接与地方政府建构联席会议制度并对这些法律问题进行预研判会带来未审先判的质疑，而刑民边界的问题确实疑难并且意义十分重大。故笔者认为，为了避免扭曲公众对于司法中立的公信预期，这一结构化协同的模式不宜定位为商谈，而是应该通过常态化机构的建设转向结构耦合。可以成立一个由司法机关人员和金融专家参加的、综合性的、类似于温州市后来组建的地方金融监管工作协调小组以及相关的联席会议机制，由这个协调机构进行预研判决定是否进入刑事司法程序比较妥当，一定程度上也能够避免司法资源的不当浪费，提高对非法集资行为打击的精准度。这比学者主张的仅仅司法意义上的预审机制①专业面和视野都更宽广。

5.2.2.3　地方监管部门与驻地国家金融监管派出机构的风险控制协同

这个协同主要关注的是金融风险的控制。应当指出，这个协

① 于改之：《刑民交错案件的类型判断与程序创新》，载《政法论坛》2016 年第 3 期。

同并非是一种纯粹的横向协同，它有明显的偏纵向特质。《温州市民间融资管理条例》第5条规定，驻地中央监管派出机构依法指导金融办的监管工作。这是一种专业性质的指导，中央监管机构最大的专业优势和权力优势就在于对金融风险的监测、控制和处置层面。而我们之所以可将这一协同的工作集中定位于金融风险，就在于这个问题上的监管实际上与“影子银行”的监管有关。

根据国际金融稳定理事会（FSB）定义，影子银行是监管之外的以高杠杆、高风险为特征的从事信用转换的一类信用中介。① 影子银行的风险特征表现得特别显著，甚至容易引发系统性风险。因此，在2008年全球金融危机之后，世界各国普遍重视对影子银行的监管。在我国，“影子银行”被普遍认为主要集中于三种形式的融资，民间金融就是其中的一大类。② 我国影子银行的产生主要由于2008年金融危机出现信贷膨胀，2011年政府又开始收紧货币，房地产、基础设施、中小企业等需要融资，但实体经济需求受到多种管制，大量资金需求走向非银行体系渠道，而随着监管越来越严格，银行开始业务创新，将信贷资产表外化。此外，随着非银行金融机构的大量发展，信托及银行理财产品规模也快速扩张。一方面，包括民间金融在内的影子银行可能是近年来中国最大、最活跃的“金融创新”，它拥有金融创新的基本特征；另一方面，爆出的大量高利贷案件，背后都有影子银行活跃的身影，已经成为一个庞大

① 参见孙红娟：《厘清产权强化监管 影子银行有待阳光化》，载《第一财经日报》2013年4月16日，第T6/T7版。

② 我国影子银行主要有如下三类：第一类是银行表外业务，如理财产品；第二类是非银行类金融机构，如信托公司、小贷公司等；第三类就是民间金融。参见章文贡：《“影子银行”野蛮生长》，载《第一财经日报》2012年12月31日，第A10版。

的脱离监管的地下金融体系，风险性亦不可小觑。①

2013 年末，国务院办公厅下发了专门针对影子银行的“107 号文”，②其就影子银行强化监管提出的体制就是一个与地方政府协同规制的体制。107 号文第 2 条明确提出按机构审批归口处置责任，建构中央和地方分工合作的监管模式，一是本来有明确业务归口的，按照各自的职能范围监管；二是中央政府层面定规则而地方负责监管的，实行统一规则下的地方人民政府负责制。融资性担保公司和小额贷款公司的监管即属此类；三是有明确行业归口但由地方政府监管的，由地方人民政府按行业归口部门的要求具体监管。从这个影子银行的监管体制看出，对于风险层面的管理必须着眼于地方层面与中央及行业层面的协同机制。其实，107 号文所确定的协同监管原则非常明确，就是立足于正规监管体系，指导地方政府协同监管。对于金融风险的监测与控制，因为专业性极强，而且与宏观货币政策耦合面广，需要的信息和协调资源的较多，并不适宜单一由地方政府自行监管，应当由“一行三会”驻地机构按照各自体系的风险规制的原则和措施进行监管，并指导地方政府协同监管。故这一结构化协同基本上应当是纵向的，应当主要适用命令或激励的方式。当然，在监管过程中，对于民间金融业务划分不明或出现权责争议，则需要由地方政府金融办与“一行三会”驻地机构进行及时的沟通对话，通过商谈取得协同。但这实质上应归于条块监管协同的范畴。

① 参见吴青：《影子银行：创新与风险并存》，载《第一财经日报》2014 年 1 月 8 日，第 B05 版。

② 即《国务院办公厅关于加强影子银行监管有关问题的通知》（2013 年 12 月 10 日，国办发〔2013〕107 号）。

5.2.2.4 地方政府处置部门与其他执法司法部门的处置协同

地方政府处置部门是一个简略化的称谓，实际上包含两种类别的处置问题，一是非法集资行政处置意义上的处置。2011 年 9 月温州民间金融危机爆发后，非法集资案件高发，协同司法处理、资产处置以及维稳任务异常繁重，2012 年 2 月温州市政府在各县、市、区建立打击和处置非法集资工作领导小组，称为“处非办”或“处置办”；二是金融公共危机事件应急意义上处置，温州在民间金融风波爆发后曾成立金融突发公共事件应急领导小组负责应急处置协调。2014 年 9 月《关于建立健全温州市地方金融监管协调机制的通知》(温政办机〔2014〕15 号)公布后，这两个处置机制都撤销，成立温州市地方金融监管工作协调小组并建立地方金融监管联席会议制度，形成统一的地方监管协调机制。显然，这一协同主要是通过建设常态的协调机构进行结构耦合的方式形成。

非法集资的协同处置机制，是本书研究的出发点。这个协同机制实际上是从司法规制衍生出来的。当民间金融危机爆发，涉众型违约事件集中飙升，导致公安部门立案侦查的非法集资犯罪和法院受理的民事案件都急剧上升，不论刑事还是民事途径，都涉及大量的涉案财产需要处置，然而，司法规制受制于刑民交叉，给处置带来了极大的困难。温州等地就在实践中摸索了地方政府行政协同处置的路径。尽管地方政府的行政处置也有 1998 年国务院关于取缔非法金融的第 247 号令这一行政法规的授权，但毕竟被指偏离市场处置方式而受到诟病。应当指出的是，由于非法集资的涉众性，其所形成的“经济法律关系”以及法益构造极为复杂，我们称为“沟通构型”。但这个“沟通构型”的行政—司法结构化解决路径却提供了一个协同处置的最佳样板。最初，按照与上述国务院第 247 号令配套的中央编办《关于明确认定、查处、取缔非法集资部门职责分工的通知》(中央编办发〔2005〕10 号)的规定,非法集资行政取缔以及相关善后的行政处置工作就是一个由银监会牵头进行行政层面的协同处置模式。但在2011 年温州民间金融风波爆发时,实际上银监会无法牵头处置无论数量和规模如此之大的民间金融及非法集资事件,司法机关顶到一线,但很快地方政府与司法机关就建构协同处置机制。2013 年 2 月 5 日,为加强金融审判与金融监管的良性互动,更好地防范化解金融风险,服务保障金融创新,推进金融综合改革,温州市金融综合改革试验区建设实施领导小组办公室与市中级人民法院共同商定,建立温州市金融监管和金融审判联席会议制度。这个联席会议机制初步建构了司法与地方政府的协同。随后,法院与处置办在重大非法集资案件涉案财产处置层面的合作协同更加密切,充分利用处置办的灵活性、定向性以及专门化的特点,解决了有关财产的司法处置程序存在的一些重大障碍,实现了高效率的处置。其实,对于非法集资的处置,鉴于维稳的特殊需求,无论正规监管机构如何专业和强势,地方政府的主导力、信息能力以及地方资源的动员能力绝对无法忽视,所以,2015 年 10 月《国务院关于进一步做好防范和处置非法集资工作的意见》(国发〔2015〕59 号文)就不再像以前那样规定由银监会牵头、地方政府协同,而是直接明文规定,“地方各级人民政府牵头,统筹指挥;中央层面,部际联席会议顶层推动、协调督导,各部门协同配合,加强监督管理。”和“省级人民政府是防范和处置非法集资的第一责任人”。

对于应急处置的协同,重在协调防范和处置金融风险。《温州市民间融资管理条例》第 38 条主要是规定应对民间融资突发事件的应急预案以及启动应急处置措施问题。就这个对于区域性金融风险控制至关重要的协同,在于区域性危机的监测和预警,最主要是建立一套行之有效的科学化的统计分析和指标体系，能够及时地预判危机化的态势。地方政府在这一问题上必须切实发挥在协同中的主导作用，并注重建章立制。

5.2.2.5 地方政府各部门之间的常态管理协同

前已述及，目前我国的民间金融监管比较松散，监管权按照业态分散在不同部门，存在监管权的交错和空白的现象，而且就是对地方政府而言，民间金融的监管也涉及不同的管理部门。比如，私募证券的监管会涉及发改部门，典当行业则归口商务部门，担保公司的监管则更是可能涉及发改委、经信局、工商局、中小企业局和金融办多个政府部门。这些管理权的分散不利于信息和数据的归集统计、不利于地方金融资源的集约化利用，也不利于地方金融政策的制定和实施，极易形成公共规制的碎片化倾向，亟待建立地方政府涉及民间金融管理部门之间的协同。显然，这个协同的主协调由地方政府金融监管部门承担比较适宜。毕竟，《温州市民间融资管理条例》第 5 条在规定金融办负责的同时也规定了其他有关部门各司其职。笔者认为，这种指导、监督、管理应当秉持和建立在金融办主协调的框架内。显然，这一协同的方式应当是一种职能对接意义上的结构耦合。第一，数据的采集、分析和归集应当由经信委负责，然后供各相关的监管部门共享、利用。第二，要建立地方监管部门之间的信息传递机制。比如，《温州市民间融资管理条例》第 34 条就规定工商部门将各类民间金融机构的工商登记信息抄送金融办。第三，所涉及的各政府部门要各司其职，结合自身职责特点有针对性地参与协同监管。第四，各监管职能部门进行现场检查或者其他的执法活动，最好事先商请金融办出面与行业协会和相关民间金融机构进行协调。第五，要通过与金融办的协同，尽量避免对属于一行三会监管范围内的内容进行重复监管。

第六，可以开展由金融办牵头，各个与民间金融监管有关的政府部门协同参加的联合执法行动。必要的时候，驻地中央监管派出机构也共同参加。

5.2.2.6 地方政府与社会中间层的社会化协同

地方政府与各种社会中间层主体之间的协同在民间金融领域显得特别重要，因为这是一种平台化、网络化的结构化整合措施。地方政府应当注重借助行业协会、社会组织之类的中间层渠道，加强社会控制。这就是所谓的"外部去中心化"(external decentralisation)。①"外部去中心化"作为一种协同方式，兼具了耦合和共享两种结构化模式。一方面，地方政府与社会中间层的对接是一种常态的耦合，其间的连接可能是管理纽带或是契约纽带；另一方面，行业协会、社会组织之类的社会中间层与其成员之间是一种网络化节点式的连接，属于一种协同共享模式。

1. 行业协会自律管理的强化对民间金融的制序②意义重大

行业协会的社会功能在当代越来越受到重视。因为行业协会

---

① 指一种公共事务被转移给半官方或私人组织，但仍然具有公共性并在政治上承担责任的社会管理模式。比如，"法团的"委员会、半官方的协会、对集体合同的当事人或对地方的社会组织授予全权都是"外部去中心化"的例子。可参见[德]贡塔·图依布纳:《反思性的法——比较视角中法律的发展模式》，祁春轶译，载[德]贡塔·图依布纳:《魔阵·剥削·异化——图依布纳法律社会学文集》，泮伟江、高鸿钧等译，清华大学出版社2012年版，第282页。

② "制序(ordering)"一词在法学上源出奥地利法社会学家尤根·埃利希在德国法学史家祁克的"联合体"概念基础上创制，其核心思想在于将法视为一种组织方式，以配置联合体成员的地位。法律主要不是一种自足的文本(texts)系统，而是通过自我建构的社会运行过程而生产与再生产其统一性的系统("活法")。可参见[奥]尤根·埃利希，《法律社会学基本原理》，九州出版社，2007年版，第44页。另外，我国经济学家韦森将此词作为institutions的中文译法，并意指"制序(包括制度与惯例)是规则中的秩序和秩序中的规则"。参见韦森:《哈耶克式自发制度生成论的博弈论诠释——评肖特的〈社会制度的经济理论〉》，载《南大商学评论》2004年第2期。

的本质上是一个交织紧密的关系网络，它提供了博弈长期反复进行的可能，可以有效抑制成员的短期化行为冲动，为民间金融的长期发展赢得空间。第一，在信息机制方面，关系网络提高了信息生产和流通的效率，成员们在日常的交往中就靠“流言蜚语”就可以获取大量的信息。① 一旦有成员的行为偏离设定的轨道，通畅高效的信息传播就使之很容易落入信息监督之网。第二，在权力机制方面，行业协会可以制定同业公约，也可以就加强管理设置惩罚性机制，行业协会内部的非法律惩罚机制可以引导成员的良好行为规范和走向自律。这样，行业协会实际上会起到“准监管”的功能。“准监管”提供的惩罚机制，由于关系互动的经验基础，其惩罚的针对性更强，往往更能够切中肯綮。更何况这些惩罚机制还获得由于关系网络本身在长期互动中生成的舆论、“面子”和“声誉”等无形约束提供的支撑，其对成员的规制力相当强。第三，在成本机制方面，交织紧密的关系网络形成一种互惠基础的社会记忆力机制对成员带来一种有序的、长期的、规模化的收益效应。比如，行业协会可以在保护成员产权方面发挥重要作用，它固有的维权机制对于协会成员所提供的预期可以避免成员基于短期利益冲动的个别化自我救济。美国学者 Greif 曾通过博弈论的分析方法论证行业协会在保护产权方面的重要作用。② 退出这样的网络意味着较高的成本，而精心维护这样的关系网络以及在这个关系网络中的角色和位置是明显的占优策略。因此，地方政府应当为民间金融行业协会制度功能的发挥创造良好的外部环境，并积极倡导行业协会良好的自治规范，从而在当前

① [美]罗伯特·埃里克森：《无需法律的秩序》，苏力译，中国政法大学出版社 2003 年版，第 221 页。

② 参见[美]A. 格雷夫《大裂变：中世纪贸易制度比较和西方的兴起》，郑江淮等译，中信出版社 2008 年版，第 65 ~ 85 页。

社会转型时期经由社会组织达成理想的治理目标。《温州市民间融资管理条例》第30条就规定了民间金融行业协会要在金融办指导下形成“准监管”性质的自律机制和相关的违规处置机制。

2. 行业协会和相关专业委员会对民间金融不同行业的规则制定起到重要作用

众所周知,民间金融涉及的行业较广泛,各个行业都有自己的金融特色,比如典当业这种涉及物权交易的民间金融服务行业就与一般的小贷公司经营模式迥异。一个行业一定要制定游戏规则,而且最好是从业者来制定。从业者制定的规范容易形成全行业的协同,具有更强的执行力。由行业内制定规则往往形成事前沟通的良好缓冲,它不似监管者直接制定规范那样带来强烈的冲击。比如,在互联网金融领域,央行的几次出手,都引发了市场的轩然大波。2014年3月,央行叫停虚拟信用卡和二维码支付,随后,央行向第三方支付企业下发《支付机构网络支付业务管理办法(征求意见稿)》、《手机支付业务发展指导意见》,这一系列动作,经过媒体发酵,数小时内就满城风雨,甚至影响资本市场。而由协会出面将会大大不同——协会本身不是政策机构,有时以它的身份出面,将不会那么敏感。而且,协会是一个输出规范的智力组织,相比单纯的监管部门,协会可能会对实践中的情况更了解。① 因此,其所制定的规则可能更具有现实针对性。

3. 要着力通过购买社会服务等方式建立监管措施逐渐向行业协会转移,实现间接监管和间接规制的社会化监管模式

当前,国家正大力推进政府向社会购买公共服务,引入市场机

① 参见刘志毅:《互联网金融监管两难现实怎么破 协会来了》,载《南方周末》2014年5月8日,第C20版。

制解决公共服务的低质低效“瓶颈”。比如在温州,2014 年 10 月温州公布首批 34 家市级部门 167 项拟转移给社会组织的政府职能,首批 110 家社会组织可承接政府职能转移。2016 年 1 月,温州市公布的纳入政府向社会组织转移的职能,涉及 28 个市级部门共 85 项。①

监管其实是一种社会服务,部分权威性需求弱的监管内容是可以转由社会组织或者行业协会之类的社会中间层提供,政府通过购买社会服务与这些社会组织之间通过商谈订立协议,建构一种协同关系。温州民间金融的登记备案就是以政府购买社会服务的方式实现的。实际上,很多比较专业的监管都可以通过政府购买社会服务的方式更多地转移给行业协会等更加专业的社会组织,政府根据平台经济学的原理,控制社会中间层这个网络化的节点就可以以更低的成本实现对民间金融各类不同主体的控制和监管。地方政府购买社会服务的方式就是一种“外部去中心化”路径,实质上也是一种地方政府和行业协会等社会中间层之间确立的一种很好的协同方式。但是,政府在转移社会服务的同时,必须高度警惕由此带来的隐性垄断问题,必须随时加强监控并保留撤回的手段。因为政府转移其部分监管职能赋予社会中间层的同时,社会中间层也就获得了“准监管权”,这就有可能滋生“寻租”的机会。根据“外部去中心化”原理,公共事务虽然转移出去,但仍然是公共性质,政府仍然必须在政治上承担责任。②

---

① 吕进科:《温州新增 85 项政府职能将向社会组织转移》,载《温州都市报》2015 年 1 月 12 日,第 A2 版。

② [德]贡塔・图依布纳:《反思性的法——比较视角中法律的发展模式》,祁春轶译,载[德]贡塔・图依布纳:《魔阵・剥削・异化——图依布纳法律社会学文集》,泮伟江、高鸿钧等译,清华大学出版社 2012 年版,第 282 页。

5.2.3　作为支撑的信息共享机制与社会信用体系

信息是监管或规制的重要基础。信息多边共享机制是以地方政府为主导的多元协同机制的基础性建构。因为民间金融监管对象的分散性特征以及现行监管权分散的体制特点,建构一个相对集中的区域性民间金融监管信息的共享平台是必不可少的。

《温州市民间融资管理条例》的第28条、第29条、第33条和第35条形成一套关于民间金融监管的信息协同规范。第一个层级的协同是关于地方金融监管协调机构要收集监管有关的信息,各监管成员单位要积极配合及时报送。第二个层级的协同是金融办要与工商、经信、商务以及驻地中央监管派出机构建立信息共享机制。而驻地中央监管派出机构对非法金融活动检查的相关信息要及时反馈给地方金融办。第三个层级的协同是被监管的民间金融企业要建立健全管理制度,规范信息留存等。这样就在民间金融的监管层面建构了一个比较全面的信息记载和传递的机制。

信息对于民间金融规制具有特别重要的意义,因为民间金融信息外部性特征非常突出。尽管本然样态的民间金融是“熟人交易”型的信息特征,信息对称性较强。但是,中国特殊的转型金融语境下的民间金融的交易信息随着交易规模和交易范围的扩张信息的不对称性日益凸显,集体行动的信息外部性特征效应十分突出。所谓信息外部性(information externalities)就是通常所说的羊群效应,是指序贯决策条件下,因为个体的决策方式无法汇集每个参与人得到的信息,后续的决策者否定了自己接收到的个人信息,而第一个决策的参与人则会对后续决策者产生影响,形成群体行为。为克制羊群效应,一个重要的解决办法就是建构直接的个人信息汇集机制。① 直接信息汇集机制无非把信息在群体成员之间的序贯传递改成中心传递方式，通过一个权威的信息中心直接汇集各方面信息并进行统一解码和统一发布。所以，民间金融的信息共享机制的建构特别重要，显然这样的信息中心比较理想就是设置在地方金融管理部门，代表地方政府进行汇集、解码和发布。

对于民间金融而言，还应该高度重视公共知识和公共信息的采集与发布。因为公共信息能够增进行为人对“其他行为人所持的信念”的信念等高阶信念（high-order belief），②从而能够通过降低社会决策的协调成本而增进社会福利。而信息经济学研究证明，公共信息只有在具有比私人信息更高的精度时才有社会福利价值。③ 所以，民间金融的地方监管不仅要致力于公共信息机制的建设，还必须力求信息的精度，不断提高信息的权威性。比如，在温州的实践中，“温州指数”的发布就具有特别重要的公共信息价值。“温州指数”是温州民间融资综合利率指数的简称，指用于反映某一区域一定时间内民间融资价格水平及变动趋热情况的一套指数体系，目前分本地版与全国版。本地版“温州指数”已实现每天发布一次，而全国版目前则每周发布一次。2012 年 12 月 7 日，温州市金融办等机构共同编制了“温州指数”，首次向外界发布，主要数据采集自温州市区域内的 400 来个民间利率监测点，包括小额贷款公司、民间资本管理公司、民间借贷服务中心、实体企业及

① 参见［美］道格拉斯·G. 拜尔、罗伯特·H. 格特纳、兰德尔·C. 皮克：《法律的博弈分析》，严旭阳译，法律出版社 1999 年版，第 242 页。

② J. Harsanyi. *Games with incomplete information played by Bayesian players: Part III, The basic probability distribution of the game*. Management Science, vol. 14, No. 7, 1968, pp. 486 – 502.

③ S. Morris, H S Shin. *Social Value of Public Information*. American Economic Review, Vol. 92, No. 5, 2002, pp. 1521 – 1534.

民间借贷委托监测点、典当行等。“温州指数”采取目前相应指数普遍采用的计算方式，将采集点获得数据根据权重，然后再进行加权平均计算得出。2014 年 1 月 9 日，“温州指数”又迈出一大步，在当日“温州 · 中国民间融资综合利率指数”编报年会上，温州市金融办与知名财经信息服务公司汤森路透集团签订合作协议。在此之前，汤森路透已向全球发布签订消息，并将“温州指数”中英文版均同步上线该公司相应平台，为客户提供服务。① 利率是民间金融市场的首要指标，利率包含了民间金融资金供求等多方面信息，由地方政府集中采集分散的民间金融市场利率信息是散在的民间金融从业个体无法独立完成的事情，这是政府在市场公共信息传递方面所作的重要贡献，其对区域性民间金融市场的培育和发展具有无比深远的意义。

温州对于民间金融领域信息机制建设的另一重要贡献是率先建立了民间借贷登记服务中心。2012 年 3 月 29 日，温州民间借贷登记服务有限公司成立，这是民间金融信息传递机制的重大创新。《温州市民间融资管理条例》规定了单笔 300 万、余额 1000 万元以及对象在 30 人以上的融资或借贷应当报送备案，并通过规定备案的信息信用意义以及在诉讼和仲裁上的证明效力鼓励民间自愿报送备案。民间借贷的本然样态是具有私密性的自愿行为，但是针对民间金融规模化的趋势，法律施加一定信息披露机制的要求是使民间借贷阳光化的信息规制措施，符合使民间金融健康发展的总体规制要求。

除了信息机制的建设外，按照声誉理论建构信用机制对于区

① 郑俊杰：《“温州指数”中英文同步上线向全球发布》，载《温州都市报》2014 年 1 月 10 日。

域性的协同规制也是极端重要。2011年9月温州民间金融风波爆发后，本来极度发达的温州民间信用快速坍缩，深化社会信用体系的建设成为所有温州人和温州市政府的共识。2012年12月16日，温州市人民政府发布《关于进一步深化社会信用体系建设的意见》，建设“守信得益，失信受惩”为核心的社会信用机制。加强与人行等其他各类征信系统的互联互通。温州是浙江省第一个建立个人信用信息系统的城市，完全可以由地方政府为主导继续构建由人民银行、市金融办、市信用办、市工商局、市公安局等诸多部门联合建立大一统的信用信息系统。2015年9月16日，温州市社会公共信用信息查询服务平台启动，这是依托温州民间借贷服务中心，全国首个集金融、政府、民间信息为一体的信用信息查询服务平台。其三位一体信息集约模式实现人行征信、社会公共信用信息和民间借贷履约数据一站式查询。① 这种全社会的信用信息基础设施的建设对民间金融乃至整个社会的协同都是至关重要。与信息机制一样，信用机制建设所创造的声誉效应对于以地方政府为主导的民间金融多元协同是至关重要的。

5.3 作为社会化掣肘机制的金融消费者的协同功能

民间金融是否需要进行金融消费者保护？民间金融金融消费

① 温州民间借贷服务中心成立时就已引入人民银行征信系统，成为全国首个引入该系统的非银行机构。2015年获得市发改委授权导入温州市企业公共信用信息平台所整合的工商、税务、质监、安监等数十个部门的采集数据以及温州民间借贷备案系统的相关信息。参见朱斌：《温州三位一体征信平台全国首创》，载《温州都市报》2015年9月17日，第A8版。

者保护的制度功能是什么？如何进行民间金融消费者的保护？这些问题都牵涉到以地方政府为中心的多元协同机制的建构与运作。

与正规金融一样，民间金融也存在金融消费者保护的问题。首先，从实践的角度讲，当前民间金融消费者保护的问题十分突出。近年来，民间金融领域发生的诸如高利贷崩盘跑路、担保公司越界从事非法集资、民间金融侵害消费者知情权等都与金融消费者保护密切相关，民间金融领域对金融消费者侵权事件时有发生，金融消费者索赔无门。2015 年涉及人均达 22 万之巨、资金体量高达 400 亿元的泛亚交易所事件暴出，暴露出相关法律规制对金融消费者保护力度之薄弱。尽管并非专门针对民间金融领域，国务院办公厅 2015 年 11 月 13 日专门发布《关于加强金融消费者权益保护工作的指导意见》（国办发〔2015〕81 号），强调金融消费者财产安全权、知情权、自主选择权、公平交易权、依法求偿权、受教育权、受尊重权和信息安全权等八大权利，一定程度上说明了当前包括民间金融消费者在内的金融消费者权益保护的特殊迫切性。其次，在理论层面，民间金融领域同样存在金融消费者的三大结构特性：内化的时空间离、信用授受和人性需求。① 尽管本然样态的民间借贷是在熟人之间进行，是一种熟人信用，交易信息的对称性和完全性都较好，“脱域”现象不明显。但是，在当前中国民间金融的数量和规模的显著扩张情势下，民间金融的时空间离度已经不断地加大并牵涉到极为广阔的社会网络。就这一特性以外，民间金融的信用授受性与人性需求的特征甚至比正规金融还更为突出。

---

① 参见林越坚：《金融消费者：制度本源与法律取向》，载《政法论坛》2015 年第 1 期。

因此,民间金融领域亦存在金融消费者保护的问题。最后,2008 年全球金融危机以后,由于影子银行等民间性质的金融主体高杠杆运作而低监管的风险凸显,在英国经济学家泰勒的“双峰理论”①的影响下,金融消费者保护日益成为一种实质监管的手段而与传统的审慎监管手段并列置于金融监管目标之下。可见,金融消费者保护作为一种社会化的规制手段在民间金融领域可能甚至比正规金融更加凸显其制度功能。有鉴于此,温州市的地方金融监管架构也以地方金融办和地方金融管理局分别负责审慎监管和行为监管形成“准双峰型”,金融办侧重负责民间金融机构的准入审批以及系统性民间金融风险的防范;而地方金融管理局侧重负责金融消费者保护以及民间金融业务行为的合规性监管。②

此外,国务院办公厅《关于加强金融消费者权益保护工作的指导意见》(以下简称《指导意见》)(2015 年 11 月 13 日,国办发〔2015〕81 号)亦明确建构了一个地方政府协同保护的制度框架。该《指导意见》的工作要求明确规定,金融管理部门和地方人民政府要加强合作,探索建立中央和地方人民政府金融消费者权益保护协调机制。……金融领域相关社会组织应当发挥自身优势,积极参与金融消费者保护工作。显然,这一规定建构了一个正规监管机构、地方政府、金融消费者交易相对方以及社会组织共同参与的、开放的、治理性的保护框架。

笔者认为,在民间金融领域必须强化金融消费者的保护,因为这对于民间金融的经营者是一个社会化的、网络化的掣肘性规制

---

① Michael Taylor. *Twin Peaks. A Regulatory Structure for the New Century*, Center for the Study of Financial Innovation London, 1995.

② 参见李有星、陈飞:《论温州金改的制度创新及其完善——以我国首部地方性金融法规为视角》,载《社会科学研究》2015 年第 6 期。

措施,关系到最终均衡路径上激励相容的实现。前面§2.3.2.5节已述及,平台化整合路径包含中介性平台和掣肘性两类。掣肘化平台的规制方法,就是有目的地建构和发展参与博弈的相对性主体的一种社会性的组织化模式,《消费者权益保护法》的消费者保护制度的设置是相当典型的。法律不可能直接设置"共同福利条款"将公共责任加于私法主体,而是借助网络化的平台模式达到纵向化协同的目的。金融消费者与消费者一样是法律设置一个独立的、在对立权力基础上的谈判机制。国家法的作用不在于实质地规制市场过程,而在于对"自治的"社会过程在程序上和组织上进行预先构造。这种预先构造从结构化协同机制来讲无疑也是一种耦合,无异于在法律上构造了一个与之博弈的主体,使金融消费者的交易相对人必须把拥有法律资源的对手的利益纳入自己的目标函数,从而改变其策略空间,并通过对支付函数的影响实现激励相容,使民间金融从业者主动将社会目标纳入自己的考虑。

由此可见,民间金融领域的金融消费者保护不仅是一个法律规制的重要手段,而且就金融消费者的统合性与社会性而言,实际上也构成了以地方政府为中心的多元协同机制的重要基础。以地方政府为中心的多元协同机制必须向金融消费者敞开,吸收金融消费者参与民间金融的开放治理,提倡和促进金融消费者协会的成立,高度重视金融消费者的教育,[①]形成民间金融业与金融消费者之间更多的公共知识,实现两者之间的良性互动。金融消费者的组织化和协会化是走向社会化协同的关键,它使金融消费者作

---

① 本书亦认同投资者是金融消费者的下位概念,投资者教育可用含义更广泛的金融消费者教育替代指称,参见林越坚:《金融消费者:制度本源与法律取向》,载《政法论坛》2015年第1期。

为预设耦合的制度走向社会网络，成为一种共享模式的协同。在此基础上，为了充分发挥共享协同的网络外部性，强化金融消费者的权益保障，应当有意识地强化社会机制和纠纷解决机制的建设，比如金融消费者协会和其他相关行业协会功能的发挥、社会征信系统和社会信用评级机构的建设、金融消费者仲裁和其他 ADR 方式的推广、金融消费者集团诉讼和公益诉讼机制等。总之，金融消费者的参与对以地方政府为中心的多元协同机制的良性运作不可或缺，须切实构建有利于金融消费者参与互动的常态机制。

5.4 本章小结

遵循系统功能法学的视角和方法论上的结构化进路，本章从民间金融司法规制的实践中生长起来的行政与司法的二元协同机制转入以地方政府为主导的民间金融多元协同规制目标模式的论述以终结全文。

近年来，民间金融的崛起不断挑战着旧有金融监管的理念和模式，应当如何选择民间金融的规制路径呢？现存在三种可欲的典型模式——正规兼管、追随正规的地方监管以及协同监管之间应当基于何种原则作出取舍呢？本章基于系统功能论的功能决定结构之立场，从民间金融的地方性、分散性以及自发性等功能特征入手提出应当转向去中心化取向规制，建构以地方政府为主导的民间金融多元协同规制模式。这一开放参与的新规制模式集中凸显了去中心化、地方性、网络性、平台化的多元协同治理特色，也符合中国当前全面深化改革的政策路向，具有强大的生命力与成长性。但是，以地方政府为主导的民间金融多元协同规制模式在法治层面受到行政职权法定和司法本然特性的内生张力的制约。克制和超越这一张力必须在治理理念的支配下实现范式转换，通过系统功能论整体的视角以及结构化的方法解决系统的整合协同问题。

鉴于此，本章主体部分详述了作为目标模式的以地方政府为主导多元协同规制系统（沟通构型）的两个层级、四个面向的结构和功能定位。信息共享机制和社会信用建设是这个系统的“底规模”（infrastructure）基础建构。而法律法规的授权、监管划界与“规则自治”则是这个系统作为“上层建筑”（Superstructure）的高阶意识，行使一种规划、指涉、协调等反思性功能。主体结构则分为五大规制建构和两大外部扩展式的去中心化的社会性建构。五大规制建构是：一是地方政府与中央监管关于监管划界的商谈式协同；二是地方政府与司法机关关于刑民界分的耦合式协同；三是地方政府与驻地国家金融监管派出机构协同关于风险控制的命令—激励式纵向协同；四是地方政府处置部门与其他执法司法部门关于非法集资相关财物处置与区域危机的应急处置方面的耦合式协同；五是地方政府各部门之间在地方政府—金融办主协调下的关于常态管理的耦合式协同。社会化协同寻求耦合和共享模式的建构，一是地方政府与社会中间层关于规则制定、行业管理以及政府职能的社会化转移为内容的“外部去中心化”协同；二是金融消费者及其组织化围绕权益保护为中心的掣肘式协同。因此，多元协同是一个以地方政府为主导、动态结构化为方法和反思理性为精神内核的去中心系统，属于卢曼－图依布纳结构功能主义思想传统下一种抽象的“沟通构型”。兹如表 5.2 所示。

表 5.2　以地方政府为主导的民间金融协同规制系统的结构、功能及整合方式

	多元协同规制系统的结构（“沟通构型”－Matrix）	基本功能	命令	激励	商谈	耦合	共享
Superstructure	法律授权、监管划界与“规则自治”	指涉/反思	√	√	√	√	√
规制建构①	地方政府与中央监管的条块监管协同	监管划界			√		
规制建构②	地方政府与司法机关的府院规制协同	刑民界分				√	
规制建构③	地方监管部门与驻地国家金融监管派出机构的风险控制协同	风险控制	√	√			
规制建构④	地方政府处置部门与其他执法司法部门的处置协同	财物处置 应急处置				√	
规制建构⑤	地方政府各部门之间的常态管理协同	常态管理				√	
社会性建构 a	地方政府与社会中间层的社会化协同	中介平台				√	√
社会性建构 b	金融消费者社会化掣肘的协同	掣肘平台				√	√
Infrastructure	信息共享机制与社会信用体系	信息基础	√	√	√	√	√

6 结论与前瞻

自2011年温州、鄂尔多斯等地区域性民间金融风波以来,民间融资集资危机事件接连暴出,深刻投射了中国金融转型过程中的信用及信用规制巨大的制度张力。民间金融及其规制问题从理论到实践对当前中国法制提出了一系列的挑战,很多概念和理论学说都需要重新认知。比如,何以司法也规制? 非法集资参与人为何既不是受害人,也不可凭被认为有效的涉罪合同提起民事诉讼?[①] 如何认知民间

① 根据1998年《非法金融机构和非法金融业务活动取缔办法》第18条规定,"因参与非法集资等非法金融业务活动受到的损失,由参与者自行承担",集资参与人并不是受害人,不符合刑事诉讼法有关被害人的规定,不能提起附带民事赔偿,只能等待查扣涉案财物后那比例清偿。而最高人民法院《关于审理民间借贷案件适用法律若干问题的规定》第13条又规定,借款人或者出借人的借贷行为涉嫌犯罪,或者已经生效的判决认定构成犯罪,当事人提起民事诉讼的,

金融刑民交叉中涉众背景下的刑民关系等。而在民间金融规制的实践中，两个核心难题凸显出来，一是司法规制遭遇的刑民交叉的困境如何破解，二是中国民间金融究竟应选择何种规制模式。本书直面民间金融领域的这两大难题，并以系统法学的新视角取得融贯性的认知，得出了如下一些有价值的结论。

6.1 主要研究结论与局限性

1. 总体结论

中国民间金融应选择适合其“民间性”特质的“去中心化”协同规制模式。刑民交叉是作为该模式衍生基础的司法规制遭遇的核心难题，应以结构化整合的协同路径予以破解。民间金融危机应对中府院协同系循此进路生成，在融入地方治理的过程中，应导向以地方政府为主导多元协同规制的常态模式。

2. 民间金融刑民交叉问题的研究

(1)刑民交叉概念界定上的“法律结构竞合说”，即主张刑民交叉是基于同一事实交叉到刑民不同的规范结构产生的冲突。

实务中一般认为，刑民交叉存在“竞合型”和“牵连型”两大情形，但本书研究的是狭义的“竞合型”的刑民交叉，而且认为竞合的并不是通常认为的事实或法律关系，而是不同规范结构。由于刑民不同的规范结构要对同一事实作出实体认定和程序处理就会形成冲突，冲突正是不同规范结构作用效果的外在投射。

民间借贷合同并不当然无效。亦即债权人或持有效合同却无法民事求偿。参见王丽娜：《非法集资新困局》，载《财经》2016 年第 1 期；肖世杰：《从吴英案看我国民间金融的监管困局与改革路径》，载《法学论坛》2012 年第 11 期以及刘干：《出借人对非法集资犯罪的借款人不享有民事诉权》，载《人民法院报》2016 年 1 月 13 日，第 7 版。

(2)严格控制刑法介入条件避免形成不必要的刑民交叉。

①对现行"入罪"的法定要件作严格解释,并设专业程序予以保障。如对非法吸存犯罪中的"扰乱金融秩序"法定要件在实体和程序把握上高度严格。[①]

②恪守刑法介入的谦抑性原则,根据二次违法性理论重构"入罪"条件。[②]

③鉴于现行立法在立罪上的粗犷与"入罪"标准设计的简单化,可能造成扩大打击面和耗费规制成本的弊端,要高度重视"出罪"标准的设计,并同时相应强化经济法、商法规制的建构。

(3)刑民交叉问题在规范法学层面可能无解,甚至衍生更大的规范冲突。

(4)系统论视角下的刑民交叉是一种跨越不同位阶子系统之间的"系统际冲突",应通过结构化整合或者程序转型达致协同得以纾解。

"系统际冲突"会使系统陷入两难悖谬的格局,"要么系统自身的世界建构瓦解,要么是一个高层次的运行不确定。"[③]刑民交叉即是如此,如果选择涉罪合同全然作无效处置将导致低阶的民事法律关系的建构瓦解;而选择涉罪合同"不当然无效"或有效则会带

---

① 林越坚:《非法集资与民间借贷的刑民界分》,载《财经科学》2013 年第 1 期。

② 杨兴培、田然:《刑法介入刑民交叉案件的条件:以犯罪的二次违法性理论为切入点》,载《人民检察》2015 年第 15 期。

③ 张骐:《直面生活 打破禁忌:一个反身法的思路》,载[德]贡塔·图依布纳:《法律:一个自创生系统》,张骐译,北京大学出版社 2004 年版,序言页第 32 页。

来刑事层面结构和程序的扭曲。①

(5)法益及系统论解析指示了可以把该宗集资全部关联人以及所涉及的司法或行政机构都纳入“沟通构型”(Matrix of Communication),把规范冲突的消弭问题转化为寻求“沟通构型”达致协同的结构化整合路径破解刑民交叉。

①在符码维度,依从系统论的结构化思维,一宗集资项下各借贷合同的效力不再援用“适法规范”作个别化的研判,而是将之置于集资的时序演化过程结合总体利率特性实现规模化的整体界分,从而导出刑民程序分流的初步基准——刑事保留期间。

②在结构维度,由于法律结构的场域依存性,法律规范在刑民交叉场域趋于异化,目的理性支配的功利化衡平并不足取,应当在反思理性的主导下立足于信息基础综合运用命令、激励、商谈、耦合以及共享等方式进行重构。

③在程式维度,刑事保留期间的结构化划界可以带来程序优化效应,但民间金融刑民交叉的现代型纠纷特点客观上要求更加富于能动性和开放性的程序再造,而棚濑孝雄教授主张的“参加模式”可以作为程序转型的方向。

3. 中国民间金融规制及模式选择问题的研究

(1)民间金融规制模式和进路选择上的“去中心化”取向。

---

① 因为刑民交叉下如果按照早期比较流行的“涉罪当然无效”,债权人即便没有任何过错也无法按照原先建构的民事法律关系实现其权益,而对涉罪的当事人反而有利,这个格局显然不公平;如果涉罪合同均做有效认定或者如同司法解释规定的“不当然无效”,强调维护民事关系建构的取向,但一是效力后果会存在不稳定,因为即便作有效认定,债权人仍然无法对涉罪债务人通过正常的民事程序行使权利,有效的规范后果实际上已经扭曲;二是会带来较高阶的刑事层面的结构和程序扭曲而呈现不稳定性,比如需要特别定义该场合下被害人的概念或者此类法定犯的构成要件以及证明标准和证明责任的重构等。

鉴于民间金融“民间性”的真谛在于去中心化。当前在中央监管、地方监管纵向化及协同规制这三种可欲模式中,应选择去中心化取向的协同规制模式。

(2)去中心化的协同规制模式本身并非源自理论推演,而是实践生长的产物。由于规制工具的匮缺,司法规制正是该模式衍生的一个现实起点。应着力强化其信息基础并营造有利于其生长的制度环境,因而相关的法制建设至关重要。

(3)司法规制化。所谓的司法规制,是指司法机关针对社会共同体认为重要的活动以司法或非司法方式施加的持续且集中的控制。司法本然地存在克制主义与能动主义的内在张力。中国当前转型语境下,司法的规制性凸显。

(4)司法规制是中国当前民间金融规制的主要力量,但需要行政协同。

民间金融不可能成为中央监管的重心,而地方监管体系正在建构中未臻成形,在危机应对中发挥主要作用的司法成为主要的规制工具,但由于司法本性的局限,司法规制应当与地方政府形成府院协同来规制民间金融。

(5)随着民间金融融入地方的多元治理,行政—司法二元协同规制模式应当进一步生长为以地方政府为主导的多元协同的规制模式。

地方政府居于主导地位的模式并不意味着中心威权的去市场化体制,相反多元协同的规制模式是以融入地方治理的多中心体制为背景的,地方政府也无非是地方治理网络中的一个节点(linkage),相比其他治理和参与治理的力量,地方政府具有更大的信息和资源运作的优势。

4. 本书研究的局限性

(1)缺乏定量化研究。

本书拟在采集司法数据的基础上对民间融资的时序演化以及刑事保留期间展开统计分析基础上的量化研究。但客观上因为司法办案不可能同时详尽搜集非法集资项下的每一笔借贷合同的借贷利率,笔者观察的33个集资案件的利率数据亦多数是根据集资债务人的口供以及相关书证采集,显得比较粗糙,而且存在若干月度的数据缺项,加上样本量过小,也无法开展实证研究。尽管定量化的实证研究结果可能进一步促进本书提出的刑事保留期间设想付诸实践,但由于本书主旨在于提出破解刑民交叉问题的系统论进路,这种局部的深度数量化研究不一定在本书中进行,可以作为一项留待后续研究的课题。

(2)行政—司法二元协同规制的实证分析尚欠全面深入。

对于民间金融行政—司法二元协同规制是围绕温州乐清市危机处置的地方协同实例和徐××非法集资案件行政—司法协同处置实例的个案化分析方式展开,从论证的全面性而言是存在局限性的。但是,因为协同处置的系统性和综合性,更多数量的个案分析可能会极大地占用本书篇幅而影响本书整体论证理路的清晰度和脉络的完整性,而且对于司法—行政二元协同处置模式只是一个过渡性的协同模式,相对于多元协同的目标模式应当考虑篇幅上的适当压缩。

(3)缺乏对"中心化"规制模式以及互联网金融的对称分析。

限于时间和篇幅,对于民间金融另外两种可欲的"中心化"取向的规制模式没有同时进行深入分析作为比照,而仅就"去中心化"规制模式展开深入探讨,从论述的全面性而言,应有所局限。对于互联网金融这一民间金融的新金融样态,由于2015年7月的十部委《指导意见》已纳入“中心化”监管范围，也只是作出相关的局部论述时结合进来，同样没有作出系统性比照分析。

6.2 政策前瞻与未来研究方向

1. 政策前瞻

在政策层面，关于监管划界的国发〔2014〕30 号文、关于非法集资处置的国发〔2015〕59 号文以及温州金改 2015 年的“新 12 条”所彰显的政策取向应是勾勒了民间金融规制一个新的制度框架。而本书的研究正好切中了国务院 59 号文所要求的制度建设层面的重点任务——民间金融及其金融新业态的法规制度建设、处置非法集资的法律法规完善以及相关执法、司法机关工作制度和程序的完善等。因此，本书对民间金融的公共政策和司法政策作出如下前瞻。

(1)刑民处置应模仿破产法建立类似于债权人会议之类的沟通对话机制，着力通过“沟通构型”内各方的公共选择解决实体和程序问题。不要过分依赖出台司法解释和司法指导意见的详尽规范条款来代替民主商谈机制。

(2)应出台机制(如刑事保留期间)尽量缩小刑事处置范围。当前司法解释在程序上已经确立先刑事处置为主的模式，但不分青红皂白过多地移送刑事处理看似简化了程序，实际上刑事程序堵塞了很多灵活处理包括通过债务网络中第三人得偿的可能性。刑事保留期间起着缩小刑事处置范围和程序分流的功能。

(3)不一定要等集资债务人的人身刑尘埃落定才处置资产。因为在系统论视角下，“沟通构型”可以有多种子系统整合的顺序和路径，重要的是经由民主商谈的公共选择作出决定，司法在“参加模式”下是“回应性”的而不是僵化地固守法律条文。

(4)民间金融监管框架的下移和前移,逐渐走向“去中心化”规制模式。正如2015年3月温州“新金改12条”①第11条就明确指出要“探索金融监管权限下移”寻求地方金融监管的新模式。

(5)中央层面应确立地方政府对于民间金融规制的主导地位和规制责任,国发〔2014〕30号文对于中央和地方的监管职责与风险处置划界和国发〔2015〕59号文确立地方政府在防范和处置非法集资上的责任等都应尽快通过法律进行明确,而且应当做到权责对称、权责相当。如果不确立地方政府的金融监管权责,地方政府基于地方经济发展的动因,将无法就发展民间金融的利益和风险进行均衡地考虑,甚至某些情况下会为非法集资的民间金融机构“站台”,而一旦明确,就形成了新的激励与约束,有利于民间金融的健康发展。

(6)以地方政府为主导的多元协同模式需要通过地方立法予以常态化。地方政府两个面向、四个维度的协同不能总是基于危机应对下的应急性协同,应当建构科学理性的常态协同机制。在党的十八届三中、四中全会地方立法权进一步扩大和明确的情况下,应当突破《立法法》第72条第2款对设区的市地方立法权限于城乡建设与管理、环境保护、历史文化保护等方面立法事项的限制,允许涉及民间金融管理等方面的事项。

2. 未来研究方向

2015年,民间金融规制与监管应当说正在进入一个新的时期。2015年3月26日,温州作为金融试验区继2012年3月28日的《浙

① 即《关于进一步深化温州金融综合改革试验区建设的意见》(2015年3月26日)。

江省温州市金融综合改革实验区总体方案》(即“老金改12条”)时隔三年之久推出“新金改12条”,其理念的中心已经从当时的“民间融资规范化、阳光化”转入“探索金融监管权限下移,实施靠前监管”等监管创新与“优化金融生态”的新理念。2015年7月18日,央行等十部委发布了《关于促进互联网金融发展的指导意见》,就互联网金融提出了“依法监管、适度监管、分类监管、协同监管、创新监管”的监管原则;同年8月6日最高人民法院发布了最新的法释〔2015〕18号司法解释,更新了自1991年一直沿用至今的《关于人民法院审理借贷案件的若干意见》,就很多实务上争论不休的包括刑民交叉的一些具体问题落定了解决的方案。而目前,正值我国整个金融监管分业体制面临重大转变风生水起之时。① 民间金融层面的制度建设努力所宣示的意义十分重大。特别是,从正规金融和民间金融的二元体制来看,正规金融将从当前的分业监管转向混业大金融监管时代,那么,在这样的大背景下,民间金融将何去何从呢? 这也决定了我们未来研究的基本方向。

本书基于卢曼-图依布纳的子系统去中心化整合的思想,提出了“去中心化规制”的核心理念。新的时期,由于互联网时代造就金融跨界和融合的趋向正不断强化,金融监管的分业规制模式必将迎来改革而走向混业化。但笔者认为,混业体制并非简单地通过“一纸文件”就“一蹴‘并’就”了,它需要分业体制经由协同规制走向混业。所以,协同规制模式是极为重要的中间形态。但相对于正规金融,协同规制对于民间金融可能就已经是一个终局的模式。因此,笔者认为,协同规制模式未来的研究方向当在于协同

① 周艾琳:《中国或迎混业监管时代,英美模式可鉴?》,载《第一财经日报》2015年11月10日,第A05版。

规制如何与地方的金融生态融合并走向法治化。若这个方向果能成立，则不枉笔者力倡"去中心化规制"模式之苦心，本书抛砖引玉的先导意义亦可谓广阔而深远了！

参考文献

一、著作类(含中文译著、外国法典中文译本等)

1. [美]托马斯·库恩:《科学革命的结构》,北京大学出版社2003年版。

2. [英]约翰·巴罗:《不论——科学的极限与极限的科学》,李新洲译,上海科学技术出版社2000年版。

3. [美]冯·贝塔朗菲:《一般系统论:基础、发展和应用》,林康义、魏宏森译,清华大学出版社1987年版。

4. [德]哈肯:《协同学:理论与应用》,杨炳奕译,中国科学技术出版社1990年版。

5. [美]艾尔·巴比:《社会研究方法(第11版)》,邱泽奇译,华夏出版社2009年版。

6. [美]乔纳森·特纳:《社会学理论的结

构》，邱泽奇、张茂元等译，法律出版社2006年版。

7.［德］马克斯·韦伯：《论经济与社会中的法律》，张乃根译，中国大百科全书出版社1998年版。

8.［德］马克斯·韦伯：《经济与社会（上、下）》，林荣远译，商务印书馆1997年版。

9.［法］涂尔干：《社会分工论》，渠东译，生活·读书·新知三联书店2000年版。

10.［美］塔尔科特·帕森斯：《社会行动的结构》，张明德等译，译林出版社2008年版。

11.［奥］尤根·埃利希：《法律社会学的基本原理》，九州出版社2007年版。

12.［德］尤尔根·哈贝马斯：《合法性危机》，刘北成、曹卫东译，上海人民出版社2009年版。

13.［德］哈贝马斯：《在事实与规范之间——关于法律和民主法治国的商谈理路》，童世骏译，生活·读书·新知三联书店2003年版。

14.［德］J.哈贝马斯：《交往行动理论》，曹卫东译，上海人民出版社2005年版。

15.［美］菲利普·塞尔兹尼克：《社群主义的说服力》，马洪、李清伟译，上海人民出版社2009年版。

16.［美］P.诺内特、P.塞尔兹尼克：《转变中的法律与社会：迈向回应型法》，张志铭译，中国政法大学出版社2004年版。

17.［德］尼克拉斯·卢曼：《法社会学》，宾凯、赵春燕译，上海人民出版社2013年版。

18.［德］卢曼：《社会的法律》，郑伊倩译，人民出版社2009年版。

19. [德]N. 卢曼:《社会的经济》,余瑞先、郑伊倩译,人民出版社2008年版。

20. [德]尼克拉斯·卢曼:《权力》,瞿铁鹏译,上海人民出版社2005年版。

21. [德]尼克拉斯·卢曼:《信任——一个社会复杂性的简化机制》,瞿铁鹏译,上海人民出版社2005年版。

22. [德]卢曼:《宗教教义与社会演化》,刘锋、李秋零译,中国人民大学出版社2003年版。

23. [德]贡塔·图依布纳:《法律:一个自创生系统》,张骐译,北京大学出版社2004年版。

24. [德]贡塔·图依布纳:《魔阵·剥削·异化——图依布纳法律社会学文集》,泮伟江、高鸿钧等译,清华大学出版社2012年版。

25. [法]布迪厄、[美]华康德:《实践与反思:反思社会学理论》,李猛、李康译,中央编译出版社1998年版。

26. [英]安东尼·吉登斯:《现代性的后果》,田禾译,译林出版社2000年版。

27. [英]安东尼·奥格斯:《规制:法律形式与经济学理论》,骆梅英译,中国人民大学出版社2008年版。

28. [英]帕特里克·贝尔特:《二十世纪的社会理论》,瞿铁鹏译,上海译文出版社2002年版。

29. [美]马修·戴弗雷姆:《法社会学讲义:学术脉络与理论体系》,郭星华等译,北京大学出版社2010年版。

30. [澳]马尔科姆·沃特斯:《现代社会学理论(第2版)》,杨善华等译,华夏出版社2000年版。

31. [美]文森特·奥斯特罗姆:《美国公共行政的思想危机》,

毛寿龙译,上海三联书店1999年版。

32. [美]C. 吉尔兹:《地方性知识——阐释人类学论文集》,王海龙、张家瑄译,中央编译出版社2000年版。

33. [德]伯恩·魏德士:《法理学》,丁晓春、吴越译,法律出版社2013年版。

34. [德]莱奥·罗森贝克:《证明责任论》,庄敬华译,中国法制出版社2002年版。

35. [英]彼得·斯坦、约翰·香德:《西方社会的法律价值》,王献平译,中国法制出版社2004年版。

36. [德]弗兰茨·冯·李斯特:《德国刑法教科书》,徐久生译,法律出版社2000年版。

37. [德]迪特尔·梅迪库斯:《德国民法总论》,邵建东译,法律出版社2000年版。

38. [法]卡斯东·斯特法尼等:《法国刑事诉讼法精义》,中国政法大学出版社1999年版。

39. [日]松宫孝明:《刑法总论讲义》,钱叶六译,中国人民大学出版社2013年版。

40. [日]佐伯仁志、道垣内弘人:《刑法与民法的对话》,于改之、张小宁译,北京大学出版社2012年版。

41. [日]棚濑孝雄:《纠纷的解决与审判制度》,王亚新译,中国政法大学出版社2004年版。

42. [日]伊东研祐:《法益概念史的研究》,成文堂1984年版。

43. [奥]欧根·冯·庞巴维克:《资本实证论》,商务印书馆1983年版。

44. [美]弗兰克·奈特:《风险、不确定性与利润》,安佳译,商务印书馆2010年版。

45. [美]兹维 · 博迪、罗伯特 · 默顿:《金融学》,伊志宏等译校,中国人民大学出版社 2000 年版。

46. [美]悉尼 · 霍默、理查德 · 西勒:《利率史》(第 4 版),肖新明、曹建海译,中信出版社 2010 年版。

47. [美]罗伯特 · 埃里克森:《无需法律的秩序》,苏力译,中国政法大学出版社 2003 年版。

48. [美]凯斯 · 孙斯坦:《自由市场与社会正义》,金朝武、胡爱平、乔聪启译,中国政法大学出版社 2002 年版。

49. [美]A. 格雷夫《大裂变:中世纪贸易制度比较和西方的兴起》,郑江淮等译,中信出版社 2008 年版。

50. [美]D. 史普博:《管制与市场》,余晖等译,上海三联书店、上海人民出版社 1999 年版。

51. [美]Y. 巴泽尔:《产权的经济分析》,费方域译,上海三联书店、上海人民出版社 1997 年版。

52. [美]曼瑟 · 奥尔森:《集体行动的逻辑》,陈郁等译,上海三联书店、上海人民出版社 1995 年版。

53. [美]利奥尼德 · 赫维茨、斯坦利 · 瑞特:《经济机制设计》,田国强等译,格致出版社、上海三联书店、上海人民出版社 2014 年版。

54. [美]罗纳德 · 麦金农:《经济发展中的货币与资本》,卢骢译,上海三联书店 1988 年版。

55. [美]爱德华 · 肖:《经济发展中的金融深化》,王威译,上海三联书店 1988 年版。

56. [加]马丁 · 奥斯本、[美]阿里尔 · 鲁宾斯坦:《博弈论教程》,魏玉根译,中国社会科学出版社 2000 年版。

57. [美]艾里克 · 拉斯穆森:《博弈与信息:博弈论概论》,韩松等译，中国人民大学出版社 2009 年版。

58. [美]道格拉斯·G. 拜尔、罗伯特·H. 格特纳、兰德尔·C. 皮克：《法律的博弈分析》，严旭阳译，法律出版社 1999 年版。

59. [美]尼古拉斯·克里斯塔基斯、詹姆斯·富勒：《大连接——社会网络是如何形成的以及对人类现实行为的影响》，简学译，中国人民大学出版社 2013 年版。

60. [英]安德鲁·查德威克：《互联网政治学：国家、公民与新传播技术》，华夏出版社 2010 年版。

61. [美]杰里米·里夫金：《零边际成本社会》，赛迪研究院专家组译，中信出版社 2014 年版。

62. [英]T. 鲍法德·E. 劳夫勒：《公共管理与治理》，孙迎春译，国家行政学院出版社 2006 年版。

63. [美]麦克尼尔：《新社会契约论——关于现代契约关系的探讨》，雷喜宁、潘勤译，中国政法大学出版社 1994 年版。

64. (宋)朱熹：《四书集注》，北京古籍出版社 2000 年版。

65.《瑞士债法典》，吴兆祥、石佳友、孙淑妍译，法律出版社 2002 年版。

66. 史尚宽：《债法各论》，荣泰印书馆股份有限公司 1960 年版。

67. 张明楷：《法益初论》，中国政法大学出版社 2000 年版。

68. 张明楷：《〈刑法〉分则解释原理》，中国人民大学出版社 2011 年版。

69. 陈兴良：《刑法哲学》，中国人民大学出版社 2015 年版。

70. 陈兴良、龚培华、李奇路：《法条竞合论》，复旦大学出版社 1993 年版。

71. 谢佑平：《刑事诉讼国际准则研究》，法律出版社 2002 年版。

72. 陈观烈:《货币·金融·世界经济:陈观烈选集》,复旦大学出版社2000年版。

73. 杨小凯、张永生:《新兴古典经济学和超边际分析》,中国人民大学出版社2000年版。

74. 曾康霖:《金融学教程》,中国金融出版社2006年版。

75. 曾康霖、殷孟波:《货币银行学》,四川科学技术出版社1990年版。

76. 曾康霖:《二元金融与区域金融》,中国金融出版社2008年版。

77. 高晋康、唐清利主编:《我国民间金融的规范化发展(2011)》,法律出版社2012年版。

78. 高晋康、唐清利主编:《中国民间金融的规范化发展研究(2012)》,法律出版社2013年版。

79. 高晋康、唐清利主编:《我国民间金融的规范化发展(2013)》,法律出版社2014年版。

80. 高晋康、唐清利主编:《中国民间金融的规范化发展(2014)》,法律出版社2015年版。

81. 高晋康、唐清利主编:《中国民间金融的规范化发展(2015)》,法律出版社2016年版。

82. 中国检察学研究会金融检察专业委员会编:《金融检察与金融安全:首届中国金融检察论坛文集》,上海交通大学出版社2012年版。

83. 陈旭主编:《金融检察年刊(2012):金融检察与民间融资》,上海交通大学出版社2013年版。

84. 陈旭主编:《金融检察年刊(2013):金融检察与资本市场》,法律出版社2014年版。

85. 陈旭主编:《金融检察年刊(2014):金融检察与金融创新》,法律出版社2015年版。

86. 张本才主编:《金融检察年刊(2015):金融检察与金融改革》,法律出版社2016年版。

87. 中国人民银行金融研究所:《新金融时代》,中信出版社2015年版。

88. 冯亚东:《理性主义与刑法模式》,中国政法大学出版社1998年版。

89. 樊崇义等:《刑事诉讼法修改专题研究报告》,中国人民公安大学出版社2004年版。

90. 季卫东:《法律程序的意义》(增订版),中国法制出版社2012年版。

91. 张卫平:《司法改革:分析与展开》,法律出版社2003年版。

92. 何勤华:《西方法律思想史》,复旦大学出版社2005年版。

93. 朱景文主编:《法理学》,中国人民大学出版社2007年版。

94. 张维迎:《信息、信任与法律》,生活·读书·新知三联书店2006年版。

95. 史际春:《经济法》,中国人民大学出版社2010年版。

96. 于改之:《刑民分界论》,中国人民公安大学出版社2007年版。

97. 朱铁军:《刑民实体关系论》,上海人民出版社2012年版。

98. 何帆:《刑民交叉案件审理的基本思路》,中国法制出版社2007年版。

99. 郭华:《非法集资的认定逻辑与处置策略》,经济科学出版社2016年版。

100. 俞可平:《全球化:全球治理》,社会科学文献出版社2003

年版。

101. 孙柏瑛:《当代地方治理——面向21世纪的挑战》,中国人民大学出版社2004年版。

102. 张向东:《理性生活方式的重建:哈贝马斯政治哲学研究》,中国社会科学出版社2007年版。

103. 高宣扬:《卢曼社会系统理论与现代性》,中国人民大学出版社2005年版。

104. 杜健荣:《卢曼法社会学理论研究:以法律与社会的关系问题为中心》,法律出版社2012年版。

105. 孔凡宏:《民主行政研究》,上海交通大学出版社2014年版。

106. 董保民、王运通、郭桂霞:《合作博弈论:解与成本分摊》,中国市场出版社2008年版。

107. 郭治安、沈小峰:《协同论》,山西经济出版社1991年版。

108. 吴大进、曹力、陈立华:《协同学原理与应用》,华中理工大学出版社1990年版。

109. 曾健、张一方:《社会协同学》,科学出版社2000年版。

110. 王果纯:《现代法理学:历史与理论》,湖南出版社1995年版。

111. 王勇飞、张贵成主编:《中国法理学研究综述与评价》,中国政法大学出版社1992年版。

112. 张文显:《法学基本范畴研究》,中国政法大学出版社1993年版。

113. 许国志:《系统科学》,上海科技教育出版社2000年版。

114. 曾永寿:《整体涌现探索 系统科学基础研究》,中国物资出版社2007年版。

115. 沈禄赓:《系统科学概要》,北京广播学院出版社 2000 年版。

116. 沈达明、郑淑君:《比较破产法初论》,对外贸易教育出版社 1993 年版。

117. 沈达明:《衡平法初论》,对外经济贸易大学出版社 1997 年版。

118. 胡戎恩:《天使抑或魔鬼——民间金融实证研究与立法》,北京大学出版社 2014 年版。

119. 陈振明:《公共管理学——一种不同于传统行政学的研究途径》,中国人民大学出版社 2003 年版。

120. 李子荣:《作为方法论原则的元语言理论》,黑龙江人民出版社 2006 年版,第 3 ~ 5 页。

121. 黄孟复:《中国中小企业融资状况调查》,中国财政经济出版社 2010 年版。

122. 孙芙蓉、高翔:《中国金融改革之温州解法》,中国金融出版社 2015 年版。

123. 中共温州市委宣传部、温州市人民政府金融工作办公室:《选定温州——温州金融改革风云》,红旗出版社 2013 年版。

124. 诸葛隽:《民间金融 基于温州的探索》,中国经济出版社 2007 年版。

125. 周松山:《二元金融结构调整中的挑战与应对:对温州市金融综合改革试验的若干思考》,上海三联书店 2012 年版。

126. 张震宇:《温州模式下的金融发展研究》,中国金融出版社 2004 年版。

127. 张守奎、郑晓东主编:《金融风暴》,浙江高德科技印业有限公司(浙内图准字〔2014〕CE01 号)。

128. 张国谦主编:《乐清湾金融风暴》,温州长江印刷厂(浙出书临〔1992〕140)。

二、论文类

1. [德]贡塔·图依布纳:《现代法中的实质要素与反思要素》,矫波译,载《北大法律评论》1999 年第 2 期。

2. [德]贡塔·图依布纳:《反思性的法——比较视角中法律的发展模式》,祁春轶译,载[德]贡塔·图依布纳:《魔阵·剥削·异化——图依布纳法律社会学文集》,泮伟江、高鸿钧等译,清华大学出版社 2012 年版,第 266 ~ 315 页。

3. [德]贡塔·图依布纳:《匿名的魔阵:跨国活动中"私人"对人权的侵犯》,泮伟江译,载[德]贡塔·图依布纳:《魔阵·剥削·异化——图依布纳法律社会学文集》,泮伟江、高鸿钧等译,清华大学出版社 2012 年版,第 182 ~ 210 页。

4. [德]贡塔·图依布纳:《组织——冲突:在全球法的片断化中对法律统一性的徒劳追求》,周林刚译,载[德]贡塔·图依布纳:《魔阵·剥削·异化——图依布纳法律社会学文集》,泮伟江、高鸿钧等译,清华大学出版社 2012 年版,第 61 ~ 117 页。

5. [德]贡塔·图依布纳、宾凯:《宪法时刻来临?——"触底反弹"的逻辑》,载《交大法学》2013 年第 1 期。

6. [德]鲁曼:《社会系统的自我再制》,汤志杰、邹川雄译,载苏国勋、刘小枫主编:《二十世纪西方社会理论文选Ⅱ:社会理论的诸理论》,上海三联书店 2005 年版。

7. [德]N. 卢曼:《系统的自我观察——N. 卢曼访谈》,张荣译,载[德]布劳耶尔等:《德国哲学家圆桌》,张荣译,华夏出版社 2003 年版。

8. [德]鲁赫曼:《复合体的时间关联性》,载[荷]盖叶尔、佐文编:《社会控制论》,黎鸣译,华夏出版社 1989 年版。

9. [德]卢曼:《社会学的现状与任务》,郭大为译,载《世界哲学》2005 年第 5 期。

10. [德]卢曼:《系统论中的范式转换》,郭大为译,载《世界哲学》2005 年第 5 期。

11. [德]卢曼:《经济系统中的双循环》,余瑞先译,载《世界哲学》2005 年第 5 期。

12. [美]文森特·奥斯特罗姆:《多中心》,载[美]迈克尔·麦金尼斯:《多中心体制与地方公共经济》,上海三联书店 2000 年版,第 75 页。

13. [德]沙弗尔:《"规则"与"标准"在发展中国家的运用——迈向法治征途中的一个重大现实问题》,李成钢译,载《法学评论》2001 年第 2 期。

14. 泮伟江:《图依布纳法的系统理论评述》,载[德]贡塔·图依布纳:《魔阵·剥削·异化——图依布纳法律社会学文集》,泮伟江、高鸿钧等译,清华大学出版社 2012 年版,第 1 ~ 27 页。

15. 张骐:《直面生活 打破禁忌:一个反身法的思路》,载[德]贡塔·图依布纳:《法律:一个自创生系统》,张骐译,北京大学出版社 2004 年版,第 1 ~ 37 页。

16. 宾凯:《作为观察者的法哲学和法律社会学》,载[德]尼克拉斯·卢曼:《法社会学》,宾凯、赵春燕译,上海人民出版社 2013 年版,第 1 ~ 36 页。

17. 宾凯:《从决策观点看司法裁判活动》,载《清华法学》2011 年第 6 期。

18. 宾凯:《二阶观察、悖论与法律的系统建构——卢曼法律社会理论研究》,北京大学2006年博士学位论文。

19. 罗文波:《卢曼的自我创生法律系统论研究》,山东大学2008年博士学位论文。

20. 谢鸿飞:《论法律行为生效的"适法规范"——公法对法律行为效力的影响及其限度》,载《中国社会科学》2007年第6期。

21. 凌斌:《法律救济的规则选择:财产规则、责任规则与卡-梅框架的法律经济学重构》,载《中国法学》2012年第6期。

22. 袁达松:《对影子银行加强监管的国际金融法制改革》,载《法学研究》2012年第2期。

23. 杨小君:《契约对行政职权法定原则的影响及其正当规则》,载《中国法学》2007年第5期。

24. 高晋康:《民间金融法制化的界限与路径选择》,载《中国法学》2008年第4期。

25. 廖振中、高晋康:《我国民间借贷利率管制法治进路的检讨与选择》,载《现代法学》2012年第2期。

26. 唐清利:《公权与私权共治的法律机制》,载《中国社会科学》2016年第11期。

27. 郑导、唐清利、高晋康:《民间金融的民法规制》,载《西南民族大学学报》(人文社会科学版)2013年第6期。

28. 岳彩申:《民间借贷的激励性法律规制》,载《中国社会科学》2013年第10期。

29. 岳彩申:《民间借贷规制的重点及立法建议》,载《中国法学》2011年第5期。

30. 岳彩申、张晓东:《民间高利贷规制的法理源流及制度变迁》,载《政法论丛》2015年第2期。

31. 岳彩申、车云霞:《民间借贷法律监管的新进路》,载《河北法学》2016 年第 5 期。

32. 刘少军:《我国民间金融的功能定位与监管体制研究》,载《中国政法大学学报》2012 年第 5 期。

33. 席月民:《我国当前民间借贷的特点、问题及其法律对策》,载《政法论丛》2012 年第 3 期。

34. 杨东:《互联网金融的法律规制——基于信息工具的视角》,载《中国社会科学》2015 年第 4 期。

35. 邢会强:《金融监管措施是一种新的行政行为类型吗?》,载《中外法学》2014 年第 3 期。

36. 杨松、郭金良:《多层次民间金融监管的法律治理路径——基于民间金融交易特殊性的分析》,载《沈阳师范大学学报》(社会科学版)2014 年第 3 期。

37. 李有星:《民间金融监管协调机制的温州模式研究》,载《社会科学》2015 年第 4 期。

38. 李有星、范俊浩:《论非法集资概念的逻辑演进及展望》,载《社会科学》2012 年第 10 期。

39. 李有星、陈飞:《论温州金改的制度创新及其完善——以我国首部地方性金融法规为视角》,载《社会科学研究》2015 年第 6 期。

40. 朱大旗、张牧君:《论民间金融活动的法律规制》,载《郑州大学学报》(哲学社会科学版)2014 年第 3 期。

41. 姚辉:《关于民间借贷若干法律问题的思考》,载《政治与法律》2013 年第 12 期。

42. 王林清、刘高:《民刑交叉中合同效力的认定及诉讼程序的构建——以最高人民法院相关司法解释为视角》,载《法学家》2015 年第 2 期。

43. 王林清:《民间利率的法律规制:比较与借鉴》,载《比较法研究》2015 年第 4 期。

44. 杜万华等:《建立和完善我国民间借贷法律规制的报告》,载《人民司法 · 应用》2012 年第 9 期。

45. 于改之:《刑民交错案件的类型判断与程序创新》,载《政法论坛》2016 年第 3 期。

46. 刘宪权、翟寅生:《刑民交叉案件中刑事案件对民事合同效力的影响研究——以非法集资案件中的合同效力为视角》,载《政治与法律》2013 年第 10 期。

47. 杨兴培、田然:《刑法介入刑民交叉案件的条件:以犯罪的二次违法性理论为切入点》,载《人民检察》2015 年第 15 期。

48. 杨兴培:《刑民交叉案件中"先刑观念"的反思和批评》,载《法治研究》2014 年第 9 期

49. 杨兴培:《刑民交叉案件的类型分析和破解方法》,载《东方法学》2014 年第 4 期。

50. 杨兴培:《刑民交叉案件法理分析的逻辑进路》,载《中国刑事法杂志》2012 年第 9 期。

51. 彭冰:《P2P 网贷与非法集资》,载《金融监管研究》2014 年第 6 期。

52. 彭冰:《非法集资行为的界定——评最高人民法院关于非法集资的司法解释》,载《法学家》2011 年第 6 期。

53. 彭冰:《非法集资活动的刑法规制》,载《清华法学》2009 年第 3 期。

54. 彭冰:《非法集资活动规制研究》,载《中国法学》2008 年第 4 期。

55. 彭冰:《商业银行的定义》,载《北京大学学报》(哲学社会

科学版)2007 年第 1 期。

56. 李晓明、张鑫:《刑民交叉案件分类及其对未来研究的影响》,载《河北法学》2016 年第 2 期。

57. 宋英辉、曹文智:《论刑民交叉案件程序冲突的协调》,载《河南社会科学》2015 年第 5 期。

58. 张东平:《集资案件刑民关系的交叉与协调》,载《北京社会科学》2014 年第 1 期。

59. 万毅:《"先刑后民"原则的实践困境及其理论破解》,载《上海交通大学学报》(哲学社会科学版)2007 年第 2 期。

60. 谢佑平、万毅:《刑事诉讼一事不再理原则重述》,载《国家检察官学院学报》2001 年第 2 期。

61. 冯亚东、刘凤科:《非法吸收公众存款罪的本质及立法失误》,载《人民检察》2001 年第 7 期。

62. 刘为波:《关于审理非法集资刑事案件具体应用法律若干问题的解释的理解与适用》,载《人民司法》2011 年第 5 期。

63. 杨宜中:《对私诈骗下民商事合同及担保合同依然有效》,载《人民司法》2015 年第 6 期。

64. 吴卫军:《金融检察介入金融监管的实践和探索》,载《法学》2012 年第 5 期。

65. 林荫茂:《单位贷款案件刑民判决的共存问题》,载《法学》2003 年第 4 期。

66. 张书清:《民间借贷的制度性压制及其解决途径》,载《法学》2008 年第 9 期。

67. 江伟、范跃如:《刑民交叉案件处理机制研究》,载《法商研究》2005 年第 4 期。

68. 江伟、林辛建、孙燕:《诈骗类案件中刑民交叉问题的调研报告》,载《法律适用》2009 年第 2 期。

69. 李兰英、蒋凌申:《论“因侵权而犯罪”与“因犯罪而侵权”》,载《现代法学》2012 年第 5 期。

70. 李兰英、陆而启:《从技术到情感:刑民交叉案件管辖》,载《法律科学》2008 年第 4 期。

71. 鲁篱、凌潇:《论法院的非司法化社会治理》,载《现代法学》2014 年第 1 期。

72. 鲁篱:《论非法律惩罚——以行业协会为中心展开的研究》,载《河北大学学报》(哲学社会科学版)2004 年第 5 期。

73. 游伟:《刑民关系与我国的刑事法实践》,载《华东刑事司法评论》2006 年年刊。

74. 刘建国:《刑事诉讼中的刑民交错现象及其法律规制》,载《华东刑事司法评论》2004 年第 2 期。

75. 王荣芳:《合法私募与非法集资的界定标准》,载《政法论坛》2014 年第 6 期。

76. 林越坚:《非法集资与民间借贷的刑民界分》,载《财经科学》2013 年第 1 期。

77. 林越坚、黄通荣、李俊:《非法集资与民间借贷的界限与刑民处分研究》,载《西南政法大学学报》2014 年第 3 期。

78. 林越坚:《民间金融中介的法律界定与制度规范》,载《人民检察》2015 年第 17 期。

79. 林越坚:《金融消费者:制度本源与法律取向》,载《政法论坛》2015 年第 1 期。

80. 林越坚:《P2P 网贷平台犯罪及司法治理研究》,载《河北法学》2016 年第 10 期。

81. 沈芳君:《构成非法吸收公众存款罪的民间借贷及其担保

合同效力》,载《人民司法·案例》2010年第22期。

82. 张贤明、田玉麒:《整合碎片化:公共服务的协同供给之道》,载《社会科学战线》2015年第9期。

83. 肖世杰:《从吴英案看我国民间金融的监管困局与改革路径》,载《法学论坛》2012年第11期。

84. 张运书、潘淑娟:《市场失灵与政府失灵:民间金融监管的“马歇尔困局”》,载《海南大学学报》(人文社会科学版)2014年第6期。

85. 王曙光、邓一婷:《民间金融扩张的内在机理:演进路径与未来趋势研究》,载《金融研究》2007年第6期。

86. 姜旭朝、丁昌锋:《民间金融理论分析范畴、比较与制度变迁》,载《金融研究》2004年第8期。

87. 郭斌:《民间金融与中小企业发展:对温州的实证分析》,载《经济研究》2002年第10期。

88. 蔡四平:《规范我国民间金融发展的路径选择》,载《中央财经大学学报》2011年第2期。

89. 蔡四平、张强、罗杨伊子:《农村金融组织体系:一种交易费用理论的解释》,载《湖南大学学报》2010年第4期。

90. 黄振香:《构建民间金融之市场准入与退出制度的思考》,载《中南大学学报》(社会科学版),2014年第2期。

91. 匡桦:《民间金融高利率成因:一个隐形成本的视角》,载《财经问题研究》2010年第2期。

92. 张建伟:《法律、民间金融与麦克米伦“融资缺口”治理——中国经验及其法律与金融含义》,载《北京大学学报》(哲学社会科学版)2013年第1期。

93. 杨贵桥:《民间借贷登记功能、范围及其法律效力》,载《经济法论丛》2014 年第 2 期。

94. 刘中杰:《论民间借贷的组织模式与法律规制》,载《河北法学》2014 年第 4 期。

95. 李磊:《论我国民间借贷的若干法律规制重点——基于金融功能观理论的分析》,载《国际商务研究》2014 年第 3 期。

96. [日]鹤光太郎:《用“内生性法律理论”研究法律制度与经济体系》,载吴敬琏主编:《比较》第 8 期,中信出版社 2003 年版。

97. 陈瑞华:《刑事附带民事诉讼的三种模式》,载《法学研究》2009 年第 1 期。

98. 刘少军:《论“先民后刑”刑事附带民事诉讼程序的构建》,载《政治与法律》2012 年第 11 期。

99. 沈宗灵:《塞尔兹尼克的法律社会学》,载《中外法学》1990 年第 3 期。

100. 张维迎:《法律制度的信誉基础》,载《经济研究》2001 年第 1 期。

101. 陈兴良:《关于“先刑后民”司法原则的反思》,载《北京市政法管理干部学院学报》2004 年第 2 期。

102. 单飞跃:《公共经济法:经济法的本质解释——兼与李曙光〈经济法词义解释与理论研究的重心〉一文商榷》,载《政法论坛》2006 年第 3 期。

103. 朱铁军:《刑法与民法之间的交错》,载《北方法学》2011 年第 2 期。

104. 金健:《契约自由、国家干预与中国合同法》,载《法学评论》1998 年第 6 期。

105. 魏治勋:《“规范分析”概念的分析》,载《法学论坛》2008 年第 5 期。

106. 胡建淼、蒋红珍：《论合意理念在行政领域中的渗透——基础、表现及其支撑系统》，载《法学杂志》2004 年第 4 期。

107. 刘世定、邱泽奇：《“内卷化”概念辨析》，载《社会学研究》2004 年第 5 期。

108. 计亚萍：《“内卷化”理论研究综述》，载《长春工业大学学报》(社会科学版)2010 年第 3 期。

109. 叶舒宪：《“地方性知识”》，载《读书》2001 年第 5 期。

110. 唐贤平：《全球化与全球治：一个“治理社会”的来临?》，载《世界经济与政治》2001 年第 1 期。

111. 陈振明、王海龙、陈诚、刘仕博、谭栋敏：《地方政府治理变革与公共服务有效提供的理论探索》，载《东南学术》2007 年第 2 期。

112. 王德玲：《论我国社会转型期的能动司法》，载《山东社会科学》2012 年第 9 期。

113. 冯健鹏：《论规范法学对法律自创生理论的影响——从卢曼到图依布纳》，载《浙江社会科学》2006 年第 2 期。

114. 张良桥：《协调博弈与均衡选择》，载《求索》2007 年第 5 期。

115. 胡水君：《卢曼的法律与社会理论：现代与后现代》，载朱景文主编：《当代西方后现代法学》，法律出版社 2002 年版。

116. 沈满洪、何灵巧：《外部性的分类及外部性理论的演化》，载《浙江大学学报》(人文社会科学版)2002 年第 1 期。

117. 沈伯平：《信息不完全、信息不对称与资本市场规制》，载《上海经济研究》2005 年第 11 期。

118. 陈磊：《公共信息在全局博弈中的作用》，载《沈阳农业大学学报》(社会科学版)2012 年第 1 期。

119. 卢德友、郑易平:《市民社会民间性研究的政治哲学视角》,载《中国矿业大学学报》(社会科学版)2008 年第 3 期。

120. 胡钊源:《我国社会协同治理理论研究现状与评价》,载《领导科学》2014 年第 8 期。

121. 郁建兴、张利萍:《地方治理体系中的协同机制及其整合》,载《思想战线》2013 年第 6 期。

122. 鄞益奋:《网络管理:公共管理的新框架》,载《公共管理学报》2007 年第 1 期。

123. 马敬仁:《转型期的中国政府、企业与社会管理——中国管理清结分析》,载《中国行政管理》1996 年第 1 期。

124. 夏国锋、刘辉:《从"网格化管理"到"网络化治理"——社会管理模式与秩序观的转型》,载《湖北文理学院学报》2012 年第 10 期。

125. 夏蜀:《完善地方金融管理体制的制度分析与政策建议》,载《中国浦东干部管理学院学报》2012 年第 6 期。

126. 王兆星:《金融监管的再定位》,载《中国金融》2014 年第 13 期。

127. 韦森:《哈耶克式自发制度生成论的博弈论诠释——评肖特的〈社会制度的经济理论〉》,载《南大商学评论》2004 年第 2 期。

128. 陈志祥:《我国金融监管系统化的构想》,载《金融与保险》1998 年第 4 期。

129. 叶明:《论经济法的运行》,载《经济法论坛》2005 年年刊。

130. 陈蓉:《我国民间借贷研究文献综述与评论》,载《经济法论坛》2006 年年刊。

131. 陈蓉:《论我国民间金融管制的重构》,西南政法大学 2008 年博士学位论文。

132. 汪丽丽:《非正规金融的法律规制》,华东政法大学 2013 年博士学位论文。

133. 刘道云:《民间金融法律规制研究》,复旦大学 2013 年博士学位论文。

134. 肖琼:《我国民间金融法律制度研究》,中南大学 2012 年博士学位论文。

135. 董秀婕:《刑民交叉法律问题研究》,吉林大学 2007 年博士学位论文。

136. 徐艳阳:《刑民交叉问题研究》,中国政法大学 2009 年博士学位论文。

137. 白钦先:《20 世纪金融监管理论与实践的回顾与展望》,载《城市金融论坛》2000 年第 5 期。

138. 白钦先:《论以金融资源学说为基础的金融可持续发展理论与战略——兼论传统金融观到现代金融观的变迁》,载《广东商学院学报》2003 年第 5 期。

139. 张旭、宋伟卫:《市民社会背景下刑法与民法的冲突及其选择》,载《河北学刊》2012 年第 3 期。

140. 谢佑平、江涌:《质疑与废止:刑事附带民事诉讼》,载《法学论坛》2006 年第 2 期。

141. 周刚志:《论刑民冲突之宪法调适》,载《西南政法大学学报》2010 年第 2 期。

142. 李哲:《刑民交叉案件中的既判力问题探析》,载《当代法学》2008 年第 4 期。

143. 奚玮:《刑民合一抑或刑民分审——刑事附带民事诉讼制度评析》,载《国家检察官学院学报》2002 年第 6 期。

144. 童伟华:《日本刑法中违法性判断的一元论与相对论述

评》,载《河北法学》2009 年第 11 期。

145. 吴元元:《调控政策、承诺可置信性与信赖利益保护》,载《法学论坛》2006 年第 6 期。

146. 罗欣:《刑民牵连案件处理宜审慎为之》,载《人民检察》2012 年第 18 期。

147. 张雪樵:《从独白走向对话——检察调处权配置的能动之维》,载《人民检察》2011 年第 2 期。

148. 张雪樵:《当前民间借贷引发刑事犯罪的调查分析——以浙江省为样本》,载《中国刑事法杂志》2013 年第 9 期。

149. 童可兴:《刑民交错案件的司法界定》,载《人民检察》2004 年第 6 期。

150. 印仕柏:《民刑交叉案件管辖问题研究》,载《中国刑事法杂志》2009 年第 6 期。

151. 刘沛谞:《刑事附带民事诉讼的价值评析与制度完善》,载《中国刑事法杂志》2006 年第 6 期。

152. 樊华中:《刑民交叉与刑民法律的调整限度》,载《中国检察官》2012 年第 6 期。

153. 赵子强:《刑民交叉案件的诉讼模式研究》,载《法律适用》2009 年第 2 期。

154. 王亚明:《一事不再理与刑民交叉问题研究》,载《法律适用》2011 年第 11 期。

155. 李全锁、杜博:《刑民交叉案件法律规制路径之反思与重构——以涉嫌刑事犯罪的民间借贷案件为例》,载《法律适用》2013 年第 7 期。

156. 廖钰、张璇:《民刑交叉案件处理机制之探索——以统一法秩序的司法立场为视角》,载《法律适用》2015 年第 1 期。

157. 刘森、张松:《试论刑民交叉案件的“先刑后民”审理模式》,载《人民司法·应用》2012 年第 5 期。

158. 李梅荣、张玉平:《民间借贷案件中涉及“刑民交叉”的处理方式》,载《中国审判》2013 年第 6 期。

159. 刘伟:《殊途同归:民、刑法律对欺诈行为评价的差异与融合》,载《江海学刊》2013 年第 2 期。

160. 张建、肖晚祥:《刑民交叉案件中的关系分析及处理原则》,载《法治论丛》2009 年第 2 期。

161. 傅国方:《诈骗犯罪刑民交错的责任竞合与承担》,载《法治研究》2007 年第 9 期。

162. 毛立新:《诈骗犯罪处理中的刑民交叉问题》,载《法治研究》2011 年第 12 期。

163. 毛立新:《刑民交叉案件的概念、类型及处理原则》,载《北京人民警察学院学报》2010 年第 5 期。

164. 傅贤国:《对刑民交叉案件有关司法解释的理解——兼论刑民交叉案件的处理模式》,载《北京人民警察学院学报》2010 年第 2 期。

165. 魏东、钟凯:《论刑民交叉及其关涉问题》,载《四川警察学院学报》2009 年第 4 期。

166. 张光宇:《刑民界说的价值分析》,载《福建警察学院学报》2010 年第 6 期。

167. 周宏伟:《集资类犯罪案件刑民交叉处理之均衡》,载《湖南公安高等专科学校学报》2010 年第 6 期。

168. 胡德官、陈时兴:《我国民间金融研究:文献综述与评论》,载《资料通讯》2005 年第 1 期。

169. 杨锦芳:《刑民分界探析》,载《昆明理工大学学报》(社会科学版)2009年第9期。

170. 杨锦芳、李丽辉:《刑法谦抑性语境下的刑民分界》,载《云南科技管理》2009年第2期。

171. 田小丰:《我国刑民交叉案件中的既判力问题研究——从一个案件引发的思考》,载《行政与法》2011年第3期。

172. 郑小窗、宋风苓:《刑民结合案件中新理论的应用——试论"危险接受理论"》,载《法制与社会》2006年第6期(上)。

173. 叶永青:《集资类案件中刑民交叉问题的处理》,载《法制与社会》2013年第2期。

174. 蒋庄平、张新清:《集资类案件刑民交叉处理问题》,载《法制与社会》2013年第3期。

175. 陈正江:《民间借贷与非法集资交叉案件裁判研究》,载《金融教育研究》2013年第5期。

176. 钟凤娇:《利率、汇率系统的熵值研究》,载《吉首大学学报》1995年第6期。

177. 青砚:《网络监管新挑战:网络空间的去中心化和失序》,载《中国经济周刊》2015年第20期。

178. 王世华、冷春燕:《互联网再认识:去中心化是个伪命题?——兼与李彪先生商榷"中心化"问题》,载《新闻界》2013年第20期。

179. 彭冰:《"非法集资"的监管策略》,载《财经》2016年第11期。

180. 王丽娜:《非法集资新困局》,载《财经》2016年第1期。

181. 张威、李德尚玉、丁雪真、陆玲、俞燕:《攻坚互联网金融整治》,载《财经》2016年第27期。

182. 郭芳:《谁来负责吴英案资产处置?》,载《中国新闻周刊》

2015年第19期。

183. 朱鸿鸣、吴庆:《温州化解地区性金融风险的做法及启示》,载《重庆理工大学学报》(社会科学)2015年第9期。

184. 于伟、刘建国:《温州市金融犯罪审判疑难问题的调研——以非法集资案例为研究样本》,载《"法治与发展论坛"暨浙江省法学会国际法研究会2014年会会议论文集》(2014.11)。

185. 浙江省高级人民法院:《浙江法院民间借贷审判报告(2008.1~2012.6)》(2012年7月10日)。

186. 浙江省高级人民法院课题组:《关于集资类案件刑民交叉问题的调研报告》,载南英主编:《刑事审判参考》(2012年第6集),法律出版社2013年版。

187. 温州市中级人民法院:《温州法院金融审判白皮书(2013年度)》,2014年3月10日。

188. 温州市龙湾区人民检察院课题组:《集资类犯罪刑民交叉案件司法处理初探》,载马晓晖主编:《法学·思考·实践》,厦门大学出版社2015年版。

189. 乐清市法院课题组:《"协同处置机制"令民间借贷案件不升反降——乐清法院协同处置民间金融纠纷机制分析》。

三、报纸和时讯类

1. 张明楷:《实体上的刑民关系》,载《人民法院报》2006年5月17日,第B01版。

2. 张明楷:《程序上的刑民关系》,载《人民法院报》2006年5月24日,第B01版。

3. 陈光中、陈桂明:《是否"先刑后民"要酌情而定》,载《检察日报》2003年8月6日。

4. 樊崇义:《刑民交叉是否必须“先刑后民”》,载《检察日报》2008 年 3 月 3 日。

5. 牟治伟:《司法的能动与克制》,载《人民法院报》2015 年 5 月 8 日,第 7 版。

6. 袁春湘:《民间借贷中罪与非罪的判断与处理》,载《人民法院报》2014 年 10 月 1 日,第 6 版。

7. 宋晓明、张雪楳:《民商事审判若干疑难问题——民刑交叉案件》,载《人民法院报》2006 年 8 月 23 日,第 5 版。

8. 刘干:《出借人对非法集资犯罪的借款人不享有民事诉权》,载《人民法院报》2016 年 1 月 13 日,第 7 版。

9. 岳礼玲:《“先刑后民”原则辨析》,载《人民法院报》2005 年 5 月 9 日。

10. 蒋惠岭:《解纷当循解纷道 科学治理会有时——全面深化多元化纠纷解决机制改革系列评论之二》,载《人民法院报》2015 年 4 月 15 日,第 2 版。

11. 吴国军诉陈晓富、王克祥及德清县中建房地产开发有限公司民间借贷、担保合同纠纷案,载《中华人民共和国最高人民法院公报》2011 年第 11 期。

12. 冯叶、朱丽惠:《温州金改:逆水行舟三年半》,载《南方周末》2015 年 12 月 17 日,第 C13 版。

13. 冯叶、朱丽惠:《温州刺不破“金融铁壁”》,载《南方周末》2015 年 12 月 17 日,第 C14 版。

14. 刘志毅:《互联网金融监管两难现实怎么破 协会来了》,载《南方周末》2014 年 5 月 8 日,第 C20 版。

15. 何海宁:《难倒法官的骗保案》,载《南方周末》2005 年 4 月 14 日。

16. 姚余栋、杨涛:《共享金融:大变革时代金融理论有了突破点》,载《上海证券报》2015 年 9 月 8 日。

17. 上海证券报两会报道组:《铸造区域金融安全网 中央地方金融分级监管体系现雏形》,载《上海证券报》2015 年 3 月 13 日,第 F02 版。

18. 周艾琳:《中国或迎混业监管时代,英美模式可鉴?》,载《第一财经日报》2015 年 11 月 10 日,第 A05 版。

19. 詹佳骏:《互联网“标会”,或为下一个民间集资监管的重灾区?》,载《第一财经日报》2015 年 6 月 26 日。

20. 唐涯:《金融史漫谈:在历史的分岔路口》,载《第一财经日报》2015 年 4 月 2 日。

21. 钟伟:《复杂系统理论和平台经济学》,载《第一财经日报》2014 年 4 月 2 日,第 B6 版。

22. 吴青:《影子银行:创新与风险并存》,载《第一财经日报》2014 年 1 月 8 日,第 B05 版。

23. 杨燕青、牛智敬、胥云会、陈周锡:《浙江省副省长朱从玖:温州金融改革的核心在于民间金融规范化》,载《第一财经日报》2013 年 10 月 24 日。

24. 新华社:《国务院:推进政府向社会购买公共服务》,载《第一财经日报》2013 年 8 月 1 日,第 A2 版。

25. 孙红娟:《厘清产权强化监管 影子银行有待阳光化》,载《第一财经日报》2013 年 4 月 16 日,第 T6/T7 版。

26. 曹金玲:《沪银监局禁止银行及员工参与民间融资》,载《第一财经日报》2013 年 1 月 24 日。

27. 章文贡:《“影子银行”野蛮生长》,载《第一财经日报》2012 年 12 月 31 日,第 A10 版。

28. 夏心愉:《借方虚开高息:高利贷崩盘信号又现?》,载《第一财经日报》2012 年 7 月 23 日,第 A9 版。

29. 李曙光:《用市场方式处理立人集团债务》,载《第一财经日报》2012 年 7 月 3 日,第 A8 版。

30. 苗宏安:《非法集资案件资产处置程序探讨》,载《第一财经日报》2012 年 7 月 3 日,第 A8 版。

31. 张丽华、李娟:《立人融资案再追踪:民间集资隐现钓鱼借贷》,载《第一财经日报》2012 年 2 月 17 日,第 A08 版。

32. 朱斌:《温州三位一体征信平台全国首创》,载《温州都市报》2015 年 9 月 17 日,第 A8 版。

33. 吕进科:《温州新增 85 项政府职能将向社会组织转移》,载《温州都市报》2015 年 1 月 12 日,第 A2 版。

34. 郑俊杰:《“温州指数”中英文同步上线向全球发布》,载《温州都市报》2014 年 1 月 10 日。

四、外文著作与论文类

1. Bryan A. Garner, *Black's Law Dictionary*, 7th ed. West Group, 1999.

2. Jürgen Habermas, *Legitimationsprobleme im Spätkapitalismus*, Frankfurt: Suhrkamp, 1973.

3. Jürgen Habermas, *Moral Consciousness and Communicative Action*, Trans. Christian Lenhardt and Shierry Waber Nicholsen. Cambridge, Massachusetts: MIT Press, 1990.

4. Jürgen Habermas, *Faktizität und Geltung. Beiträge zur Diskurstheorie des Rechts und des demokratischen Rechtsstaates*, Frankfurt: Suhrkamp, 1992.

5. Niklas Luhmann, *Gerechtigkeit in den Rechtssystemen der modernen Gesellschaft*. 4 Rechtstheorie, 1973.

6. Niklas Luhmann, *Rechtssystem und Rechtdogmatik*, Stuttgart: Kohlhammer, 1974.

7. Niklas Luhmann, *Funktion der Religion*, Frankfurt: Suhrkamp, 1977.

8. Niklas Luhmann, *The Differentiation of Society*, trans. S. Holmes & C. Larmore, New York: Columbia Univ. Press, 1982.

9. Niklas Luhmann, *A Sociological Theory of Law*, London: Routledge & Kegan Paul, 1985.

10. Niklas Luhmann, *Das Recht der Gesellschaft*, Frankfurt: Suhrkamp, 1993.

11. Niklas Luhmann, *Social System*, Stanford: Stanford University Press, 1995.

12. NiklasLuhmann, *Law as a Social System*, New York: Oxford University Press, 2004.

13. Niklas Luhmann, "*Differentiation of Society*", Canadian Journal of sociology. 2, 1977.

14. Niklas Luhmann, *Gleichzeitigkeit und Synchronisation*. In Niklas Luhmann, *Sozi-ologische Aufklärung*, Vol. 5, Opladen, 1990, S. 95 – 130.

15. Niklas Luhmann, *The Coding of the Legal System*. In ed. A. Febbrajo. & G. Teubner, *State, Law, Economy as Autopoietic System: Regulation and autonomy in a new perspective Law*. Milan: Giuffrè, 1992, pp. 145 – 186.

16. Niklas Luhmann, *Operational Closure and Structural Coupling*:

The Differentiation of the Legal System, Cardozo Law Review, Vol. 13, No. 5, 1992.

17. Gunther Teubner, *Law as An Autopoietic System*, Oxford: Blackwell Publishers, 1993.

18. Gunther Teubner, *Substantive and Reflexive Elements in Modern Law*, Law & Society Review, Vol. 17, No. 2, 1982.

19. Gunther Teubner, *Dealing with Paradoxes of Law: Derrida, Luhmann, Wiethölter*, in ed. Oren Perez & Gunther Teubner, *Paradoxes and Inconsistencies in the law*, Oxford: Hart, 2005.

20. Gunther Teubner, *The Anonymous Matrix: Human Rights Violations by "Private" Transnational Actors*, The Modern Law Review, Vol. 69, No. 3, 2006, pp. 327 – 346.

21. Alf Ross, *On Law and Justice*, London: Stevens, 1958.

22. Philippe Nonet&Philip Selznick, *Law and Society in Transition: Toward Resposive Law*, New York: Harper&Row, 1978.

23. J. Harsanyi&R. Selten, *A General Theory of Equilibrium Selection in Games*, Cambridge, MA: The MIT Press, 1988.

24. C. Wells, *Corporations and Criminal Responsibility*, New York: Oxford University Press, 1993.

25. Anthony Ogus, *Regulation: Legal Form and Economic Theory*, Oxford: Hart Publishing, 2004.

26. J. Harsanyi. *Games with incomplete information played by Bayesian players: Part III, The basic probability distribution of the game*. Management Science, 1968, Vol. 14, No. 7, pp. 486 – 502.

27. H. Otto, *Rechtgutsbegriff und Delikstatbestand*, in: Müller-Dietz, *Strafrechtsdogmatik*.

28. M. A. Eisenberg, *The Structure of the Corporation: A Legal Analysis*, Duke Law Journal, 1977, pp. 933 – 940.

29. Stiglitz, E. Joseph and A. Weiss. *Credit Rationing in Market with Imperfect Information*, the American Economic Review, Vol. 71, No. 6, 1981.

30. B. Holmstrom, *Moral Hazard in teams*, Bell Journal of ecomomics, Vol. 13, 1982.

31. John Bryant, *A Simple Rational Expectations Keynes-type Model*, Quarterly Journal of Economics, 1983, p. 98.

32. R. Wiethölter. *Social Science models in Economic Law.* In ed. T. Daintith&G. Teubner. *Contract and Orgnisation: Legal Analysis in theLight of Economic and Social Theory.* Berlin: de Gruyter, 1986, p. 66.

33. Thomas Barton, *Expectation, institutions, and Meanings*, California Law Review, Vol. 74, 1986.

34. M. Kandori, *Social norms and community enforcement*, Review of Economics Studies, 1992, Vol. 59, No. 1, pp. 61 – 80.

35. Michael Taylor. *Twin Peaks. A Regulatory Structure for the New Century*, Center for the Study of Financial Innovation London, 1995.

36. Pierre Legrand, *Comparatists-at-Law and the Contrarian Challenge*, Inaugural Lecture, Tilburg University, 1995, n. 33.

37. Pierre Legrand, *The Impossiblility of "Legal Transplants"*, 4 Maastricht Journal of European and Comparative Law, 1997.

38. K. N. Hansen. *Identify the facets of democratic administration*, Administration & society, Vol. 30, No. 4, 1998.

39. K. Graf, *Die Auswirkungen des Opferhilfegesetzes auf die adhäsionsweise Geltendmachung von Zivilansprüchen im Strafverfahren*, 1999.

40. S. Morris, H. Shin. *Social Value of Public Information*. American Economic Review, 2002, Vol. 92, No. 5, pp. 1521 – 1534.

41. Ramon Casadesus-Masaneil, Daneil F. Spulber, *Trust and incentive in Agency*, Harvard Business School Workingpaper, 2002.

42. Miwa, Yoshiro, Ramseyer, J. Mark, Toward a Theory of Jurisdictional Competition: The Case of the Japanese FTC, Journal of Competition Law and Economics, Vol. 1, Issue2, 2005.

43. R. Herzberg. *Commentary on Richard Wagner's "self-governance, polycentrism, and federalism: Recurring themes in Vincent Ostrom's Scholarly oeuvre"*, Journal of Economic Behavior & organization, Vol. 57, No. 2, 2005, pp. 187 – 189.

44. P. J. Boettke, C. J. Coyne. *Methodological individualism, spontaneous order and the research program of the workshop in political theory and policy analysis*. Journal of Economic Behavior & Organization, Vol. 57, No. 2, 2005, p. 151.

45. R. E. Wagner. *self-governance, polycentrism, and federalism: Recurring themes in Vincent Ostrom's Scholarly oeuvre*, Journal of Economic Behavior & organization, Vol 57, No. 2, 2005, p. 176.

46. M. Hasler, *Geltendmachung von Zivilansprüchen im Strafverfahren, insbe-sondere nach Schweizerischer Strafprozessordnung*, Masterarbeit, Hochschule Luzern, 2009.

47. Huq, Z. Aziz, Forum Choice for Terrorism Suspects, Duke Law Journal, Vol. 61. Iss. 7 2012.

相关法规及政策索引

一、国家治理民间融资、集资相关政策法规

1.《关于清理有偿集资活动和坚决制止乱集资问题的通知》(1993 年 9 月 3 日,国发〔1993〕62 号)

2.《非法金融机构和非法金融业务活动取缔办法》(1998 年 7 月 13 日,国务院第 247 号令)

3.《国务院办公厅转发中国人民银行整顿乱集资乱批设金融和机构和乱办金融业务实施方案的通知》(1998 年 8 月 11 日,国办发〔1998〕126 号文)

4.《关于取缔非法金融机构和非法金融业务活动中有关问题的通知》(1999 年 1 月 27 日,银发〔1999〕41 号文)

5.《关于进一步打击非法集资等活动的通

知》(银发〔1999〕289号文)

6.《关于对取缔和查处非法集资活动有关问题解释的函》(2000年4月27日,银办函〔2000〕243号)

7.《中国人民银行关于取缔地下钱庄及打击高利贷行为的通知》(2002年1月31日,银发〔2002〕30号文)

8.《中央机构编制委员会办公室关于明确认定、查处、取缔非法集资部门职责分工的意见》(2005年4月22日,中央编办发〔2005〕10号)

9.《国务院关于同意建立处置非法集资部际联席会议制度的批复》(2007年1月8日,国函〔2007〕4号)

10.《国务院办公厅关于依法惩处非法集资有关问题的通知》(2007年7月25日,国办发明电〔2007〕34号)

11.《国务院办公厅关于严厉打击非法集资有关问题的通知》(2010年3月5日,国办发电〔2010〕2号)

12.《国务院办公厅关于加强影子银行监管有关问题的通知》(2013年12月10日,国办发〔2013〕107号)

13.《国务院关于界定中央和地方金融监管职责和风险处置责任的意见》(2014年8月,国发〔2014〕30号)及《中央机构编制委员会办公室关于完善中央与地方金融管理体制的意见》(2014年4月)

14.《关于促进互联网金融健康发展的指导意见》(2015年7月18日,银发〔2015〕221号)

15.《国务院关于进一步做好防范和处置非法集资工作的意见》(2015年10月19日,国发〔2015〕59号文)

16.《国务院办公厅关于加强金融消费者权益保护工作的指导意见》(2015年11月13日,国办发〔2015〕81号)

17.《国务院办公厅关于印发互联网金融风险专项整治工作实施方案的通知》(2016 年 4 月 12 日,国办发〔2016〕21 号)

18.《网络借贷信息中介机构业务活动管理暂行办法》(2016 年 8 月 24 日,银监会、工信部、公安部和国家互联网信息办公室,2016 年第 1 号令)

19.《金融消费者权益保护实施办法》(2016 年 12 月 27 日,银发〔2016〕314 号)

二、司法解释和相关指导意见

1. 最高人民法院《关于人民法院审理借贷案件的若干意见》[1991 年 8 月 13 日,法(民)〔1991〕21 号]

2. 最高人民法院《关于审理诈骗案件具体应用法律若干问题的解释》(1996 年 12 月 24 日,法发〔1996〕32 号文)

3. 最高人民法院《关于在审理经济纠纷案件中涉及经济犯罪嫌疑若干问题的规定》(1998 年 4 月 21 日,法释〔1998〕7 号)

4. 最高人民法院《全国法院审理金融犯罪案件工作座谈会纪要》(2001 年 1 月 21 日,法〔2001〕8 号)

5. 最高人民法院《关于依法严厉打击集资诈骗和非法吸收公众存款活动的通知》(2004 年 11 月 15 日,法〔2004〕240 号)

6. 最高人民法院和上海市高级人民法院《关于审理民事纠纷案件中涉及刑事犯罪若干程序问题的处理意见》(2007 年 12 月 18 日)

7. 浙江省高级人民法院、浙江省人民检察院、浙江省公安厅《关于当前办理集资类刑事案件适用法律若干问题的会议纪要》(2008 年 12 月 2 日,浙高法〔2008〕352 号)

8. 江苏省高级人民法院《关于当前宏观经济形势下依法妥善

审理非金融机构借贷合同纠纷案件若干问题的意见》(2009年8月21日,苏高法审委〔2009〕45号)

9. 浙江省高级人民法院《关于审理民间借贷纠纷案件若干问题的指导意见》(2009年9月8日,浙高法〔2009〕297号)

10. 上海市高级人民法院《关于审理民间借贷案件若干问题的指导意见》(2009年12月13日,沪高法民一〔2009〕17号)

11. 最高人民检察院、公安部《关于公安机关管辖的刑事案件立案追诉标准的规定(二)》(2010年5月7日,公通字〔2010〕23号)

12. 最高人民法院《关于审理非法集资刑事案件具体应用法律若干问题的解释》(2010年12月13日,法释〔2010〕18号)

13. 最高人民法院《关于非法集资刑事案件性质认定问题的通知》(2011年8月18日,法〔2011〕262号)

14. 浙江省高级人民法院、浙江省人民检察院、浙江省公安厅《关于当前办理集资类刑事案件适用法律若干问题的会议纪要(二)》(2011年7月18日,浙高法〔2011〕198号)

15. 重庆市高级人民法院《关于审理民间借贷纠纷案件若干问题的指导意见》(2011年8月23日)

16. 最高人民法院公报:浙江德清法院"吴国军诉陈晓富、王克祥及德清县中建房地产开发有限公司民间借贷、担保合同纠纷案"。(2011年11月10日,〔2011〕第11期)

17. 最高人民法院《关于依法妥善审理民间借贷纠纷案件促进经济发展维护社会稳定的通知》(2011年12月2日,法〔2011〕336号)

18. 温州市中级人民法院《关于为规范稳定民间金融秩序促进中小企业健康发展提供司法保障的若干意见》(2011年12月14日)

19. 最高人民法院《关于人民法院为防范化解金融风险和推进金融改革发展提供司法保障的指导意见》(2012 年 2 月 10 日，法发〔2012〕3 号文)

20. 温州市中级人民法院《关于为温州市金融综合改革试验区建设提供司法保障的若干意见》(2012 年 5 月 21 日，温州金改“中院 30 条”)

21. 温州市中级人民法院《关于审理民间借贷纠纷案件若干问题的意见》(2012 年 8 月 7 日，温中法〔2012〕143 号)

22. 浙江省高级人民法院《关于服务金融改革大局依法妥善审理民间借贷纠纷的若干意见》(2013 年 2 月 20 日，浙高法〔2013〕37 号)

23. 浙江省高级人民法院《关于在审理企业破产案件中处理涉集资类犯罪刑民交叉若干问题的讨论纪要》(2013 年 4 月 27 日)

24. 江苏省高级人民法院《关于审理民间借贷纠纷案件的会议纪要》(2013 年 6 月 21 日，〔2013〕1 号)

25. 浙江省高级人民法院、浙江省人民检察院、浙江省公安厅《关于当前办理集资类刑事案件适用法律若干问题的会议纪要(三)》(2013 年 10 月 28 日，浙高法〔2013〕241 号)

26. 最高人民法院、最高人民检察院、公安部等《公安机关办理刑事案件适用查封、冻结措施有关规定》(2013 年 9 月 1 日，公通字〔2013〕30 号)

27. 安徽省高级人民法院《关于审理民间借贷纠纷案件若干问题的指导意见》(2013 年 12 月 19 日，皖高法〔2013〕470 号)

28. 温州市中级人民法院《关于贯彻实施〈温州市民间融资管理条例〉的纪要》(2014 年 3 月 4 日)

29. 最高人民法院、最高人民检察院和公安部《关于办理非法

集资刑事案件适用法律若干问题的意见》(2014 年 3 月 25 日,公通字〔2014〕16 号)

30. 温州市中级人民法院《关于处置权争议协调处理的会议纪要》(2014 年 7 月 22 日,温中法〔2014〕106 号)

31. 最高人民法院《关于刑事裁判涉财产部分执行的若干规定》(2014 年 10 月 30 日,法释〔2014〕13 号)

32. 最高人民法院《关于审理民间借贷案件适用法律若干问题的规定》(2015 年 8 月 6 日,法释〔2015〕18 号)

三、温州有关金改的法规与政策

1.《关于稳定规范金融秩序促进经济转型发展的意见》(2011 年 9 月 29 日,温委发〔2011〕130 号)

2.《关于进一步加快温州地方金融业创新发展的意见》(2011 年 11 月 4 日,温委〔2011〕10 号,即温州金改“1 +8”方案)

3.《浙江省温州市金融综合改革实验区总体方案》(2012 年 3 月 28 日,银发〔2012〕188 号文,即“老金改 12 条”)

4.《关于处置风险企业担保链问题的实施意见》(2012 年 8 月 26 日,温政办〔2012〕160 号)

5.《浙江省温州市金融综合改革试验区实施方案》(2012 年 11 月 20 日,浙政办函〔2012〕90 号,即“省 12 条”或“金改细则”)

6.《关于进一步深化社会信用体系建设的意见》(2012 年 12 月 16 日,温政发〔2012〕104 号)

7.《关于加强地方金融监管工作的实施意见》(2013 年 1 月 14 日,温政发〔2013〕28 号,“1 +11”文件)

8.《关于金融机构加大服务创新参与金融改革促进实体经济发展的意见》(2013 年 1 月 20 日,温金改发〔2013〕1 号)

9.《关于建立温州市金融监管和金融审判联席会议制度的通知》(2013年2月27日,温委办发〔2013〕19号)

10.《关于加大保护金融债权扶持发展民间金融服务保障金融改革的若干意见》(2013年2月28日,温金改发〔2013〕2号)

11.《企业转贷展期应急处置工作规程(暂行)》(2013年5月9日,温金改发〔2013〕4号)

12.《关于进一步处置化解风险企业担保链问题的若干意见》(2013年5月16日,温政发〔2013〕55号)

13.《关于规范房地产顺位抵押工作的若干意见》(2013年5月17日,温政办〔2013〕81号)

14.《关于国有担保机构为民营企业担保推进企业风险处置工作的实施意见》(2013年7月16日,温政办〔2013〕110号)

15.《温州市民间融资管理条例》(2013年11月22日)

16.《温州市民间融资管理条例实施细则》(2014年2月28日)

17.《温州市民间借贷备案操作指引》、《温州市定向债券融资操作指引》和《温州市定向集合资金操作指引》(2014年3月17日,温金融办〔2014〕16号)

18.《关于建立健全温州市地方金融监管协调机制的通知》(2014年9月19日,温政办机〔2014〕15号)

19.《关于进一步深化温州金融综合改革试验区建设的意见》(2015年3月26日,即温州“新金改12条”)

后　记

本书是在我的博士学位论文的基础上修改而成。基础性构思早在 2012 年 9 月就已经开始。2011 年民间金融风波的爆发使全国瞩目温州,刑民交叉的难题也给司法提出了新的挑战。2012 年中国检察学研究会金融检察论坛以民间金融为主题并选在温州召开,我的主题发言《非法集资与民间借贷的界限与刑民处分》引起了较大的反响,当时就有意探索刑民交叉这一前沿性问题,也陆续发表了一些相关论文。这一问题嗣后的现实发展走向并非是司法层面单一的规范性努力收效,而是司法与行政形成的区域性协同规制在实践中闪现了破解的灵光。由此,在我心中,刑民交叉与协同规制两大主题依稀产生了某种勾连。

卢曼－图依布纳的系统论法学是在寻求

这一勾连的内生融贯性机理的过程中引入的。而卢曼法社会学之博大和深刻往往令人望而却步。但若论能够超越规范法学的分割局限而进深到整体化的视阈,系统论又恐怕是解决刑民交叉之类边缘性问题的不二法门。于是,只得硬起头皮,抖擞精神,遨游于晦涩难懂,语义精微的卢曼及图依布纳的理论书海之中。幸得早已选定民间金融的研究方向,且有多年司法实际工作经验的积累和工作便利的支撑,才使写作能够稳步推进。从 2015 年 7 月下笔撰写以来,埋首书海,几杯清咖,就打发尽一个个周末和一个个夜晚。艰难和困顿使内心里几度想到放弃,但值得庆幸的是我还是固执地坚持了我应该坚持的事情。

首先感谢导师高晋康教授。正是他对我选择这一难题自始至终的坚定支持和及时精到的学术指导,奠定了本书得以完成的坚实基础。鲁篱教授、唐清利教授、吴元元教授、吴越教授和谈李荣教授都曾在学术上给予热心的指点,我的研究和写作中一定融入了他们的风格和识见。还有成都的一众挚友以及师弟师妹们给予我无数的支持和贴心的帮助,憾因篇幅所限已不胜一一枚举,我将终生典藏,同时也在本书出版之际一并致以谢忱!

本书的研究亦得益于三大学术平台。这三大学术平台分别是西南财经大学民间金融规范化论坛、中国检察学研究会金融检察论坛以及浙江省法学会商法研究会,都给我的研究带来了丰富的学术资源并且提供了交流的讲坛。而更大的资源在于我出生成长的温州市,这个中国民间金融最活跃的地区一直是这一领域学术研究的前沿和“富矿”,当地的司法机关、监管部门、民间金融组织以及从业人士都极富创造力,不断谱写着民间金融的新篇章。这些都既值得感恩,又是我的幸运!

此外,我必须对检察系统的历任领导和一众同仁的厚爱表示衷心的感谢，温州市院的同事们都从不同的角度给予了帮助，尤其感谢李俊、姚龙、徐海霞、陈富等同志在本书文献及相关资料数据搜集和整理方面的贡献。此外，温州市中级人民法院金融审判庭的高兴兵庭长以及研究室的陈锋主任、中国人民银行温州市中心支行调查统计科梁茜茜科长等也曾给予研究资料方面的支持。

最后，特别要对我的家人献上无言的感激。在我长达二十多年的艰辛求学和二十多年的繁忙工作中，亏欠良多。我的妻子许冬多年以来承担了繁重的家务和孩子的照顾之责。在我夜以继日的读书和写作中，父母的看望少了，儿子林以周与我也似乎变得疏远。本书如果算是成果的话，肯定也蕴含着他们的默默付出！

寥寥数语，意内言外，聊作后记。

林越坚

2017 年 6 月 20 日于温州

西南财经大学法学院 光华法学文丛

- 契约正义论　　胡启忠　著
- 刑法科学主义初论　　文海林　著
- 经济宪法学导论
  ——转型中国经济权与权力之博弈　　吴　越　著
- 中国农民工非正式的利益抗争
  ——基于讨薪现象的法社会学分析　　王伦刚　著
- 公司经理权问题研究　　杜　军　著
- 论保险代位权制度的建构
  ——以权利法定代位的制度选择为中心　　黄丽娟　著
- 我国民间金融规范化的法律规制　　高晋康　唐清利　等　著
- 修正金融刑法适用研究：
  立法 · 理论 · 实务　　胡启忠　石　奎　等　著
- 银行监管权边界问题研究　　熊　伟　著
- 金融控股公司内部治理机制研究　　梁远航　著
- 城市住宅区业主自治运行实效研究
  ——基于个体决策的视角　　陈　丹　著
- 遵从 · 背离 · 弥合
  ——我国中央与地方财政关系的重构　　马骁　唐清利　等　著
- 中国农民专业合作社运行的民间规则研究
  ——基于四川省的法律社会学调查　　王伦刚　著
- 公私权模糊领域的合作治理研究　　唐清利　著
- 民法法典化的历史追究：
  侧重于民族统一与复兴的视角展开　　吴治繁　著
- 疑罪新论　　金　钟　著
- 中国相互制保险公司治理的法律规制
  ——基于公司治理主体权利视角　　方国春　著
- 民间金融协同规制论　　林越坚　著

图书在版编目(CIP)数据

民间金融协同规制论 / 林越坚著. —北京:法律出版社,2017
ISBN 978-7-5197-1095-8

Ⅰ.①民… Ⅱ.①林… Ⅲ.①民间经济团体—金融机构—金融法—研究—中国 Ⅳ.①D922.280.4

中国版本图书馆 CIP 数据核字(2017)第 157875 号

民间金融协同规制论
MINJIAN JINRONG XIETONG GUIZHILUN

林越坚 著

策划编辑 郑 导
责任编辑 郑 导
装帧设计 汪奇峰

出版 法律出版社
总发行 中国法律图书有限公司
经销 新华书店
印刷 北京北苑印刷有限责任公司
责任校对 杜 进
责任印制 张建伟

编辑统筹 独立项目策划部
开本 A5
印张 11.875
字数 285 千
版本 2017 年 7 月第 1 版
印次 2017 年 7 月第 1 次印刷

法律出版社/北京市丰台区莲花池西里 7 号(100073)
网址/www.lawpress.com.cn
投稿邮箱/info@lawpress.com.cn
举报维权邮箱/jbwq@lawpress.com.cn
销售热线/010-63939792
咨询电话/010-63939796

中国法律图书有限公司/北京市丰台区莲花池西里 7 号(100073)
全国各地中法图分、子公司销售电话:
统一销售客服/400-660-6393
第一法律书店/010-63939781/9782
西安分公司/029-85330678
重庆分公司/023-67453036
上海分公司/021-62071639/1636
深圳分公司/0755-83072995

书号:ISBN 978-7-5197-1095-8
定价:48.00 元